曹淑艳
陈 巧
主编

会展活动策划实务

化学工业出版社

·北 京·

内容简介

本书首先结合会展的产业政策和绿色低碳发展政策，突出会展活动策划的大局意识和绿色环保意识，思政育人；其次通过引入最新经典案例，深入解读会展活动策划知识体系，力求让读者明确会展活动策划的基础理论知识和策划方法；最后通过实务篇巩固展览会、会议活动、演艺活动和节事活动等主要活动类型的策划流程和方法。

全书内容分政策篇、理论篇及实务篇三篇共十一章。政策篇主要包含会展产业发展政策、绿色低碳政策与安全政策；理论篇包含了一般活动策划的原理、流程和方法；实务篇包含展览会策划、会议活动策划、演艺活动策划、节事活动策划以及会展活动预算与评估。读者可以从理论到实践，不断融会贯通活动策划的理论知识和实践技能。

本书可作为高等院校会展相关专业的教材，也适合会展从业人员参考学习。

图书在版编目（CIP）数据

会展活动策划实务/曹淑艳，陈巧主编． —北京：化学工业出版社，2024.6
ISBN 978-7-122-45295-5

Ⅰ．①会… Ⅱ．①曹…②陈… Ⅲ．①展览会-策划 Ⅳ．①G245

中国国家版本馆CIP数据核字（2024）第059108号

责任编辑：夏明慧　　　　装帧设计：溢思视觉设计／程超
　　　　　　　　　　　　　　　　E-mail: isstudio@126.com
责任校对：李露洁

出版发行：化学工业出版社
　　　　　（北京市东城区青年湖南街13号　邮政编码100011）
印　　装：涿州市般润文化传播有限公司
787mm×1092mm　1/16　印张16¼　字数305千字
2024年7月北京第1版第1次印刷

购书咨询：010-64518888　　　　售后服务：010-64518899
网　　址：http://www.cip.com.cn
凡购买本书，如有缺损质量问题，本社销售中心负责调换。

定　　价：48.00元　　　　　　　　版权所有　违者必究

前言

随着会展业的发展，会展活动不仅仅指的是展览及展览中的相关活动，还包含大型会议活动、大型节事活动、演出活动等各类活动，会展活动的内涵和范围已经大大扩展。互联网、大数据等新技术快速应用到会展活动当中，加上文旅融合发展，各地各种类型的创新创意活动丰富多彩，急需符合当下行业发展需求的活动策划人才。

主编陈巧老师多年来主讲"会展活动策划"课程，近三年来与首都会展集团等企业密切合作，深入了解企业用人需求。为了适应行业人才发展需要，立项进行教材编写。编写组参考近五年的会展策划教材，结合近几年对课程授课素材的积累，共同编写一本不仅有展览策划和展览相关活动策划的内容，而且包含大型会议活动、演艺活动、节事活动等各类具体活动策划内容，并能结合最新会展产业发展状况和政策、融入最新案例的教材。

全书共3篇11章。其中，上篇"政策篇"包含2章，第一章为会展产业发展政策，第二章为绿色低碳政策与安全政策；中篇"理论篇"包含4章，第三章为会展活动策划概述，第四章为会展市场调研与分析，第五章为会展活动的目标与主题策划，第六章为会展活动宣传推广策划；下篇"实务篇"包含5章，第七章为展览会策划，第八章为会议活动策划，第九章为演艺活动策划，第十章为节事活动策划，第十一章为会展活动预算与评估。

本书的特点是：

第一，突出绿色低碳和安全政策下的策划理念，融入思政内容，通过案例引导学生策划时要有绿色低碳环保意识、有文化自信。

第二，让读者构建起完整的活动策划知识体系，能区分不同类型活动的具体策划方法。

第三，根据主编多年教学经验，融合会展业专家和学者长期积累的经验，吸收了会展行业、会展研究机构的新见解和实际案例，能更为直观地给予学生指导，较符合案例教学的特点。

本书由北京石油化工学院2023年校级规划教材建设项目（项目号：23032005002-2/014）资助，陈巧负责大纲和第三、六、七、八、九、十章的编写及全书的统稿工作，曹淑艳教授编写第二、四章，徐勤飞编写第一、五、十一章。另外，人文社科学院本科生李奇明、朱浩瀚、侯祎贺参与了第五、七、十章的组稿工作。

本书得以完成，首先要感谢学校、教务处和人文社科学院的大力支持，从立项到最后定稿，人文社科学院的领导和老师们给予了很多帮助。其次，感谢首都会展（集团）有限公司的支持，尤其是高级研究员赵振阳、总监陈深雅。最后，本书也得到了北京第二外国语学院刘大可教授的支持，在这里一并表示感谢。本书编写过程中参考、引用了很多国内外学者的研究成果和资料，在此也致以诚挚的谢意。

因为时间仓促和水平有限，本书难免有不足之处，请广大读者、学者予以批评指正，我们表示衷心的感谢！

编者

2024年1月

目录

下篇　实务篇

上篇

政策篇

第一章
会展产业发展政策

 案例导引

杭州市会展业形成新格局，努力实现"会展之都"发展梦想

2021年底，杭州大会展中心一期工程正处于地下室施工阶段，其他期各个项目也在如期推进。大会展中心项目将带动杭州市会展新城的开发建设，对于实现"以会立城、以展兴城、产城融合"的发展思路起到了重要作用，更有助于杭州市会展业实现"会展之都"的发展梦想。

有分析认为，会展产业是一个弹性大、牵引力强的产业，受到众多城市的关注与重视。在"十三五"期间，杭州市紧紧把握住G20峰会、亚运会等国际重要会议、赛事契机，以建设国际会议目的地城市、会展之都、赛事之城为目标，实现了会展经济规模和综合效益的显著增长。进入新时期，《杭州市会展业发展"十四五"规划》提出，将加快形成"双心驱动、多极联动，全域协同"的会展业发展新格局，到2025年，形成品牌丰富、主体强大、设施完善、数智引领的现代会展产业体系。

以杭州大会展中心项目为主的会展新城，是杭州构建新型特大城市空间格局的重要举措之一，也是补齐会展产业短板、赋能未来城市发展的有力抓手，有助于提升城市国际化水平和核心竞争力。

思考：

1.结合以上资料，思考《杭州市会展业发展"十四五"规划》对于促进杭州市会展业发展起到了什么作用？

2."会展之都"的发展梦想对于杭州市会展业而言有何意义？

第一节　会展产业发展规划

会展能够起到传播信息、市场推广、销售产品或服务的作用，是一个非常重要的生产性服务行业。随着经济活动的繁荣，各地企业对会展服务的需求也日益旺盛，特别是有些产业集群发展较为突出的地区，专业性的会展服务成为当地产业体系必不可少的一部分。会展产业的经济集聚效应、辐射带动效应、城市品牌效应逐步得到认可，受到许多城市的重视。因而，各地纷纷把会展产业纳入区域产业体系中，作为服务当地的一个独立产业进行发展。政府为了引导、规范、扶持会展产业发展，通过制定会展产业发展规划来汇集产业发展思路，明确产业发展方向，确定产业发展重点，出台保障措施，形成会展产业发展政策的集合，成为指导地区会展产业发展的重要文件。

一、会展产业发展目标与发展定位

确定会展产业发展目标或发展定位，重点在于理清会展产业在整个区域社会经济体系中的位置，理清会展产业对城市发展的意义，理清会展产业与其他产业的相互关系，以及会展产业发展的基本要求与思路。不同城市会展产业发展水平、发展重点存在差异，因而，不同区域在制定会展产业发展规划时，在会展产业的发展目标与发展定位上也存在较大差别。

（一）构建会展产业体系

有些城市会展产业起步较晚，或者发展不充分、不完善，因而构建完整的会展产业体系成为会展产业发展的首要目标。一些发展超前、体系完善的区域，由于新技术、新产业、新理念的影响，会展产业不断更新、转型，现代化的会展产业体系已初见雏形。

在会展产业体系中，会展企业、会展场馆是龙头，在整个产业体系中起着关键作用。除此外，也离不开广告、印刷、设计、施工、相关租赁等辅助性服务，以及餐饮、住宿、交通、物流等基础性服务。因而，许多地区围绕着会展场馆建设、龙头会展企业打造，不断优化提供辅助性和基础性服务的企业，逐步形成配套齐全、运行高效的会展全产业链。随着大数据、人工智能、低碳环保等新技术、新理念的应用及贯彻，智慧场馆、数字会展、绿色会展等体现未来发展趋势的新事物不断出现，逐步融入会展产业体系中，构建起全新的现代会展产业服务体系。

在整个会展产业体系中，各地都十分强调会展企业主体和场馆建设。打造一批竞争力强、管理水平高的会展龙头企业和会展机构成为各地会展产业发展的重要任务与主要目标。实现的途径一般有三种思路：第一，出台政策，鼓励本地会展企业通过收购、兼并、参股等多种方式扩大规模，实现集团化发展；第二，通过招商引资，吸引国内外知名会展企业进驻；第三，鼓励本地优势企业对会展服务进行横向扩展，如杭州市提出可利用数字经济服务优势，开展新型的会展服务。场馆建设则是各地都十分重视的另一项主要任务。场馆是会展活动落地的空间依托，是招揽知名展览活动、吸引知名展览公司的重要物质条件。一些城市会展场馆的不足，已经限制了城市会展产业的发展。如北京市正大力推进顺义区新国展二期会展场馆的建设工作，以及大兴国际机场临空经济区国际会展中心的建设，杭州市提出要重点建设杭州大会展中心，并形成几个具有特色的专业性会展园区。

（二）会展与区域的融合发展

当各地区把会展业作为一个独立的产业进行发展时，发展成果最终都要落在地理空间上，场馆、交通、酒店等相关服务设施的建设与配套，势必对该区域的建设用地、空间结构、社会治理、公共服务、文化发展等各个方面产生深刻影响。因而，促进会展产业与区域的融合发展，形成良好的会展产业空间格局，就显得非常重要。

会展是体现地区定位、承担地区功能的重要产业。在北京、上海、广州等国际化都市，会展往往成为体现国际化程度、促进国际化发展的窗口行业。如北京市提出到2025年基本建成具有全球影响力的国际会展之都，显著提升服务北京市"四个中心"（政治中心、文化中心、国际交往中心和科技创新中心）的能力。上海市也围绕全球贸易枢纽、亚太投资门户、国际消费中心城市等功能，全面建设国际会展之都。在上述区域发展中，会展产业不仅是构成区域产业结构的重要组成部分，也是体现区域特殊功能的标志性产业。因而，会展产业并不适合所有区域，只有产业、人口、信息、交通较为集中的区域才适合发展会展产业。如江西省在规划会展产业发展时，以"大南昌都市圈"为核心，建设江西省会展产业高质量发展先行区，并带动九江、抚州、宜春、上饶等区域的发展。

会展产业能够体现区域发展水平，需要与区域协同发展。第一，会展产业发展需要便捷的交通、众多的人口、发达的资讯，以及较高水平的技术和智力资源，会展产业发展程度也是一个区域社会经济发展水平的重要体现。因而，各地区在规划会展产业发展时，十分强调会展产业与区域产业、城市建设、公共服务、人才培养等各项工作的协调发展。会展作为生产服务性产业，首先要服务于区域产业发展，实现会展与产业的协同发展。如杭州市强调会展业要服务于数字经济、创意设计、金融科技，通过与优势产业的融合发展，实现服务创新。第二，会展产业发展要配合区域社会经济发展空间格局，围绕区域发展重点推进会展产业空间布局。如成都市就以四川天府新区和成都高新区两个重要发展区域布局会展产业，北京市围绕首都国际机场和大兴国际机场打造首都两大会展产业集聚区，上海市则以浦东新区和虹桥国际中央商务区为中心，重点推进会展服务产业发展。第三，会展活动涉及众多部门，会展产业发展需要与区域公共服务水平相适应。大型的会展活动需要公安、应急、卫生、消防、城管、工商等众多部门的参与，会展产业的发展离不开区域内公共服务水平的提升，以及管理制度的优化与简化。第四，会展产业发展离不开高质量的从业者，会展专业人才教育、会展智库建设、会展高层次人才引进、在职专业培训等也是各地较为重视的工作。

（三）会展与其他产业的融合发展

在会展产业发展定位中，需要明确会展产业与其他产业间的关系。会展产业的发展动力，一般来源于区域内的优势产业，或者区域所处的特殊地理位置与区位条件。对于大部分区域而言，会展作为生产性服务产业，往往是从属于区域内特定的优势产业而存在。当然，也有一些城市是区域内政治、经济、文化的中心，会展产业可以脱离制造业等各类产业而独立发展。随着各地对会展产业功能认知的深入，特别是对会展业助力城市形象推广、产业集群区传播作用的认可，以及新技术、新产业的发展，会展产业与各类产业的融合发展成为目前的主流思想。

促进会展产业与制造业的融合发展，是会展产业融合发展的重中之重。充分发挥会展产业在展示技术成果、推动技术合作与交流、推动产业转型升级方面的功能，服务于制造业的展示、传播、销售与交流，展示制造业创新产品，加强制造业上下游供需对接，是会展产业与制造业融合发展的主要目的。融合发展的途径则主要体现在提供经贸交流平台、组团参加展会、培育专业化品牌展会等方面。首先是围绕各地区的优势制造业，完善、策划、培育一批品牌展会。如江西省提出会展业要为有色金属、现代家具等十四个重点产业提供经贸交流投资平台。其次是引导制造企业到销售区域，参与当地的品牌展会。最后是发挥会展业的产业引领功能，围绕未来人工智能、大数据、未来健康等战略性新兴产业，培育面向未来的专业化品牌展会。如上海市提出持续做强中国国际工业博览会、中国国际医疗器械博览会，促进展会的专业化、国际化、品牌化发展。

促进会展产业与现代服务业的融合发展，是各地会展产业发展的重要方向。会展产业除了服务于生产性企业外，还服务于健康、文化、体育、旅游等现代服务业，甚至面向顾客提供直接服务。因而，不断促进会展产业与商贸交流、文化展演、体育赛事、教育医疗的融合发展，是助力现代服务业高质量发展的重要手段，更是各地会展产业融合发展的努力方向。通过会展活动促进商业贸易的繁荣是许多地区常用的策略，20世纪末，许多地方就按照"节庆搭台，商贸唱戏"的思路举办了众多的节庆活动，成为树立形象、宣传地方、吸引投资的重要手段。利用时装周、旅游节、电影节、艺术节、音乐节等文化展演活动，则可以直接吸引公众注意力，扩大地区影响。同样，举办各类体育赛事也能达到这一目的。有些地区则利用地方特色文化举办活动，把展览、旅游、节庆有机地结合在一起，对于吸引游客、扩大消费、提升形象、扩大影响力有重要意义。有些地区则针对人类最基本的健康、发展需求，结合当地的物产、气候优势，发展以医疗、教育为主题的会展服务，效果良好。

拥抱新兴技术，促进会展产业与新兴经济的融合发展，成为会展产业融合发展的新趋势。首先，积极促进会展业与数字经济的融合发展，利用智慧城市、人工智能、大数据等技术，提高会展运营、管理、服务的智能化水平，建设数字展会服务平台，提供虚拟展览和线上交易服务，增加会展活动场景、丰富会展活动体验。其次，积极利用节能环保技术，促进会展材料的标准化、模块化发展，实现会展材料的可回收、可重复利用。最后，促进新媒体技术与会展活动的融合，通过短视频、公众号等新兴渠道，提高会展活动的影响力与知名度。

二、会展产业发展重点任务

各地围绕会展产业发展目标与发展定位，纷纷确定本区域的发展重点。许多省市把推动会展产业的品牌化、国际化、数字化、绿色化作为会展产业发展的重点任务。

（一）品牌化

传播信息是会展活动的重要功能之一，因此提高会展活动的影响力与知名度，推进会展活动的品牌化，不仅是会展活动本身的内在要求，也是地方与举办方的重要目的。会展活动品牌知名度高，能够吸引更多的参与者，从而更好地助力举办地特色产业、商贸活动的繁荣。而且，这对于提高举办地的形象也有好处，从而带动当地文化、旅游消费，产生更加综合的社会经济效益。因而，打造品牌会展活动就成为许多地方发展的重要任务，打造的途径则包括品牌引进、品牌打造、城市品牌整体塑造等。

通过招商引资或联合办展的方式，引进行业影响力强、带动效应明显的品牌展会，是易操作、见效快的促进会展产业发展的手段，成为许多地区促进会展产业品牌化发展的首选。引进的对象一般是国际知名品牌展会，或者是在国内具有影响力的品牌展会。此外，还有些地区力主通过举办类似于世界园艺博览会的国际知名展览来提升城市影响力。当然，在选择、引进知名品牌展会时，还是强调要与当地的优势产业和发展重点相一致。

依托本地文化与特色产业，结合地理区位，打造品牌展会，是许多地方会展产业长远发展的重点。首先，会展品牌的塑造要符合城市发展战略定位，与城市重点发展的产业相一致。如北京市提出策划筹办科技创新、文化创意和数字经济、生物医药、生态环保等领域的国际会展项目，重点发展世界机器人大会、北京国际汽车展览会等品牌展会。展会发展所确定的重点与方向，不仅符合北京市文化中心、科技中心、国际交往中心的战略定位，同时也符合北京市产业发展的方向。其次，品牌会展往往依托于现有的展会进行提升。如成都市在"十四五"期间重点优化打造全国糖酒商品交易会、中国西部国际博览会，通过提高专业服务能力，打造高水平、专业性、市场化的世界级品牌展览。最后，品牌展会还有必要依托本地特色产业、历史文化，形成区域性的影响力。如江西省提出要持续开展"一城一展""一产一会"活动，做精地方会展品牌，加强对江西历史、名人、民俗等资源的综合开发利用，传承、创新传统经典节庆，培育具有本土特色、时尚创意的节庆品牌和体育赛事品牌。

利用会展产业在中心城市集群发展的优势，打造一批品牌展会，举办一系列有影响力的文化活动、体育赛事，以城市会展产业发展的整体优势提高"会展名城""会展之都"的知名度，这是部分地区促进会展产业品牌化发展的重要选择。如湖南省提出鼓励长沙市不断提升会展项目品质，用多年时间建成为国家会展名城。如上海市、广州市都在围绕国际消费中心城市，致力于打造"国际会展之都"。

（二）国际化

随着改革开放逐步深入，我国的社会经济文化与世界交流更加广泛，特别是我国制造业参与国际分工日益加深，大大提高了我国经济发展的国际化水平。对于服务于经济发展的会展业而言，参与会展国际组织、执行国际通行标准、促进国际合作与交流的需求自然水涨船高。因而，促进会展产业的国际化就成为许多地区发展的紧要任务。

积极参与国际会展组织是促进会展业国际化的重要手段，许多地区鼓励本地会展企业参与AIPC（国际会议中心协会）、ICCA（国际大会和会议协会）和UFI（国际展览业协会）等国际会展组织机构的评估认证，鼓励会展企业参与国际会展机构组织的重大活动。同时，各地也积极引进国际会展组织举办的品牌展会或具有影响力的博览会、文化活动和体育赛事，通过举办国际性的会展活动积累经验，提高影响力。此外，各地也主动尝试，对照国际标准，突出本地展会特色，通过申请注册商标保护、国际认证等方式，逐步发展成为国际性的会展活动。也有些地区利用本地的优势产业，结合中心城市的区位优势，直接打造国际性会展。

（三）数字化

随着现代计算科学的发展，数字化技术正逐步成为促进社会经济发展的新动力，是继农业经济、工业经济之后形成的一种新的经济形态，正重塑着全球的经济格局，带动产业转型升级。对于会展业而言，积极利用数字技术，提升会展智慧化水平，是各地积极推进的重要工作。

广义的数字会展是针对会展产业链而言的，即使用数字技术整合会展业链条上的各级企业，面向会展市场上的各个利益主体（如场馆、展商、观众、供应商等）重塑业务流程、服务方式，从而降低成本、提升体验、增值服务、优化管理的新型运营模式。数字会展不仅是新工具、新技术、新理念的应用，也是一种新业态、新模式和管理的创新。会展企业利用数字技术，可以将传统的线下活动内容转化为线上的数字化产品，可以广泛地向全世界的用户进行传播，边际成本可以低到忽略不计，运营成本大大降低。在产业链条上，各家企业可以通过信息平台，利用数据挖掘、算法匹配等人工智能技术，增强企业间的联系，提升供需对接的效率，从而提高企业经营与管理水平。会展企业可以收集、分析大量客户信息，能够更精准地构建用户画像，更深入地理解用户的决策行为与偏好。对于客户而言，能接触到更多的会展服务内容，并获得更加精准的推荐，通过线上线下的结合，使用户获得更便捷、高效、全面的服务体验。

各地纷纷围绕数字会展平台建设、会展企业数字化运营、场馆服务智能化等方面推进会展的数字化进程。建设线上服务平台，打造数字会展云服务中心，是许多地区推动的重要项目，即搭建数字展厅，结合现在的视频主播对接的方式，把展览、洽谈、推介等活动搬到线上，并利用线上服务平台，加强数字展示、数据挖掘，全面提升会展服务水平；鼓励会展企业引进云计算、大数据、物联网、5G、人工智能等信息和通信技术手段，综合处理策划、组展、运营、搭建等各个环节的信息，实现资源配置的智能化，对各种需求也能精准应对，实现会展行业的智慧管理的智慧运行；提升场馆的数字化服务水平，利用移动互联网技术、物联网技术、云计算技术，整合商流、物流、人流、资金流和信息流，实现停车导航、展会数据收集、客流统计分析等功能；丰富地图导航、社交分享、电子商务等服务内容，能够为展商提供更加多元的服务。

（四）绿色化

低碳环保、绿色发展已经成为新时代会展产业发展的共识，会展服务中存在的方案设计奢华、选用材料不健康、物品一次性使用等问题已经引起人们的重视，适应可持续发展的时代理念，实现会展行业的绿色发展逐步成为共识。

树立绿色理念，实现会展碳排放与展览效果间的平衡，是推进会展产业绿色发展的重要前提。传播信息是会展活动的重要功能，许多展商精心策划、布置展览现场，以展示实力，从而获得关注、留下印象，在此过程中采购的服务、消耗的能源、使用的一次性材料是造成碳排放的主要来源。因而，会展行业的展商与从业者应树立绿色发展理念，在不降低展示效果的前提下，促进物品的循环使用，采用节能环保技术搭建展台、展示产品、处理垃圾，对于促进会展业的绿色发展十分关键。

推动绿色场馆建设、产业链条绿色发展是促进会展产业绿色发展的重要基础。按照绿色建筑标准设计建设新场馆，改造旧场馆；提升场馆内展位的标准化程度，以保证模块材料能够分类回收、重复利用；强化物流、餐饮、住宿等配套服务企业的绿色理念，实现生态化运营，提高会展产业链条的绿色化程度。

加强制度化建设，构建绿色会展标准，是促进会展产业绿色发展的重要保障。制定绿色会展技术指标体系，出台绿色会展国家或地方标准，开展绿色会展认证，形成会展活动过程环境监测制度，能为会展产业的绿色发展提供制度性保证。

三、会展产业发展保障政策

为实现会展产业发展目标，完成重点任务，各地区纷纷出台相关政策，以推动引导产业发展、拓展融资渠道、优化发展环境、增强智力支持等各项工作。

（一）引导产业发展

各地会展产业大部分处于起步阶段，各级政府一般在立项、资金、税收等方面为会展业发展提供便利与扶持。

为促进会展业发展，许多地区统筹加大对品牌展会、重点项目的引进力度，支持重点场馆建设改造项目，并鼓励优质企业挂牌上市；设立产业发展基金、会展产业扶持专项资金，是引导会展业发展的常用手段。一些地区强调要加大对会展业发展专项资金扶持的力度，完善会展专项资金管理办法，加快提升资金绩效，更好地发挥财政政策资金的引导和激励作用。有些地区甚至通过设立会展产业引导股权投资基金，吸纳社会资本跟投，引进专业基金管理团队管理，以市场化方式开展股权投资，使得扶持专项基金与金融手段相结合，按照地区发展目标引导产业发展方向。有些地区通过调整税收政策，制定优惠措施，以促进会展业发展，应对产业发展困难与危机。

（二）拓展融资渠道

许多地区多方拓展融资来源，多渠道、多模式促进产业发展。一些地区面对企业在项目培育和引进、技术创新、土地资源和场馆建设供给等方面的融资需求，积极为会展企业搭建金融服务平台，还通过无还本续贷、应急转贷、降低保费等措施，减少会展企业信贷融资成本。有些地区则鼓励金融、担保机构加大对小微会展企业的信贷、担保支持力度，开发针对会展业的保险服务产品。针对场馆建设投资的难题，有些地区则力主采用地方政府主导的展馆投资建设模式，以保障会展场馆的公共属性和市场属性，从而实现场馆的稳步开发和运营。一些地方政府针对一些有实力的会展龙头企业，则鼓励其牵头成立会展业产业基金、会展银行等；或者与金融机构合作，共同探索会展知识产权质押等多种方式融资，进一步拓展会展主体的融资通道。

（三）优化发展环境

会展产业刚刚发展，政府部门的管理与服务也缺乏相应的经验，因而许多地方都提出要优化政务服务环境，为会展产业发展提供高效、便捷的服务。第一，针对会展项目的申报与审批，一些地方提出打造一站式办展办会服务通道，简化会展项目审批手续，缩短会展活动登记备案时间，实现展会申报便捷高效。第二，在组织国际性展览时，以提高展品出入境通关效率、降低办展办会成本为目标，尽量优化展品监管方式方法，甚至延长服务时间，在非工作时间提供通关服务。第三，由政府搭建会展公共服务平台，整合政府、协会信息，为企业提供信息发布、营销传播、业务咨询等服务，形成多方共享与互动的平台。第四，加强行业治理，推进会展业规范化发展。如加强会展法治建设，增强会展企业法律意识，促进会展企业依法规范经营；加强会展专利、商标等知识产权保护；建立健全信用档案和违法违规信息披露制度，增强办展机构、参展企业等会展业相关主体的信用意识；完善会展安全体系，重点推进消防安全、安全防范、突发事件和应急处理等方面的管理规范；同时，聚焦展前、展中、展后全过程，建立会展业外部风险跟踪监测体系，加强外部风险预警。

（四）增强智力支持

人才是促进产业发展的重要基础，因而许多地区制定了会展业人才引进、培养、智库建设等方面的保障性措施。一些地区针对会展业紧缺人才，在落户、购房、科研、职称等方面给予优惠，对于创业人才在税收、补贴等方面也有相应的优惠措施，如积极与高校、研究院所合作，申报会展专业，培养行业人才；并为学生实习、实践提供机会，开展校企合作、校地合作，提升人才培养质量。同时，针对现有从业人员，通过论坛、沙龙、竞赛等活动，开展行业培训，提高从业人员专业水平；推动产学研合作，发布会展产业研究课题，鼓励企业利用院校资源解决实际问题。同时，组织会展及相关行业的专家学者、行业精英进行会展产业智库建设，为政府决策提供支持。

四、会展产业管理体制

设置政府管理部门，成立行业协会组织，形成部门合作协调议事机制、健全的会展产业管理体制与协调机制，是地方政府对会展产业实施管理的重要依托。

（一）政府管理部门

从全国范围来看，商务部是会展行业的主管部门，具体业务由服务贸易和商贸服务业司负责。会展产业发展较好或准备重点发展会展产业的地区，普遍组建了相应的政府部门对会展产业发展进行管理。根据《2022年度中国展览数据统计报告》提供的信息，2022年，除西藏自治区外，全国各省（市、自治区）设置政府主管会展行业部门的数量共有160个（加上贸易促进会系统190个）。比较十年以来的数据，数量不断增加，这说明许多地方开始重视会展产业的发展，需要对会展业进行引导、服务、监督与管理。其中四川省设置的政府主管会展业部门数量最多，山东、浙江、广东三省排名随后。这些部门普遍隶属于商务系统，也有许多是临时成立的领导小组。

在商务系统下的政府部门，主要任务是拟订会展业发展规划，制定政策和保障措施，同时做好会展行业的数据统计、分析与评估工作，统筹全局，协调本地区的会展业发展。在北京、天津、上海等地，有单独的会展处负责；在山东、广东、四川等省，则由服务贸易和商贸发展处负责。有些地区为了有力促进会展业发展，或针对重要会展活动成立临时性领导小组，如沈阳市、大连市、苏州市、郑州市的会展业发展工作领导小组，河北省会展业发展办公室，太原市会展工作办公室，厦门市会展协调办公室等；或把某个或某类具体会展活动交给特定部门完成，如天津市政府办公厅大型活动工作处、广西国际博览事务局、河南省博览事务局等。

（二）行业协会组织

在我国会展业发展过程中，除了政府部门的管理以外，非官方组织也起到了非常重要的促进作用，其中包括中国国际贸易促进委员会（简称"中国贸促会"）系统，以及各地的会展业协会。

中国贸促会于1952年成立，在全国范围内设立了分支机构，内部设立展览管理部、法律事务部等内设机构，还包括中国国际经济贸易仲裁委员会秘书局、中国海事仲裁委员会秘书局等单位，以及中国国际商会、中国仲裁法学研究会等社会团体。作为一个历史悠久、体量庞大的社会团体，其在一定程度上分担了政府部门的职能，为推动国际贸易和投资，促进国际交往作出了重要贡献。特别是在会展服务方面，不仅有直接负责国家级展览的展览管理部，还有中国国际展览中心集团有限公司、北京中贸兴业企业管理有限公司等下属企业单位，是促进中国会展业走向国际的重要力量。

此外，全国各地围绕着会展场馆、会展经济、会展产业成立了众多民间社团组织，成为会展行业信息交流、投资融资、学术研究的重要平台，也成为联络政府与企业的重要桥梁和纽带。会展行业协会的组织结构与其他协会较为类似，都是以理事会为核心的法人治理结构，会员大会是最高权力部门，并选举出理事会、监事会分别行使决策权力、监督权力，选举出秘书长执行工作。虽然会展行业协会发展较为完善，数量也较多，但根据宋腾于2018年进行的研究，目前加入会展行业协会的会展企业并不多，有些加入协会的企业包括产业链上的服务企业，如提供住宿和交通服务的酒店、物流公司等。

（三）协调议事机制

为了提升会展行业管理的效率，或应对会展产业发展的重点项目，有时会由政府主要领导牵头成立办公室、领导小组或联席会议等临时议事机制，以整合整个地区的各方力量，协调推动重要活动或关键项目的组织与实施。

第二节 会展活动管理办法

会展产业的发展与繁荣体现在一个个具体的会展活动中，因而关于会展活动的管理办法与条例也是会展产业政策的重要组成部分。在会展产业起步、发展等阶段，结合我国行政管理的改革进程，会展活动的审批与管理有不同的思路与表现。

一、会展活动管理依据

会展活动往往有大量的人员参与，涉及参展商、观众、场馆等众多利益主体，特别是举办或参加国际性会展活动时，更需要适度的管理与监督。因而，国家有关部门制定了一些管理办法或条例，对会展活动实施管理。

如国务院办公厅于1997年公布《国务院办公厅关于对在我国境内举办对外经济技术展览会加强管理的通知》，商务部于1998年发布《在境内举办对外经济技术展览会管理暂行办法》，工商行政管理局于1997年公布《商品展销会管理办法》，中国国际贸易促进委员会等部门于2006年公布修订后的《出国举办经济贸易展览会审批管理办法》，是对展览会进行管理的重要依据。此外，"赴台湾地区举办招商、办展、参展活动审批""境内举办涉外经济技术展览会办展项目审批"等行政许可业务，是相关会展活动申办的重要环节。

为严格落实权责清单制度，推进依法行政，大量减少行政许可、行政处罚、行政强制等事项，国家工商行政管理总局于2010年颁布第52号令废止了《商品展销会管理办法》，工商行政管理部门停止审批商品展销会登记，管理部门放松了对展销会名称、时间、参展商品类别以及办展资质与条件的事前监管。因而，也产生了许多问题，如一些企业的办展资质或确定展览名称时，随意性增大。许多地方工商行政管理部门也会结合《中华人民共和国广告法》《中华人民共和国消费者权益保护法》《中华人民共和国反不正当竞争法》等法律法规进行监管。

在2016年公布的《国务院对确需保留的行政审批项目设定行政许可的决定》中，《赴台湾地区举办招商、办展、参展活动审批》《境内举办对外经济技术展览会办展项目审批》《出国举办经济贸易展览会审批》《举办国际教育展览审批》等业务，由商务部、中国贸促会、教育部省级人民政府教育行政主管部门等审批。商品展销会登记仍然由各级工商行政管理部门执行。

2019年4月2日发布了《商务部办公厅 海关总署办公厅关于做好境内举办、涉外经济技术展览会备案管理工作的通知》。

此外，有些特别的会展活动，如文物展览、音乐节等，需要履行特别的会展活动审批手续。

二、会展活动管理内容

（一）信息审核管理

虽然已经废止了《商品展销会管理办法》，工商行政管理部门停止对展览项目的审批，但一些地方为了规范办展，会采取相应的措施鼓励办展企业提前登记展会信息。如武汉市即采用自愿原则，鼓励办展企业在展会举办前进行信息登记，而申请武汉市会展业发展专项资金支持的单位，则要求进行展会信息登记。

由于展会类型的差异，展会信息登记或备案的内容也存在不同。一般而言，主要包括办展单位信息、展会项目基本信息，以及相关的证明材料。办展单位信息主要包括单位名称、单位地址、法人和项目联系人姓名以及联系方式。展会项目信息则主要包括项目名称、举办地点、举办起止时间、主办和承办单位等。相关的证明材料主要包括办展企业的营业执照、主办单位和承办单位有关的协议或合同等，法人代表及其身份证明材料，或法人代表授权登记人授权书和授权登记人的身份证明材料。有些地方可能还会要求提交会展举办的申请书、举办场地使用证明、展会组织实施方案等材料。

在涉及涉外经济技术展览时，则审批较为严格，需要对展会相关信息进行审查。境外机构主办或与境内单位联合主办的，需审查境外机构资信及有关情况，如展览会名称、内容、规模、时间、地点，组织招商招展的方案和计划，办展的可行性报告，主办单位与承办单位的协议。两个或两个以上单位联合主办的，需审查联合主办的协议（包括各主办单位的职责分工、承担办展民事责任的单位等）。境外机构联合或委托境内单位举办的，需审查其联合或委托办展协议。国务院部门所属单位及中国国际贸易促进会系统单位在北京以外地区主办的，需审查是否征得当地外经贸主管部门的同意。

（二）基本要求

在境内举办涉外经济技术展览活动的，审批是进行管理的重要一环，实施管理时，一般遵循以下几个方面的要求。

1.分级审批

对于展览面积超过1000平方米的对外经济技术展览会，必须进行审批，并且根据展会层次实行分级审批。对于需要以国务院部门或省级人民政府名义主办的国际展览会、博览会，须由国务院审批。国务院部门所属单位主办的，以及境外机构主办的对外经济技术展览会，报商务部审批。在北京以外地区举办的，主办单位须事先征得举办地外经贸主管部门的同意。对省级外经贸主管部门主办的多省（自治区、直辖市）联合主办的对外经济贸易洽谈会和出口商品交易会，由商务部审批。地方其他单位主办的对外经济技术展览会，由所在省（自治区、直辖市）外经贸主管部门审批，并报商务部备案。以科研、技术交流、研讨为主题的展览会，由国家科学技术委员会负责审批。

2.严格监管

严格控制办展数量，避免重复浪费，鼓励和推动联合办展，鼓励举办专业性展览会。对于同类展览，原则上在同一省（自治区、直辖市）及副省级市，每年不超过2个。以国际展为名称的对外经济技术展览会，境外参展商必须占20%以上。组织招商招展必须以企业自愿为原则，不得通过行政干预招展；有关广告、宣传材料必须真实可靠。主办单位应在办展结束后一个月之内，按照商务部规定的内容和要求，向审批单位提交展览情况的总结报告。审批部门要加强对主办单位、承办单位办展活动的管理，维护正常的办展秩序。

3.项目冠名、涉外活动审慎

在境内举办涉外经济技术展览会项目冠名"中国""中华""全国""国家"等字样（以下简称"中国"等字样）的，外国机构参与主办的涉外经济技术展览会，对主办单位有所要求。

举办涉外经济技术展览会须由主办单位申请报批。两个或两个以上单位联合主办的，由承担民事责任的主办单位申请报批。地方企业或协会首次举办冠名"中国"等字样的涉外经济技术展览会，应由当地省级商务主管部门转报。中央企业下属企业首次举办冠名"中国"等字样的涉外经济技术展览会，应由所属中央企业转报。全国性行业协会代管协会首次举办冠名"中国"等字样的涉外经济技术展览会，应由所属全国性行业协会转报。

主办单位如为企业法人，所持有工商部门登记颁发的营业执照"经营范围"中须包含"展览展示""会展服务"相关内容；主办单位如为社会团体法人或事业单位法人，所持有的法人登记证书"业务范围"中须包含"展览展示""会展服务"相关内容。

外国机构举办涉外经济技术展览会，必须联合或委托境内主办单位（须符合第二条要求）举办，且应由境内主办单位提出办展申请，负责报批或者备案，以及境内招展工作。

首次举办展会及首次申请举办冠名"中国"等字样的涉外经济技术展览会，需至少提前6个月提交申请材料。同时，要满足四个条件，如连续举办两届以上；上届展览会面积超过10000平方米；境外参展商（不包括境内外商投资企业）比例达到20%以上；国内参展企业来自除举办所在地省（自治区、直辖市）以外的三个以上省（自治区、直辖市），且其比例达到20%以上。

经批准已冠名"中国"等字样的涉外经济技术展览会，如展会中英文名称或主办单位发生变化，应按首次举办冠名"中国"等字样的涉外经济技术展览会履行审批手续。在北京以外地区举办的，主办单位须事先征得举办地省级商务主管部门的同意。

（三）举办单位管理

对外经济技术展览会的举办单位，包括主办单位和承办单位。主办单位主要负责制定并实施展览方案和计划，组织招商招展，负责财务管理，并承担举办展览的民事责任。承办单位主要负责布展、展览施工、安全保卫及会务等事项。

1.主办单位

主办单位主要负责制定并实施展览方案和计划，组织招商招展。境内主办单位则要满足以下要求。

（1）具有组织招商招展能力和承担举办展览的民事责任能力，设有专门从事办展的部门或机构，并有相应的专业展览（包括策划、设计、组织、管理及外语）人员，具有完善的办展规章制度，曾参与协办或承办5个以上较大规模的国际性展览会的展览公司或外经贸公司，省级经济贸易促进机构或行业（专业）协会、商会可获得主办资格。

商务部应会同有关部门，重新梳理审核主办单位，对符合条件的单位授予主办资格，并分期公布名单。工商行政管理部门凭商务部的批准文件，重新核定有关单位的经营范围。

（2）省级、副省级市人民政府，或省级商务主管部门可以主办对外经济贸易洽谈会和出口商品交易会。

（3）国务院部门可以部门名义主办与其主管业务有关的国际性展览会。

来华办展的境外主办单位应是具有相当规模和办展实力，在国际上影响良好的展览机构、大型跨国公司、经济团体或组织（包括经济贸易促进机构、商会、行业协会等）。

2.承办单位

承办单位主要负责布展、安全保卫及会务等事项。具有主办资格的单位均具有相应的承办资格；受主办单位委托，有关公司可以承办展览的单项业务（包括设计、布展、展览施工、广告等）。

国家间双边、多边及国内外友好省市间的展览（含交流展），按对等原则和实际需要由相应单位主办和承办。

（四）备案流程

展会备案填报单位办理涉外经济技术展览会备案，可通过商务部官方网站登录"商务部业务系统统一平台"（https://ecomp.mofcom.gov.cn），进入"展览业信息管理应用"进行备案。

展会备案分为主办单位注册、展前备案和展后备案三个环节。

1.主办单位注册

展会主办单位必须按要求完成注册。主办单位注册信息如发生变化，应及时登录"展览业信息管理应用"更新相关信息。

2.展前备案

展会备案填报单位应于展会举办前至少3个月办理展前备案，展前备案须如实填报展会名称、主办单位、举办地点、举办时间等展会筹办情况。多家主办单位共同主办的展会，所有主办单位须共同确认展前备案内容后方可提交展前备案表。

展前备案内容完整、准确的，展会备案填报单位可登录"展览业信息管理应用"在线打印《涉外经济技术展览会展前备案回执》（简称《展前备案回执》），并按规定向海关等部门办理相关手续。

3.展后备案

展会备案填报单位应于展会结束后1个月内办理展后备案，展后备案须如实填报展会参展、观展、成交情况及营业收入等实际举办信息。

展后备案内容完整、准确的，展会备案填报单位可登录"展览业信息管理应用"在线打印《涉外经济技术展览会展后备案回执》，并注意妥善保存备查。

（五）注册和备案管理

根据属地化管理原则，主办单位注册地省级商务主管部门负责属地主办单位的注册管理，商务部负责境外主办单位的注册管理，主办单位注册内容完整、准确的，负责注册管理的商务主管部门应在注册信息提交后10个工作日内完成注册。展会举办地省级商务主管部门负责属地展会的展前和展后备案管理，属于备案管理范围且备案内容完整、准确的，负责备案管理的商务主管部门应在备案表提交后7个工作日内完成备案。

在注册和备案管理过程中，商务主管部门可结合实际情况征求有关部门意见，发现注册或备案内容填报不完整、信息有误或涉嫌违法违规的，应在线通知填报单位补充更正，或由有关部门依法依规处理。

本章小结

本章主要讲述了会展产业发展所涉及的产业目标、发展重点、保障政策、管理体制等内容，以及会展活动管理的相关知识。在学习中，要特别注意从宏观层面思考我国各地区会展产业的发展策略与措施。同时，针对具体活动的管理，特别是涉外经济技术展览会的管理，把握会展活动管理的重点。

思考题

1.为什么要进行会展产业发展目标定位？

2.会展产业发展重点任务有哪些？

3.会展产业发展有哪些保障政策？

4.会展活动管理的依据是什么，具体如何管理？

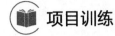 项目训练

当你学校所在区（县、市）要大力推进会展产业的发展时，作为专业人员，你会给出什么样的意见与建议？

第二章
绿色低碳政策与安全政策

 案例导引

低碳办展

我国已经提出了明确的碳达峰、碳中和路线图,形成了碳达峰碳中和"1+N"政策体系。《中共中央 国务院关于完整准确全面贯彻新发展理念做好碳达峰碳中和工作的意见》和《国务院关于印发2030年前碳达峰行动方案的通知》,是该体系的两个顶层文件。

2010年,我国会展界出现一句话:发展低碳会展是所有会展企业成长的必由之路,不管你喜不喜欢,愿不愿意,想不想干,或迟或早大家都会走向这条道路,你今天做到了就是时髦就是亮点,以后就是每家企业必须要达到的门槛和标准。2018成都市推进绿色会展工作会披露了每场展会产生建筑垃圾的一般规模:小型展会为2—6吨,中型展会为8—25吨,大型会展为50—150吨。在乌鲁木齐举办的2023(中国)亚欧商品贸易博览会为期5天,估计产生2762吨碳排放,该展会通过碳中和措施实现了碳中和办展。

思考:

1.阐述你对材料中提及的会展界那句话的理解。

2.分析会展活动还可能对环境产生哪些影响,尽可能进行定量分析。

3.查阅"1+N"政策体系中的两个顶层文件,分析二者在我国会展业政策体系中的地位。

第一节 可持续发展理念与战略

一、绿色经济、低碳经济与可持续发展

19世纪40年代，恩格斯、马克思敏锐地指出，人类社会面临着"两大变革"，即"人同自然的和解"以及"人同本身的和解"。前者是人与自然的关系协调，后者是人与人的关系协调。然而，在资本逐利目的的驱动下，人与自然的矛盾不断激化。20世纪60年代以来，全球性的生态破坏、环境污染、资源短缺、气候变化等发展挑战与风险日趋加剧，推动人类重新思考发展理念，探索新的发展模式。在循环经济理念的基础之上，可持续发展、绿色经济、低碳经济理念相继诞生，并逐渐从理念走向战略，成为全球社会发展的共同目标。

可持续发展（sustainable development）是指"既满足当代人的需求，又不损害子孙后代满足其需求能力的发展"，以公平性、持续性、共同性为基本原则，以社会进步、经济发展、环境保护为可持续发展目标的三大支柱。1992年6月，联合国在里约热内卢召开的"环境与发展大会"，通过了以可持续发展为核心的《里约环境与发展宣言》《21世纪议程》等文件，可持续发展从理念走向战略与实践。

2012年6月，联合国可持续发展大会（又称"里约+20"峰会）在巴西里约热内卢召开，纪念可持续发展20周年，并提出未来20年深化推进可持续发展的新思路，其一就是倡导绿色经济。绿色经济强调从社会及其生态条件出发，以求建立一种可承受的经济。这一词首次出现于英国著名环境经济学家皮尔斯于1989年向英国政府提交的报告《绿色经济的蓝图》。"里约+20"峰会明确了全球经济向绿色经济转型的发展方向，推动绿色经济和绿色发展在全球迅速形成广泛共识。绿色经济的内涵在实践中不断拓展，逐渐演化为一切资源节约、环境友好的经济活动及其结果的总称。

低碳经济聚焦发展与能源、碳排放之间的关联，是一种以低污染、低能耗和低排放为发展目标的经济发展模式。这一概念最早见诸的政府文件是2003年英国能源白皮书《我们能源的未来：创建低碳经济》，其发端至少可追溯至1992年的《联合国气候变化框架公约》。2007年12月，在印度尼西亚巴厘岛举行的联合国气候变化大会制订了应对气候变化的"巴厘岛路线图"，以推动全球进一步迈向低碳经济。2008年世界环境日主题定为"转变传统观念、推行低碳经济"。此后，低碳经济逐渐被越来越多的国家纳入决策之中。

由上可见，绿色经济和低碳经济的内涵基本相同，前者包括后者。这两种经济形

态是推进可持续发展战略的不同渠道与模式，在本质上都遵循可持续发展理念，最终发展目标都落脚于实现可持续发展。在实践中，二者常被组合在一起表达，如绿色低碳经济、低碳绿色经济。

二、我国可持续发展实践与创新

改革开放以来，我国把节约资源和保护环境确立为基本国策，把可持续发展确立为国家战略，大力推进社会主义生态文明建设。

自1992年联合国环境与发展大会以来，我国立足基本国情，全面推动和实施可持续发展战略。1994年3月，我国发布了中国的可持续发展战略行动计划即《中国21世纪议程》，确立了国家可持续发展的战略框架。《中国21世纪议程》是世界上第一个国家级的可持续发展战略，明确将可持续发展战略纳入国家经济和社会发展的长远规划之中。1996年，我国将可持续发展上升为国家战略并全面推进实施。1997年，可持续发展作为战略思想首次被写入党代会报告。党的十五大报告把可持续发展战略确定为我国现代化建设中必须实施的重要战略，要求坚持保护环境的基本国策，正确处理经济发展同人口、资源和环境的关系。

21世纪，我国在实践中不断丰富和发展可持续发展理念。2001年3月，《国民经济社会发展"十五"计划纲要》将实施可持续发展战略置于重要地位，全面推进可持续发展战略。2002年，党的十六大将"可持续发展能力不断增强"作为全面建成小康社会的目标之一。2007年，党的十七大首次将"生态文明"写入党代会报告。2012年，党的十八大做出"大力推进生态文明建设"的战略决策，将生态文明纳入全面推进经济建设、政治建设、文化建设、社会建设、生态文明建设"五位一体"总体布局，明确提出要"着力推进绿色发展、循环发展、低碳发展，形成节约资源和保护环境的空间格局、产业结构、生产方式、生活方式"。2015年，党的十八届五中全会提出"创新、协调、绿色、开放、共享的新发展理念"。把坚持绿色发展作为当代中国社会发展的一个基本理念在国家决策的层面上固定下来，不仅具有重大的理论意义，也具有重要的实践价值。坚持绿色发展理念的根本立足点在于推动生产力发展，"绿色"是对具体发展方式的规定，"发展"则是践行绿色理念时必须要达到的目标。

2017年，党的十九大报告指出，"加快生态文明体制改革，建设美丽中国"，明确提出"要建立健全绿色低碳循环发展的经济体系"。2022年，党的二十大报告指出，我们坚持可持续发展，"站在人与自然和谐共生的高度谋划发展"，"推动绿色发展，促进人与自然和谐共生"。2023年1月19日，国务院新闻办公室发布了《新时代的中国绿色发展》白皮书，介绍了中国坚定不移走绿色发展道路的理念遵循。

高度重视绿色发展，把生态文明建设摆到党和国家事业全局突出位置，是我国在可持续发展方面的有效实践，也为实现全球的可持续发展目标提供了中国方案和中国样板。可持续发展的目标是实现社会进步、经济发展、环境保护的协调发展。生态文明以尊重自然、顺应自然和保护自然为前提，以人与自然和谐共生为宗旨，以建立可持续的生产方式、消费模式为内涵，以引导人类走上持续、和谐的发展道路为着眼点；强调人类在改造客观世界的同时，积极协调人与自然的关系，推进建设生态化产业体系，创造和谐的人居环境，提供高质量的生态产品，最终实现人、自然、社会和谐发展。

"绿色"是一个复合的概念与表达，当关注气候变化时，经常表达为"绿色低碳"。截至2021年年底，全球已有136个国家提出了"碳中和"承诺，这一范围覆盖了全球88%的二氧化碳排放、90%的GDP和85%的人口。2020年9月22日，我国在第75届联合国大会一般性辩论上宣布了"双碳"目标：中国将提高国家自主贡献力度，采取更加有力的政策和措施，二氧化碳排放力争于2030年前达到峰值，努力争取2060年前实现碳中和。实现碳达峰碳中和（简称"双碳"）目标是我国做出的庄严承诺，也是着力解决资源环境约束突出问题、实现国家永续发展的必然选择。

绿色发展、可持续发展、生态文明建设三者的关系如何呢？生态文明建设是我国现代化建设的重大战略之一，也是人类社会发展的必然选择和人类文明发展的趋势。绿色发展是相对于传统发展而言的，是一种以人与自然和谐为价值取向，以绿色、低碳、循环、可持续为主要原则的经济增长和社会发展方式。这种经济增长和社会发展方式将环境资源作为社会经济发展的内在要素，把经济活动过程和结果的"绿色化""生态化"作为绿色发展的主要内容和途径，把实现经济、社会和环境的可持续发展作为发展的目标。综上可见，绿色发展是可持续发展的必由路径，也是生态文明建设的必由路径；生态文明建设是可持续发展的基础，为可持续发展指明了方向。

三、会展业的影响与可持续发展路径

会展业被誉为国民经济的晴雨表、行业发展的风向标、产业进步的助推器，也是城市功能的新体现，更是拉动消费需求的新动力。长期以来，会展业被誉为世界三大"无烟产业"之一。然而，事实并非如此。会展活动是人们聚集和集中消费的地方，每场活动都会产生资源消耗、污染排放和碳足迹。一般而言，会展活动的规模越大，其对各类资源环境产生的影响也越大。

会展活动的垃圾排放，是广受关注的产业环境影响问题。一项由全球展览业协会进行的调查表明，2001年各展览会制造的垃圾从60吨到1.2万吨不等。2003年，美国塑料展览会（NPE）会场清理掉垃圾近152吨，2015年，美国NPE在橘子郡会议中心产生518吨垃圾，在其回收的452吨垃圾中，有191吨属于加工废料。

会展活动的环境影响不仅有垃圾，还涉及能源、水资源、碳排放等。例如，2023年第六届中国国际进口博览会购买了800万千瓦时的绿色电力，这些电力可覆盖此次活动展会期间的全部用电量，可减排二氧化碳3360吨，实现了碳中和办展。该案例表明，会展业需要节能减排。衡量一场展会的绿色程度，"碳"含量成为重要标准。早在2010年，我国会展行业就有人指出"发展低碳会展是所有会展企业成长的必由之路""你今天做到了就是时髦就是亮点，以后就是每个企业必须要做到的门槛和标准"。

"绿色环保"决定了会展的发展力。20世纪90年代以来，欧美等成熟会展产业国家逐渐意识到会展活动对环境的影响，开始推进会展业的绿色发展。美国国家环境保护局于1996年制定了全球首个会展相关的绿色指南——《环境友好型会展指南》（Environmentally Aware Meetings and Events）。在一些国家，绿色已经融入每个平平常常的会议和展览中，绿色已经是会展人日常工作的一部分，他们每天都与绿色打交道，如果不这么做，客户就会抛弃他们。

相比而言，我国会展业大致在21世纪才开始进行绿色化实践与制度建设。我国会展业经过近十年的高速发展，展览数量、展览面积已居于世界首位，但绿色发展意识欠缺，展览现场污染严重、资源能源消耗巨大等问题凸显，与欧美等会展业强国相比仍存在一定差距，迫切需要向绿色、高质量方向转变。2015年，《国务院关于进一步促进展览业改革发展的若干意见》中明确提出在展览业"倡导低碳、环保、绿色理念"，推动"绿色、低碳、可持续"逐渐成为我国现代展会转型升级的方向。然而，业界认为，我国绿色会展从"旗帜高举"到"行业常态"，还有一段很长的路要走。2022年，商务部流通产业促进中心和中国绿色会展联盟发布的报告显示，经济效益不高、内生动力不足和绿色会展成本高是影响我国会展业绿色发展的重要因素。其中，绿色会展成本较高，与没有形成产业规模有关。

在碳中和发展和绿色经济建设的大背景下，举办绿色会展活动不仅能树立主办方低碳、环境、友好的组织形象，还能体现其强烈的社会责任感，更可以向合作伙伴、产业链和公众传递企业价值观，助力公司向可持续发展转型，引导消费者的消费理念和消费行为。

第二节　国内外可持续会展政策

国内外的可持续会展政策有一个共同的特征，即宏观框架由国家的环境保护、循环经济、清洁生产、节约能源、新能源等绿色低碳领域的主体法律，以及与之相关的

"子法"、细则或行政规章等共同构成，微观框架由针对会展活动的各类标准、指南等规范性文件构成。这也是由展会的专业性所决定的。

一、会展业发达国家的可持续会展政策

20世纪90年代以来，随着可持续发展理念的发展，会展活动的环境影响开始为社会所关注，一些欧美国家和国际机构开始出台政策，推动会展业可持续发展。美国的《环境友好型会展指南》列举了会展活动带来的环境影响，提出一系列"绿色会展清单"，如减少废弃物排放、节约能源以及不同交通、住宿、食品选择等。2007年8月，加拿大环境部推出《绿色会议指南2.0》（Environment Canada's Green Meeting Guide 2.0）。英国标准化协会于2007年出台 BS 8901：2007《可持续会展项目管理体系规范》（Specification for a Sustainable Event Management System），涉及会展项目可持续发展的环境、经济和社会三个方面的内容，其中有关办展环境的规范即为会展业节能环保标准。该标准在减少碳排放和垃圾排放，促进会展设备、设施循环利用和减少对环境的负面影响等方面发挥了积极作用。新西兰、德国等国家也制定了相应的绿色会展指南。总体而言，目前会展业发达国家用于促进会展行业可持续发展的标准十分完善。

二、重要国际机构发布的可持续会展政策

一些国际组织和机构也纷纷制定与颁布了绿色会展标准，推动会展的可持续发展。这些组织和机构包括会议产业委员会（CIC，Convention Industry Council）、联合国环境规划署（UNEP，United Nations Environment Programme）、国际化标准组织（ISO，International Standards Organization）、全球报告倡议组织（GRI，Global Reporting Initiative）等。CIC自2007年开始发起公认实践交换平台（APEX，Accepted Practices Exchange）行动以来，制定和颁布了APEX/ASTM系列标准——《APEX/ASTM——环境可持续会议标准》（APEX/ASTM—Environmentally Sustainable Meeting Standards）系列。该系列标准经常被简称为ASTM系列标准，其核心标准覆盖9个领域，包括交通、现场办公室、场馆、餐饮、展品、目的地、沟通、住宿和视听设备。各领域均又涉及8个方面：员工与环境政策、沟通、废弃物、能源、空气质量、水、采购、社区合作伙伴。

2009年，UNEP可持续生产消费处等国际组织联合推出了《绿色会议指南》（Green Meeting Guide），为绿色会议计划提供了详细指导。该指南主要由绿色会议定义、绿色会议管理和沟通、绿色会议规划清单和绿色会议案例四个部分组成，提供了从会前规

划、会议管理、会议核算到会议中和的全过程指导。

2012年，国际标准化组织发布了由ISO/PC 250活动可持续性管理项目委员会制定的新标准ISO 20121：2012《大型活动可持续性管理体系——要求及使用指南》（Event Sustainability Management Systems—Requirements with Guidance for Use）。ISO 20121：2012标准旨在支持举办各种类型活动的组织机构进行可持续性管理，适用于对赛事、展览、演出、庆典等大型活动的管理；对大型活动的可持续性管理体系的运行模式采用了PDCA循环模式体系，即管理体系通常采用的戴明循环模式，包括策划（Plan）、实施（Do）、检查（Check）和行动（Act）四个部分。ISO 20121：2012标准由30多个国家和团体共同研发，旨在促进有关活动、产品和服务的可持续发展，其中减少环境污染是重要内容。

GRI标准代表了可持续发展报告的全球最佳实践，旨在将可持续性报告转变为标准做法，从而为可持续发展做出贡献。GRI针对会展行业（Event Sector）发起行业报告指南制定项目，国际展览业协会是该项目"咨询小组"成员，并于2012年1月推出《GRI会展行业补充指南》（GRI Event Sector Supplement），为计划编制可持续发展报告的会展企业提供了报告框架。这些国际标准为我国会展业管理制度的出台提供了重要的参考。

三、我国绿色低碳会展政策

（一）绿色低碳会展的历程

相对于会展业发达国家，我国会展业发展起步晚，绿色低碳会展研究、实践与制度化建设也相对较晚。2003年8月，由清华大学、中国建筑科学研究院等九家科研院所联合推出了《绿色奥运建筑评估体系》。2002年，《农民日报》发表评论员文章《绿色会展经济正在崛起》，强调展品项目即农产品的"绿色"。2003年，贾生华、王福林在《生态经济》杂志发布"会展中心绿色化开发道路"摘要。该文以长治市华泽源会展中心为例，通过对会展中心绿色意识确立和绿色营销开展的分析，指出"会展中心作为旅游产业的一个重要组成部分，绿色化的趋势将势不可挡"。当时，社会上总体认为会展业是"无烟产业"。2005年3月，胡锦涛在中央人口资源环境工作座谈会上明确提出要加快制定循环经济促进法，《循环经济促进法》的制定、颁布与实施推动我国会展业开始探索基于循环经济的会展开发模式。

2005年以来，随着我国推进可持续发展战略，以及逐渐形成、确立生态文明建设理念、绿色发展理念，我国会展业开始迈入了绿色低碳发展阶段和可持续制度化建设阶段。2015年，《国务院关于进一步促进展览业改革发展的若干意见》中明确提出"在展览业倡导低碳、环保、绿色理念，加快制订和推广节能环保等标准"，进一步推动"绿色、低碳、可持续"逐渐成为我国现代展会转型升级的方向。

2015年，我国结束了可持续会展标准空白的时代。2015年3月1日，我国颁布并实施行业标准《会展业节能降耗工作规范》（SB/T 11090—2014）。该标准由商务部流通产业促进中心、中国会展经济研究会、灵通展览系统股份有限公司等起草，由商务部批准发布，适用于国内举办的会展活动的全过程和相关组织机构。截至目前，我国可持续会展行业标准还有《环保展台评定标准》（SB/T 11217—2018）与《环保展台设计制作指南》（SB/T 11231—2021）两项。2021年2月，国务院印发《关于加快建立健全绿色低碳循环发展经济体系的指导意见》，明确要求推进会展业绿色发展，制定行业相关绿色标准，推动办展设施循环使用。会展业势必加快向"绿色、低碳、可持续"会展发展的进程。

（二）可持续会展国家级标准

2015年，我国结束了可持续会展国家级标准空白的时代。2015年6月2日，国家质量监督检验检疫总局、国家标准化管理委员会联合发布了国家标准《大型活动可持续性管理体系　要求及使用指南》（GB/T 31598—2015，GB/T指推荐性国家标准）。该标准以ISO 20121：2012《大型活动可持续性管理体系要求及使用指南》为蓝本制定，旨在指导组织建立和实施可持续性管理体系，切实有效地将可持续发展理念融入所承办的活动的全生命周期之中，推动和促进可持续会展的发展。2016年6月22日，《绿色博览建筑评价标准》（GB/T 51148—2016）正式发布。2021年12月31日，国家标准《绿色展台评价指南》（GB/T 41129—2021）正式发布，与之同日发布的还有《展览场馆安全管理基本要求》（GB/T 41130—2021）。2023年3月17日，我国发布了第四个可持续会展国家标准——《绿色展览运营指南》（GB/T 42496—2023）。2023年9月7日，国家标准《模块化展览展示系统 基本要求》（GB/T 43213—2023）正式发布并实施。

《绿色展台评价指南》旨在规范绿色展台的设计、结构、材料、安全、搭建和拆除工艺、展示效果、固体废物控制等要求，以实现节能降耗、减少污染、确保安全。该标准适用于各类展览中的展台，包括特装展台和标准展台。其要求注重绿色环保、低碳经济、持续发展，具体包括：① 展台整体设计及建设应体现3R原则——减量化（Reduce）、再使用（Reuse）和再循环（Recycle），应控制粉尘、噪声以及有毒有害气体排放；② 展台设计应体现可持续理念，效果应简约新颖，具有良好视觉效果和宣传效果，主体结构应采用模块化、构件化建设方式；③ 应采用可循环利用的、生命周期更长的、无毒无害的环保材料或可回收材料；④ 施工过程以人为本，工艺有序、可控、方便、安全快捷，不对人员、展览场地及设备设施等造成损伤；⑤展出过程中应采取信息化等积极措施避免对环境产生负面影响，固体废物可控，排放依法依规。此外，该标准还规定了如何评价展台是否符合绿色标准。

《绿色展览运营指南》旨在提出绿色展览标准化的顶层设计，以原则性、总体性的要求为主，构建一个绿色展览活动组织、运营的框架，用于指导、规范我国绿色展览工作的开展。该标准适用于所有展览会，也适用于会议、活动等。《绿色展览运营指南》以展览会全流程各环节为主线，以展览利益相关方为副线，对展览会各阶段、各相关方的绿色实施措施予以明确指引。在主线方面，规定了绿色展览实施全过程要求，主要包含基本要求、筹备、布展、展出、撤展和总结等展览会全过程，形成PDCA的过程循环。在辅线方面，明确了主（承）办单位、参展商、观众、展览场馆方、展览服务商（如展览展示工程企业、餐饮服务商、垃圾处理商等）的绿色实施要求。这些对绿色展览会全方面的指引措施，有助于促进展览行业充分利用能源和资源，减少污染物产生，提高展览会资源利用效率，实现可持续发展目标。

《模块化展览展示系统 基本要求》主要是为了在国内展览展示行业推行模块化的绿色设计理念，引导设计者从系统设计阶段就采用模块化展览展示设计理念进行设计，从设计源头开始实现展览展示整个过程的绿色环保。该标准站在设计者的角度，从模块化展览展示系统的总体要求、材料要求、安全要求、应用分类几个方面为设计者设计和开发模块化展览展示系统时，提供了必要的思路引导，可以推动国内展览行业实现绿色发展。

（三）可持续会展地方性标准

可持续会展地方性标准也是我国绿色低碳会展政策体系的重要组成部分。可持续会展地方性标准主要有"绿色""碳中和"两类。前者如上海发布的《绿色展览会运营导则》（DB31/T 1112—2018）、浙江发布的《绿色展览运营管理规范》（DB33/T 2362—2021）。后者如成都发布的《成都市会展活动碳足迹核算与碳中和实施指南》（DB5101/T 41—2018）、北京发布的《大型活动碳中和实施指南》（DB11/T 1862—2021）、河北发布的《大型活动碳中和评价规范》（DB13/T 5560—2022）、深圳发布的《大型活动温室气体排放核算和报告指南》（DB4403/T 369—2023）、广东发布的《广东省大型活动碳中和实施标准》（2023年9月4日发布，暂无标准号）。

此外，多省生态环境厅编制了地区性的大型活动碳中和实施指南，如《江苏省大型活动碳中和实施指南》《山西省大型活动碳中和实施方案》《黑龙江省生态环境系统大型活动碳中和工作实施方案（试行）》《福建省大型活动和公务会议碳中和实施方案（试行）》《山东省大型活动碳中和实施方案（试行）（征求意见稿）》。

（四）可持续会展团体性标准

我国绿色低碳会展政策体系还有一支补充力量：团体编制的可持续会展标准。中国绿发会标准工作委员会于2019年6月20日发布团体标准《绿会指数》（T/CGDF 00001—2019），而后于9月升级为《绿色会议标准》（T/CGDF 00027—2021）。这是我国在绿色会议方面的第一个团体标准，旨在鼓励低碳绿色办会方面的任何努力，如尽量减少纸质打印材料、改为线上线下同步举办、组织过程中减少一次性瓶装水的使用、降低能源耗费等，以节约资源、降低碳排放，从而保护环境。2021年11月，成都市会议及展览服务行业协会发布《绿色展会评价规范》（T/CCESA 001—2021），成为国内首个绿色展会团体标准。青岛经济研究会于2021年12月正式发布团体标准《绿色展装评定标准、原则及方法指南》（T/QCEES 09—2021）。2023年10月26日，上海市会展行业协会在其举办的"优环境 迎进博——推动上海市会展业高质量发展"发布会上推出团体标准《绿色会展运营与管理要求》（暂无标准号）。该标准秉持绿色发展理念，以低碳、零排放举办绿色会展为目标，覆盖会展全产业链运营与管理主体，对建立绿色会展运营与管理制度和机制、规范绿色会展行为等提出倡议。

（五）大型活动对国家可持续会展的推进

在我国会展业绿色低碳发展制度的建设中，大型活动绿色化案例实践在其中发挥了重要作用。北京2008年奥运会采取多项环保措施确保"绿色奥运"，被赞誉为"给世界体育运动与环境保护树立一个新里程碑和新标准"。2009年，上海世博会事务协调局与联合国环境规划署联合发布了《2010年上海世博会绿色指南》。2014年，商务部发布了《广交会绿色发展计划》。2018年，首届中国国际进口博览会对展位设计和工程服务明确提出要遵循"6R"原则，即尊重自然（Respect）、可再生材料和新材料（Renew）、再利用和可循环使用（Reuse & Recycle）、减少废弃物和污染物（Reduce）、记忆和教育（Remember），并从绿色设计、绿色选材、绿色安全施工三方面阐述了对进博会绿色展位的相关要求。2023年，第六届中国国际进口博览会首次实现全绿电办展，亮出"零碳零塑"办展名片。

（六）绿色低碳会展政策体系建设成就与挑战

近20年里，我国在国家可持续发展宏观政策框架的指引下，大力推进绿色低碳会展政策微观构建的发展，以适应会展业的专业化特征。目前，初步形成了由行业指南、国家标准、行业标准、地方标准、团体标准、会展项目标准等组成的较为完善的微观政策体系。

然而，由于会展业横向与住宿、餐饮、旅游、交通等诸多产业部门紧密关联，现有微观政策体系还无法满足会展业全方面绿色低碳发展的需求。推进会展业绿色发展，制定行业相关绿色标准，推动办展设施循环使用，依然是我国会展业未来发展的一项重要任务。

第三节　会展安全问题与安全政策

一、会展安全问题的行业特点

安全发展是我国新发展理念的重要原则。安全生产是行业的生存之源，是企业发展的永恒主题。作为生产性服务业，会展业也面临安全生产问题。

会展活动是在一定的区域空间内，许多人聚集在一起形成的定期或者不定期、制度或者非制度，传递和交流信息的群众性的社会活动。无论其形式如何、规模大小，会展活动均具有聚集性、主题性、集体性、临时性、计划性和组织性的共同特点，具有安全性的共同要求。其中，聚集性是会展业的主要特性与核心本质。一般而言，会展活动规模越大、参与人数越多、人群越密集、人流量越大、财物越集中，由此带来的安全风险的不确定性也越高。大型会展活动具有较强的复杂性，涉及行、住、食、游、购、娱等诸多环节，涉及主办方、协办方、承办方、参展商、参展公众等众多主体，涉及会展、住宿、餐饮、旅游、交通等诸多产业部门，涉及会展场所室内环境、周边环境、宏观环境等多层次环境。特别是在固定时空（如展馆）环境下举办大型会展活动，人群聚集与活动主体诉求多样化并存，易产生各种矛盾，引发安全问题，这也使得会展安全问题具有较强的特殊性和复杂性，主要表现为在单位时间内风险高度集中、多种风险因素交错。

会展安全问题是指会展活动中各种安全现象的具体体现，既包括会展活动中相关主体的安全观念、安全意识、安全行为，也包括发生在会展活动中各环节、各阶段的涉及各相关主体的具体安全事件或安全事故。影响会展安全的因素是多方面的，主要包括社会环境、公共事件、设施状况、施工安全、消防安全、现场治安、交通安全、食品安全等。这些因素总体可以归为四大类：人的不安全行为、物的不安全状态、环境的不佳因素、管理措施不到位，其中前三个因素无不与管理息息相关。

因此，相关部门必须通过会展安全政策，规范、指导会展经营管理中涉及安全的各层面工作，加强会展活动中的安全管理。

二、我国会展安全政策

会展安全政策有宏观架构与微观架构两大类。宏观架构涉及生产安全与消费安全，管控范围涉及会展活动相关的食、住、行、游、购、娱等诸多方面的法律法规，如《中华人民共和国安全生产法》《中华人民共和国突发事件应对法》《中华人民共和国食品安全法》《中华人民共和国消防法》等，体系较为复杂。其中，《中华人民共和国安全生产法》居于核心地位。《中华人民共和国安全生产法》第三条指出：安全生产工作应当以人为本，坚持人民至上、生命至上，把保护人民生命安全摆在首位，树牢安全发展理念，坚持安全第一、预防为主、综合治理的方针，从源头上防范化解重大安全风险。第三条还指出：安全生产工作实行管行业必须管安全、管业务必须管安全、管生产经营必须管安全，强化和落实生产经营单位主体责任与政府监管责任，建立生产经营单位负责、职工参与、政府监管、行业自律和社会监督的机制。

在微观架构上，我国会展安全政策有法规、规章及规范、标准三大类。以下将逐一对其进行分析。

（一）法规类会展安全政策

法规类会展安全政策仅2例，包括行政法规［如《大型群众性活动安全管理条例》（2007年9月发布）］和地方性法规［如《北京市大型群众性活动安全管理条例》（2005年发布，2010年修订）］。《大型群众性活动安全管理条例》是以国务院第505号令形式公布的一项行政法规。该条例明确界定了大型群众性活动的范围；明确安全责任是维护大型群众性活动安全的前提；在明确大型群众性活动安全管理原则和管理体制的同时，还重点对大型群众性活动承办者、大型群众性活动场所管理者、公安机关等三类主体的安全责任做了规定。

《大型群众性活动安全管理条例》规定实行"大型群众性活动安全许可制度"。目前，会展项目在安全管理工作上仍在使用这一审批政策制度，在一定程度上束缚了会展经济发展。

（二）规章、规范类会展安全政策

在地方政府规章、规范类文件方面，我国多地围绕大型活动发布了系列会展安全政策。地方政府规章如《浙江省大型群众性活动安全管理办法》（2015年）、《福建省大型群众性活动安全管理办法》（2015年）、《江苏省大型群众性活动安全管理规定》（2021年）等。规范性文件如上海市安全生产委员会办公室发布的《市安委会办公室关于加强本市会展业安全生产工作的指导意见》、福州市公安局发布的《关于印发福州市公安机关大型活动安全监管工作规范（试行）的通知》。

规范是会展安全政策体系中数量相对较多的一类。2019年废止的《北京市展览、展销活动消防安全管理暂行规定》可能是这一领域的最早政策。1986年5月30日，北京市人民政府批准了该规定，而于该年6月26日以"〔86〕京公（消）字605号"形式由北京市公安局发布，2014年北京市政府以"政府令〔2004〕150号"形式发布了对其部分条款的修改。

（三）标准类会展安全政策

在标准方面，我国会展安全政策有国家标准、地方标准、行业标准、团队标准等多种类型，在业态上主要集中于大型活动领域。

在国家标准方面，为进一步提高我国大型活动安全管理水平，为大型活动安全管理规范化提供依据，促进活动主（承）方严格履行安全责任，我国于2016年出台了大型活动安全要求GB/T 33170—2016系列国家标准，见表2-1。目前，这些标准的修改已列入日程。

表2-1　大型活动安全要求GB/T 33170—2016系列国家标准

标准名称	标准号
《大型活动安全要求第1部分：安全评估》	GB/T 33170.1—2016
《大型活动安全要求第2部分：人员管控》	GB/T 33170.2—2016
《大型活动安全要求第3部分：场地布局和安全导向标识》	GB/T 33170.3—2016
《大型活动安全要求第4部分：临建设施指南》	GB/T 33170.4—2016
《大型活动安全要求第5部分：安保资源配置》	GB/T 33170.5—2016

在行业标准方面，为支撑北京冬奥会、冬残奥会等大型活动筹办，我国于2018年1月16日发布并开始实施《大型群众性活动安全检查规范》（GA/T 1459—2018），这是一份公共安全类行业标准。

在地方标准方面，北京可能是我国会展安全标准数量最多、体系相对最为完备的省份，如有《展台等临建设施搭建安全标准》（2010年）、《大型群众性活动安全检查规范》（DB11/ 780—2011）、《大型群众性活动消防安全规范》（DB11/T 1905—2021）、《大型群众性活动场馆安全技术防范基本要求》（DB11/T 1903—2021）、《北京市大型群众性活动安全风险评估工作规范（试行）》等。受会展业快速发展需求驱动，近年来我国地方会展标准建设进程加快，新标准不断发布。例如，江苏省市场监督管理局于2023

年10月9日发布的地方标准《公共体育场馆大型群众性活动安全保障规范》(DB32/T 4580—2023)。

近几年,我国专门针对展览业态的会展安全标准也取得了喜人的进展。2022年7月1日,国家标准《展览场馆安全管理基本要求》(GB/T 41130—2021)开始实施。该标准以"安全第一、预防为主"为指导,规定了展览场馆在展会期间的基本原则、人员、基础设施、安全保卫、消防、医疗卫生、食品、施工、交通、运输仓储、安全标志、网络信息、舆情应对、安全保险、应急预案、监督评价等方面的要求。该标准适用于所有展览场馆的安全管理,大型群众性活动场所可参照使用。

2022年在9月2日,我国在中国国际服务贸易交易会国际会展经济发展论坛上发布了团体标准《会展业安全管理规范》(T/CAWS 0002—2022)。《会展业安全管理规范》共分为11项:① 会展分类与风险分级;② 搭建(进场)和拆除(撤馆)时间要求;③ 主(承)办单位、场馆单位、主场单位、会展专业服务单位(包括设计单位、搭建单位、场外生产单位及监理单位)的安全资格要求;④—⑩ 为如下几类主题的安全职责与资格评定标准,包括主(承)办单位、场馆单位、主场单位、设计单位、搭建单位、场外制作单位、监理单位;⑪ 信息化管理方面的主要内容。这一团体标准填补了我国会展业安全标准缺失的空白,为政府监管部门和会展从业单位提供了安全管理依据,也为设立会展业安全的国家标准提供了实践基础。

三、会展安全问题情形与展望

随着会展业的发展,会展活动已经成为各地政府重视的"城市名片"。然而,由于会展领域安全生产管理制度不到位,会展业安全发展中存在较多的不和谐因素。会展活动隐患层出不穷,人员伤亡事故频发,会展活动成为城市公共安全隐患的"高地"之一。安全问题成了制约会展行业高质量发展的一个瓶颈。

究其根源,主要是会展领域安全生产管理制度不健全、落实不到位,尚未在全行业形成"安全第一、质量第一"的安全文化与绿色低碳发展文化。会展业具有聚集性的核心本质,会展活动具有临时性、短期性、公众性的显著特点,所以"安全无小事"。作为生产经营单位,会展企业只有从理念、认识和行动上全方面严格落实会展安全政策规定的各项职责,切实形成"人人讲安全""人人要安全"的局面,才能做到真正的、内生的本质安全。

我国依然需要推动会展安全规范建设,推动安全政策体系尽快完善,推动会展业在安全的基础上更加成熟。

案例分析

上海典璨展览展示服务有限公司“4.28”物体打击重伤事故

第三十二届中国国际橡胶工业展览会，由雅展公司（北京雅展展览服务有限公司）主办，展期为2018年4月24—27日，租用国家会展中心（上海）的部分场馆作为活动场馆，场馆使用期限为2018年4月的17—30日。名唐公司［名唐展览服务（上海）有限公司］是此次活动的主场搭建商，负责此次展馆现场搭建各方面的安全监督及管理等工作。

在这次展会的5.2号馆中，典璨公司（上海典璨展览展示服务有限公司）租用C71展位，栢普公司（上海栢普展览服务有限公司）租用C75展位，两家公司的展位相邻而建。2018年4月28日，典璨公司的工人在拆除C71展位的板墙结构过程中，板墙结构直接倒向相邻的C75展位，致栢普公司一名员工重伤。此次事故被认定是一起一般等级的生产安全责任事故。

思考：

1. 推测“4.28”事故的原因，并分析这次事故可能违反了哪些政策。
2. 评估这次事故的环境影响。

本章小结

绿色和安全是维系人类生存与发展的重要路径，二者相互作用确保可持续发展，其中，安全是发展的前提，发展是安全的保障。本章从可持续发展理念与战略切入，阐述了我国推进可持续会展建设的需求，介绍了国际可持续会展代表性政策，较为系统地归纳了我国绿色低碳会展政策体系与会展安全政策体系。未来，绿色与安全是会展业要践行的规则、理念，绿色低碳是会展业发展的路径。推进会展业的绿色低碳发展实质上是一场涉及发展观念、生产模式的系统变革。在变革过程之中，安全是底线，绿色是方向，理念是行动的先导，是发展思路、发展方向、发展着力点的集中体现。安全发展是国家坚持不懈的追求。会展行业要树牢安全发展理念，统筹协调绿色与安全的关系，绝不能因过于追求绿色而忽视了安全。

思考题

1.分析我国会展业面临的环境问题与安全问题。

2.阐述我国会展业绿色低碳会展政策的框架。

3.阐述我国会展安全政策的基本框架。

4.分析推进绿色低碳会展和安全会展，为何要强调制度建设。

项目训练

查资料了解2008北京奥运会、2022北京冬奥会、2020东京奥运会做出了哪些绿色低碳努力？社会对这些努力的评价如何？你的观点是什么？

中篇

理论篇

第三章
会展活动策划概述

 案例导引

青岛啤酒节

2023年7月21日，第三十三届青岛国际啤酒节（崂山）在世纪广场啤酒城开幕，为期31天。据悉，此届啤酒节是崂山会场举办史上时间最长的一届啤酒节。

青岛国际啤酒节始创于1991年，发展到2023年，已经是第33届。节日每年都吸引超过20家世界知名啤酒厂商参与，也引来近300万海内外游客举杯相聚。啤酒节由开幕会、啤酒品饮、文艺晚会、艺术巡游、文体娱乐、饮酒大赛、旅游休闲、经贸展览、闭幕晚会等活动组成，由国家有关部委和青岛市人民政府共同主办，是融旅游、文化、体育、经贸于一体的国家级大型节庆活动，是亚洲的啤酒盛会。啤酒节已经成为彰显青岛城市个性优势与魅力的盛大节日。节日期间，青岛的大街小巷装点一新，举城狂欢；占地近500亩、拥有近30项世界先进的大型娱乐设施的国际啤酒城内更是酒香四溢、激情荡漾。

思考：

1.什么是会展活动？你所了解的会展活动有哪些？

2.青岛啤酒节是不是一种会展活动？有哪些特点？

3.青岛啤酒节在推广城市文化方面有哪些作用？

第一节 会展活动的概念及特点

根据《现代汉语词典》的定义，活动是指为了达到某种目的而采取的行动。活动的范围包括班级聚会、野外旅游、展览会、比赛等。有些学者也将"event"译为活动，出现了"大型活动""特殊活动"等不同说法。

本书中定义的大型活动是一项有目的、有计划、有步骤地组织众多人参与的社会协调活动，主要是指主办地的组织机构投入大量资金和公众支持设计的定期或一次性举办的会议、展览、节庆、文化或体育赛事等活动。该活动能够对广泛区域的受众群体产生强大的吸引力，旨在为主办地获得一定的经济利益和社会效益。其中"主办地"可以是国家、城市和社区；"组织机构"包括政府、协会或企业等；"广泛区域"可以是从城市到全球的范围。

一、会展活动的概念

（一）大会展概念

大会展的概念是指整个会展业态所涉及的各个方面，按照会展业的分工概念分为会展上游、会展中游、会展下游。会展业做大的标志是会展整个产业链上中下游贯穿起来。上游以组会办展为核心，没有上游之水，就没有中游场馆的使用和下游会展的综合服务。因此，上游组会办展的收益也是全业态最高的。上游产业主要是依靠政府导向优势、专业优势、策划优势实现产业化。收益则主要是通过获取参展费、参会费、财政拨款、广告费、赞助费等形成展会总收益，留足收益后再向中游、下游支付相关的费用。

中游指会展场馆，一个城市能否拥有一定规模的会展场馆，对会展业态的形成至关重要。下游则涵盖了所有与会展实施相关的服务项目。大会展理念扩充了会展的内涵，拓展了会展的外延，增加了会展涵盖的业态模式，为提升会展整体地位、推进中国会展业发展壮大提供了必要的理论依据。

早期的会展一般被理解为展览会，而且由于欧洲，特别是德国展览业比较发达、影响大，会展通常被理解为以德国为代表的，在工业标准化条件下B2B意义上的国际化展览会，其他都不是会展，甚至以推动消费为目的国内、区域性消费类展览活动都不是严格意义上的会展。随着会展行业的发展和业态模式的创新，业界对会展概念的理解也随之升华，先是除了展览以外，会议被列入会展。时至今日，会展涵盖展览、会议、节庆、赛事、演艺五大业态基本成为业界共识，各地会展产业发展规划大都涉及此五大业态。

会展业作为新兴朝阳行业，可细分为以下方面。

展会项目：以展览展示为核心，同期附设相关会议。

会议项目：以会议为主展开议程，部分会议附设小型展览。

活动项目：活动，顾名思义，是以某一主题为主线开展的综合性项目，如节庆活动、赛事活动、艺术类活动、演出活动、纪念活动、商业活动等。

（二）会展活动概念

基于以上大会展的概念，本书中的会展活动是会议、展览、节事、演艺活动等集体性活动的总称，是指在一定的地域空间由多个人聚集在一起形成的，定期或不定期的集体性的物质、文化、信息交流活动。简而言之，会展活动是指特定空间的集体性的物质文化交流交易活动。它包括各种类型的会议、展览会、节事、赛事和演艺活动。发展到今天，会展活动的界限已经逐渐模糊，往往是展中有会，会中有展，展和会中有活动，很多大型活动中也既有展又有会。

二、会展活动的特点

（一）经济性

会展活动通常被称为国民经济的"晴雨表"或者是"风向标"，主要原因在于以下几个方面。第一，会展活动是同国民经济发展紧密相关的，以国民经济的增长为基础的奥运会、世博会等大型活动落户中国并两次举办，根本原因在于经过中华人民共和国成立以来70多年的建设，综合国力大大提高，已经具备了组织国际性大型活动的能力。也就是说，一个国家和地区承办国际性大型活动的多少，在一定程度上反映了该国家和地区的经济实力。第二，在工业生产中，绝大多数新产品和新技术是在展会上推销出去的，展会活动中展出的产品代表了行业的发展趋势，是工业生产的先导。第三，有相当比例的经贸交易是在展会活动中成交的，从某种意义上说，展会活动的活跃程度和展会活动中的成交状况能够体现出经济的景气程度。

（二）目的性

会展活动应具有明确的目的。活动的开展应围绕整个组织机构的组织形象策略和近期公关目标而确立目的。活动的目的性体现在：应该站在受众（目标公众）、社会等综合的立场上，并不仅仅是从某一个企业或组织的立场出发。只有这样开展的会展活动才能具有鲜明的目的性，才能实现组织的目标，引起社会的关注，如开展大型会展、文化节、体育赛事、企业上市、新产品上市、公益活动等。

（三）文化性

从19世纪伦敦首届万国工业博览会、巴黎世博会等近现代会展活动伊始，会展的发展史就清晰地表现出如下特征：展会中的展品逐渐成为公共需求和所谓个人化选择的影像，成为一种社会关系的心理投射，也体现出了组织者所具有的思想意识等，凸显出会展精神、理念、价值等方面的内涵。可以说，会展不仅是展示具象的物品，实质上是进行符号展示与文化沟通，乃至是依托城市、国家实力的竞技舞台，其目标在于促进参与各方的理解与共识。因此，我们说会展与文化、意识形态的关系是密不可分的，从广义上讲，它是一种建立在符号互动基础之上的文化交流与展示活动。就策略层面来讲，会展沟通过程中也离不开文化要素。

作为社会多方参与的集中交流与传播平台，现代会展具有跨地域性和跨文化传播的特征。依托发达的现代交通和媒介，它从传统的静态陈列或单向表述转向多样化、互动式的展示与沟通，旨在增进理解、达成共识。会展中的文化符号既是一种意义载体，又是联结参与各方的"纽带"，营造了有助于意义共享的"语境"。只有实现了价值共享，会展传受双方才有可能达成认知调和、避免文化冲突，会展活动才能实现其目的和取得相应的效果。会展活动长期孕育形成的观念文化，即人类的心理结构、审美情趣、思维方式和价值观念，是一种深层次的精神文化。

会展活动的举办会受到主办地长期发展的历史、文化的影响，从而使会展活动本身带有一定的文化性，这也是会展活动能够吸引世界观众的原因之一。

会展活动一般将当地的文化与旅游促销一体化，以文化特别是民族文化、地域文化、节日文化等为主导，具有浓厚的文化气息、文化色彩和文化氛围。随着现代旅游业的发展，从国家到地方举办的文化旅游节，逐步演变为以大型文化活动为载体、以旅游和经贸洽谈为内容的全方位的经济活动。如"浙江金华旅游节"，通过文化搭台达到经济唱戏的目的。"兰溪中国彩船会"以积淀深厚的中国江南地区水文化和兰溪船文化为背景，以江浙地区的"母亲河"钱塘江上游的兰溪江和地处"三江之汇""六水之腰"的"彩船之城"兰溪为载体，通过举办"中华水上彩船台阁盛会"以及各种具有兰溪民俗特色的文化活动，促进中国彩船文化建设和社会主义精神文明建设，同时将兰溪旅游综合成一种全面、完整的旅游产品。还有在国内外产生较大影响的"上海国际服装文化节"，对于促进上海的经济发展、丰富市民的文化生活、提升市民的文化素养起到了积极的作用。

（四）参与性

活动过程中主要体现的是人与人之间的关系。随着会展业的发展，参与会展活动的公众越来越注重活动的参与性。众多会展活动想方设法拉近与参与者的距离。这种参与性表现在两方面：一方面，会展活动可以让参与者亲自体验会展活动的魅力；另一方面，会展活动使得活动群体广泛参与到会展活动的决策和管理之中，从而提高活动决策和管理的科学性、民主性，有利于地方经济和社会的发展。

从某种程度上说，会展活动的成功与否关键看其参与人数的多少，是否达到了预期的社会效益、经济效益。一般认为，会展活动拉动经济的比为1：10，会展活动在城市经济的发展中起着重要作用。

（五）短期性

每一项会展活动都有季节和时间的限制，都是在事先计划好的时间段进行的。一般要根据举办地的气候条件、旅游淡旺季、交通情况、接待能力、主题确定、经费落实、策划组织需要的时间等条件，从实际情况出发来确定。如上海的南汇桃花节只能在桃花盛开的阳春三月举办，桂花节只能在农历八月举行。

在短暂的时间内要具有充足的酒店客房等旅游接待设施和便利的交通等基础设施，来接待从四面八方来的参展者，这既给举办会展活动的地区和城市带来了机遇，也带来了挑战。而且，活动规模越大，对时间控制的要求就越高，这都需要举办方具备良好的组织水平。

（六）安全性

在组织会展活动的过程中，成功与失败的机会只有一次。因为会展活动不同于拍电影或电视剧，拍电影、电视剧能拍三四组镜头，最后再在后台重新编辑，但是策划会展活动每一次都是现场直播，一旦出现失误就无法弥补了。因此，保证会展活动的安全性十分重要。

如果不重视会展活动的安全保障，就会出现严重的事故。在一些个案中，因为举办会展活动而酿成伤亡事故是不少见的。如2004年农历正月十五，北京密云彩虹公园举办迎春灯展，在彩虹桥上发生一起严重踩踏事故，37条生命逝去，多人受伤。活动的领导者、策划人员、组织人员及相关人员因此被撤职或判刑。2005年，为防止踩踏事故重演，春节期间，北京市要求各大型活动的主办单位必须制定具体应急预案并提前演练，如出现严重事故将追究主办方和相关单位的责任。预案中将对人流进行控制，如超过举办场地的承受量将进行限制；针对密云灯会踩踏事故的教训，对桥、洞通过情况进行控制，每场大型活动举办地也将设置广播系统。2006年，北京市突发公共事件应急委员会办公室组织编写了《首都市民防灾应急手册》，希望提高北京市民在可能发生的灾难第一现场的安全意识、主体自救和救人的能力。2007年10月1日起实施国务院颁布的第505号令《大型群众性活动安全管理条例》。该条例适用于体育比赛活动，演唱会、音乐会等文艺演出活动，展览、展销等活动，游园、灯会、庙会、花会、焰火晚会等，以及人才招聘、现场开奖的彩票销售等活动。每场次预计参加人数达到1000人以上的，公安机关对大型群众性活动实行安全许可。大型群众性活动的预计参加人数在1000人以上5000人以下的，由活动所在地县级人民政府公安机关实施安全许可；预计参加人数在5000人以上的，由活动所在地设区的市级人民政府公安机关或者直辖市人民政府公安机关实施安全许可；跨省、自治区、直辖市举办大型群众性活动的，由国务院公安部门实施安全许可。承办者应当在活动举办日的20日前提出安全许可申请。

因此，对于会展活动策划与实施的安全性，绝对不能掉以轻心。这也是现在举办活动中讲究细节的地方，细节把握好了，才能保证会展活动成功举办。

三、会展活动的基本类型

（一）按照会展活动的地域划分

按照地域划分，会展活动可分为国际性会展活动、洲际性会展活动、国家级会展活动、城市会展活动。

国际性会展活动举办要求高，在世界范围内具有重要影响，活动参加者来自世界各地，对城市的经济将产生重大影响。如奥运会、世博会、世界一级方程式锦标赛、奥斯卡颁奖典礼等。

洲际性会展活动是会对某一个洲产生影响的大型活动。如欧洲杯足球赛、亚运会等。这类会展活动对举办地影响巨大，举办要求也非常高。

国家级会展活动是在某一国范围内举办，参加者往往是国内居民，涉及的范围较小，对世界影响不大。如我国全运会、旅游节等，各国举办的足球联赛也属于这种类型。

城市会展活动是一个城市举办的大型活动。这类活动一般要求充分调动内部市民的积极性，同时还需要开展城市整体营销，推广活动品牌。如广州国际旅游展览会、中国进出口商品交易会（简称广交会）等。

（二）按照会展活动的内容划分

1.开业庆典活动

企业的开业庆典活动的目的是挖掘潜在客户，扩大消费者市场。消费者、潜在的消费者、销售部门都可能成为活动的参与者或观众，媒体往往也关注这些活动，并给予及时的报道，在短时期内会产生轰动效应，如百货商场、超市、酒店等开业活动或大型楼盘售卖活动。

2.会议和展览活动

根据国际大会及会议协会（ICCA）的统计，每年在世界各地举办的参加国超过4个、参加外宾超过50人的各种国际会议已达40万次。中国展览指数报告显示，2021年，我国举办1万平方米及以上规模专业展会恢复至2019年七成左右水平（69.4%）。数据显示，2021年展会举办数量为1603个，同比增长13%；展会举办总面积为7409.96万平方米，同比增长18%。

3.演艺活动

近年来，我国演艺活动发展迅速，呈现出繁荣兴盛的态势。各类文艺演出、艺术展览、音乐会、话剧、戏曲等演艺活动层出不穷，满足了广大人民群众日益增长的文化需求。同时，随着数字化技术的不断发展，线上演艺活动也得到了广泛的应用和推广，进一步丰富了人们的文化生活。演艺设施也在不断完善，各类剧院、音乐厅、美术馆、博物馆等演艺场馆建设日益完善，为各类演艺活动的举办提供了良好的硬件条件。同时，许多演艺场馆引入了先进的数字化设备和智能化技术，提高了演艺活动的观赏体验和演出质量。

4.节庆活动

人类学家特纳认为，节日是人类发明的最大规模的仪式，节日不仅是对社会需要的回应，更是人类创造意义的行为。节庆活动源于人们对生活的热爱，尤其是传统节日，不仅有着悠久的历史，而且其形成过程也是一个民族或国家的历史文化长期积淀、凝聚的过程。目前，中国有近万个大小不同、形态各异的节庆活动，既有全民共享的春节、中秋节等传统节庆，又有泼水节、雪顿节等少数民族节日；既有"十一"国庆节和五一劳动节等国家法定节日，又有改革开放以来大量涌现的新兴节庆。节庆活动从不同的层面、意义和作用上重塑和提升了国家形象，涵养和弘扬了民族文化，扩大和加快了对外开放，激活和拉动了经济发展。

在节庆活动蓬勃发展的态势下，我国近年来兴起了各种节庆评选活动。如由中国会展经济研究会、《第一会展》杂志、中国会展联盟联合主办的中国会展行业年会（CCEIM）年度颁奖盛典，是中国会展行业最具影响力的行业盛会。由中国会展会奖产业交易会组委会、《会展财富》杂志和《中国节庆》杂志联袂中国会展大数据中心等共同举办的中国会展会奖产业金手指奖颁奖盛典自2008年在杭州举办以来，历时十年以上，已经成为会展会奖产业的重要平台和重大会展专业活动，"2018年度中国会展（会奖）产业年度评选金手指颁奖盛典"评选了中国上海国际艺术节、中国曲阜国际孔子文化节、青岛国际啤酒节等十大影响力节庆。

随着社会的发展和文化的多元化，我国也出现了一些新兴的节日。这些节日通常与现代文化和社会现象有关，如淘宝造物节、烧烤节、草莓节等。

5.体育赛事活动

作为会展活动的一部分，赛事活动与人们的日常生活息息相关。我们每天都能从媒体上看到各种体育比赛。比如，2023年11月11—12日"斯巴达勇士赛"在杭州举行，这场比赛的核心赛事包括成人超级赛和儿童赛，近6000名勇士在这场比赛中展开激烈的角逐。杭州站比赛作为2023年斯巴达勇士赛中国系列赛的收官之战，赛道难度和障碍设置极高，对选手们来说是"硬核"挑战。

如今的体育赛事不仅数量多，而且规模越来越大，大型国际体育赛事如奥运会、世界杯足球赛、一级方程车、各地马拉松比赛等，不仅有人数众多的运动员、教练员参加，还会有很多随队工作人员、记者和大量的啦啦队队员及观众。举办大型体育活动可以吸引大量游客，带来巨大经济效益。

（三）按照大型活动的主办单位划分

按照会展活动的主办单位，会展活动可分为政府性、民间性、企业性三种，即政府出面组织的大型活动，如奥运会、上海世博会等，民间组织自发举办的大型活动，如中国彝族的火把节和傣族的泼水节、意大利的狂欢节、西班牙的奔牛节等；以及由企业组织的商业大型活动，如大连服装节、上海桂花节等。

（四）按照会展活动的主题划分

按照大型活动的主题，会展活动可分为文化性、经济性、体育性和政治性四种。如巴西嘉年华、哥伦布航海历史纪念日、戛纳国际电影节、上海国际文化艺术节等为文化性的。每五年一次的世界博览会、一年两次的广交会、一年一度的德国法兰克福书展等主要是经济性的。奥运会、世界杯足球赛、大师杯网球赛等为体育性的。两国邦交建立周年庆典、世界银行大会等则是政治性的。

第二节　会展活动策划的理论基础

会展活动策划需要理论基础，主要包括以下方面。

一、会展活动的产业结构

（一）会展活动产业链

产业链是产业经济学中的一个核心概念，也是分析产业组织结构的一个重要视角。产业链主要是指同一产业内所有具有连续追加价值关系的活动所构成的价值链关系。

如果从产业链的角度对会展活动管理的产业结构进行剖析的话，可以将会展活动的产业链分为上、中、下游三个大的环节。事件产业链的上游主要指政府、协会、公司等事件的主办方；中游主要包括组织、运作事件的专业公司，如专业会议组织者（Professional convention organizer，PCO）和目的地营销组织（Destination marketing organizer，DMO）；下游主要指参加会展活动的观众等。除此之外，会展活动的产业链中还包括对活动成效进行评估的评估咨询机构，这也是会展活动产业链中的一个重要环节。具体的会展活动产业链结构，如图3-1所示。

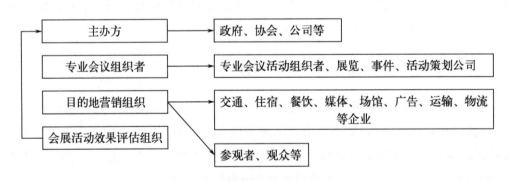

图3-1　会展活动产业链结构示意图

借鉴产业链的基本理论和会展业的基本特征，本书采用王保伦的会展产业链的定义：围绕某一主题，借助场馆等设施，以所在区域的产业基础为依托，以人流、物流、资金流和信息流相互交融的价值链为内核，将会展业的主体方（招展商、代理商、场馆、参展商、参观者）和相关方（装修、广告、餐饮、运输、通信、旅游等行业）结合起来所形成的一种推动经济发展的产业关系。

（二）会展功能聚集区

会展产业的发展，形成了一些会展功能聚集区，优化了城市现代服务体系建设。

会展功能集聚区是指大型会展设施周边，政府统一规划建设，会展产业链企业相对集中，会展资源集约利用，会展服务功能齐全，城市服务功能完备，效益提升的会展产业发展区域或会展产业新城。

会展功能集聚区要求会展设施功能完备，可以满足展览、会议、节庆、赛事、演艺各类会展业态活动功能要求；会展服务功能齐全，场馆租赁、活动策划、设计搭建、运输物流等专业服务，食住行、游娱购商业服务，广告宣传、银行、金融、保险、电信、法律、财务等商务服务，卫生清洁、垃圾处理、工商海关、检验检疫、医疗卫生、教育培训、安全保卫、道路交通、行政审批、产业政策等公共服务到位。会展功能集聚区实质上就是一座会展服务功能设施完备、现代服务体系齐全的会展新城。会展功能集聚区是优化经济结构、转变发展方式、实现节约与集约发展、体现创新发展理念的有效方式和途径。会展功能集聚区理念对于提高会展场馆建设水平，增强会展服务保障，加快城市现代服务体系建设都具有十分重要的意义。

二、会展产业空间集聚理论

产业空间集聚理论主要是从企业的区位选择、专业化分工、企业间的投入产出关系、空间成本、空间交易成本等方面探讨影响产业集聚形成的因素。

会展产业集群与其他产业集群一样，可以享受到产业集聚带来的正外部效应，如专业化的培训教育和灵活的人才市场、多样化的市场需求、频繁的信息交流和相关产业的支撑，但也有其自身的特点，包括会展产业集群多由中小企业构成，其价值常常被低估；生态群落分布态势明显；人文根植性特征明显；部分集群的一体化特征十分显著（如生活与工作的融合、生产与消费的融合等）；创新程度高、风险大；跨行业、领域多；产业带动性强；等等。在浙江，诸如小家电、制鞋、制衣、制扣、打火机等行业都各自聚集在特定的地区，形成了一种地区集中化的制造业布局。类似的效应也出现在其他领域，像北京、上海这样的大城市就具有多种集聚效应，包括经济、文化、人才、交通乃至政治等。

目前，我国已经形成环渤海、长江三角洲、珠江三角洲、东北和中西部五大会展经济产业带，大部分专业展览场馆分布在北京、上海、广州、大连、深圳、厦门等经济发达地区。从会展收入看，广东、北京和上海占据了垄断地位，占全国会展收入的八成以上。与制造业的情况一样，会展业的这种集聚效应会带来会展业内部专业化分工和公共协同效应，有利于提高行业生产率和竞争力，发挥资源共享效应，降低会展企业的营销成本。行业聚集带来的激烈竞争还能增强会展企业的创新活力，加快会展专业人才的培养和成长，从而提高会展业的产业竞争力。

三、会展行为经济理论

会展项目具有神经经济学、注意力经济和行为经济学特征，体验是会展的重要内容。

神经经济学是一个新兴的跨学科领域，它运用神经科学技术来确定与经济决策相关的神经机制。这里的"经济"应该更广义地理解为（人类或其他动物）在评价选项时所做出的任何决策过程。

注意力经济是指企业最大限度地吸引用户或消费者的注意力，通过培养潜在的消费群体，以期获得最大未来商业利益的一种特殊的经济模式。

行为经济学作为实用的经济学，将行为分析理论与经济运行规律、心理学与经济科学有机结合起来，以发现现今经济学模型中的错误或遗漏，进而修正主流经济学关于人的理性、自利、完全信息、效用最大化及偏好一致基本假设的不足。从狭义而言，行为经济学是心理学与经济分析相结合的产物。从广义而言，行为经济学把五类要素引入经济分析框架：① 认知不协调-C-Dgap；② 身份-社会地位；③ 人格-情绪定式；④ 个性-偏好演化；⑤ 情境理性与局部知识。

总之，在进行会展策划时，需要借助会展策划相关理论，上述三个理论可以更好地指导会展策划实践。例如，依据会展活动产业链理解展览会展品范围的策划；会展产业空间集群理论有助于展览题材的选择；在进行会展服务策划时，可以结合会展经济行为理论进行。

四、策划的常见理念

（一）策划的概念

从汉语词源来看，"策"同"册"，最早是指古代书写的一种文字载体，古代用竹片或木片记事著书，成编的叫作"策"。之后，又发展为应考者参加科举考试的一种文体，今天已演变为"计谋、策略"之意。策划的"划"，亦写作"画"，也是"计划、打算"之意。

我们认为，策划是一项立足现实、面向未来的活动。具体来说，策划是指策划者充分整合、利用现有信息与设施等资源，在此基础上识别、判断与预测事物的发展方向和变化趋势，并据此全面构思与设计符合实际的、有效的方案，使之达到预期目标的活动。

策划具有以下几个特征。

第一，必须是创新的。概念创新和理念创新是策划的本质特征，资源整合创新是策划的精髓。策划侧重于追求创新过程，这是策划与计划的根本区别。

第二，必须是有资源的。其既可以是物质资源，又可以是关系资源，还可以是政府资源。资源是策划的物质基础，没有资源的基础作用，策划过程将缺少稳固的根基，这就决定了策划具有资源利用性。

第三，必须是有整合可能性的。策划所使用的资源必须是能够充分利用与整合的，这也是策划的前提条件。缺乏资源的整合性，策划将成为一种空想、想象。

第四，必须达到一定的预期目标。一个人、一家企业、一个国家在做一件事情时，都是有目的性的，要想做成事，就应该有定位、有方向、有目标。策划是一个立足现实、面向未来的行为过程，既包括人的行为过程，也包括资源配置利用与整合的行为过程。因此，达到一定的预期目标是策划的根本目的。

策划活动一般需要经历几个步骤，即市场调查及环境分析、确定并初步设定策划目标、拟订初步方案、方案的评价与筛选、方案检验及再次修正。策划是一项综合性的系统工程，其中目标是策划的根本，资源整合是策划的基础和前提，创新是策划的本质与核心。

（二）常见理念

以下是常见的策划中的创意和决策理念。

1.项目创意理念

项目创意理念是指策划人在进行项目创意设计时应该具备的思想。综合来看，目前较为常见的项目创意理念包括人本理念、和谐理念、关联理念。人本理念就是要在项目创意的环节注重体现"以人为本"这一基本原则。在项目创意策划过程中，以人为本包括以下三个方面的内涵：首先，应注重活动组织者的意愿和诉求，在策划时，应充分听取和了解委托机构的意见与希望。其次，策划的活动应该能够吸引、方便更多的人参与其中。最后，活动的创意策划要符合人们的审美需求，并能够考虑到人们参与活动中的各种实际需要。和谐理念主要是指活动策划的各环节之间搭配协调，如活动的主题策划与企业文化协调、活动主题与环境协调、活动主题与时代潮流协调、活动内容与主题协调、活动内容与参与人员协调，以及活动组织过程中各环节之间的协调等。在此创意理念下，活动的有效性和融合性应被策划者置于首位，活动的丰富程度则属于第二位的内容。在和谐理念下，策划者应该注重如何做好活动内容的减法，即尽量排除与活动整体不协调的要素。从项目创意的角度出发，一个很重要的问题就是在哪些要素间建立关联、如何建立关联、这种关联是否有效。因此，可以将关联理念概括为策划人员要做好活动内容的加法，即增加与活动主题或内容的关联性要素。

2.项目决策理念

项目决策理念是指当策划者面临众多选择的时候，应该如何挑选出最具竞争力的策划方案。从现有的决策理念来看，主要有三种：满意策划、最佳策划和适应策划。满意策划是指策划时应该以较为容易达到的结果为目标，并以此为基础进行策划。因此，策划的目标应该具有一定的挑战性和可达性。策划者所设计的活动方案不一定是最好的，但一定要能够让人较为满意，且切实可行。最佳策划的理念则来源于运筹学。其主要的思想是在活动策划过程中，应该对企业的各方面问题均加以考量，然后借助模型的方式加以分析，如建立一套目标函数，然后，在特定的约束条件下对目标函数求解。可见，最佳策划的理念要求策划人能够为企业找到在现有条件下最佳的活动策划方案。适应策划理念与最佳策划理念最大的差异在于，适应策划理念认为项目策划的各类环境和因素并非不变，因此，在策划时，需要根据现实的情况，通过不断调整来找到最为合适的策划方案。

第三节　会展活动策划的内涵与原则

一、会展活动策划的内涵

（一）会展活动策划的概念

会展活动策划是在会展活动开始的最初阶段就要进行的，有时甚至要贯穿于会展活动始终，是一种优先的、提前的、指导性的活动。一项新的活动项目，会经历一个从无到有的活动策划过程，见图3-2。

首先需要举办活动的主体具备相应的条件，策划的前期需要进行市场调研，分析并进行市场定位，进行可行性分析，然后向甲方提案，甲方决策后，才会产生首届活动。确定举办首届活动后，就需要进行活动的具体策划了，然后就是策划每届活动的流程。当未通过立项或可行性分析时，则需要分析未通过的原因，若是分析不到位，

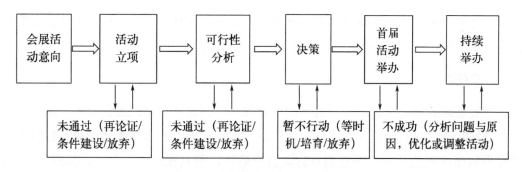

图3-2　一个新的会展活动项目策划过程

则需要进行进一步论证，即补充论证；若是时机不当，即等待时机或创造机遇；若是举办方不具备条件，应纳入中长期发展规划，进行所需的条件建设，培育和孵化项目；若是活动定位有问题，有时就得放弃，或者通过反思，重新定位。

　　对于已经确定要举办的会展活动，活动策划就是对会展进行管理和决策的一道程序，它是一种对会展活动的进程以及会展活动的总体战略进行前瞻性规划的活动。

　　会展活动策划对会展活动的全过程进行全方位的设计并找出最佳实施方案，以实现企业开展会展活动的目标。也就是说，会展活动策划是对会展的整体运筹规划，是对提出会展计划、实施并检验会展决策的全过程所做出的预先考虑与设想。会展活动策划描述的并不是具体业务，而是对会展进行决策和管理的一种程序，是将会展目标具体化的过程。成功的会展活动源于成功的会展活动策划，成功的会展活动策划源于对社会资源的有效整合。以广交会为例，广交会策划就是为云集广州的客商安排形式多样化的经济技术合作与交流，开展相关业务活动，以促进彼此互通商情与增进友谊目标的整体规划。2017年秋广交会出口成交额达1986.52亿元人民币，同比上涨8.2%，其成功离不开对历届广交会的经验总结，以及对当下资源进行有效整合而形成切合实际的目标的决策管理过程。

　　一般来说，一项完整的会展活动策划基本上包括策划者、策划对象、策划依据、策划方案和策划效果评估等要素。会展活动策划诸要素之间互相影响、互相制约，构成了一个完整的体系。

（二）会展活动策划的特点

会展活动策划具有针对性、系统性、变异性、可行性等特点。

1.针对性

会展活动策划是具有针对性的活动，是会展理论在会展活动中的具体运用。在进行会展活动策划时，应首先明确会展活动应达到什么目的，是针对什么问题而举办的。

譬如，有的会展以特定消费群体的生活方式为依据，具有鲜明的主题，这就要求在进行会展活动策划时必须围绕主题组织展品、开展活动。

2.系统性

会展活动策划是对整个会展活动的运筹规划，因此具有系统性的特点。系统性表现在策划时要针对会展的各个方面、各个环节进行权衡，通过权衡使企业目标特别是通过参展而实现的企业市场营销目标具有一致性，使其在产品、包装、品牌、价格、服务、渠道、推销、广告、促销、宣传等方面保持统一性。系统性可以减少会展策划的随意性和无序性，提高效率。

近年来，随着会展理论研究的不断深入，有学者提出了"立体策划"的概念，可以说是会展活动策划系统性的一种表现。

3.变异性

《孙子兵法·虚实篇》中说："兵无常势，水无常形。能因敌变化而取胜者，谓之神。"这里的"神"是指战术上的灵活性、变通性。市场永远是千变万化的，会展策划也必须充分考虑到市场的变化。例如，2020年，突如其来的"新冠"疫情打乱了几乎所有的会展计划，作为会展的策划者必须有充分的应对措施，才能适应这一变化。变异性强调对市场环境的适应性，是为了更有效地实现既定的战略目标。

4.可行性

可行性是指会展活动策划方案在现实中要切实可行。没有可行性的策划，方案写得再美，也只是纸上谈兵。一般来说，会展策划方案必须经过分析论证才能实施。分析论证策划方案的可行性，主要围绕策划的目标定位、实施方案以及经济效益等主要方面进行。

（三）会展活动策划的作用

会展活动策划是会展活动的灵魂。一个优秀的会展活动策划方案可以吸引广大商家参展。从某种意义上说，会展活动就是一座桥，一头连着供应商，一头连着采购商，会展活动组织要通过具有创意性的策划方案把供应商、采购商等吸引到会展活动这座桥上，通过这座桥让供应商、采购商以及政府等相关单位更好地交流信息、洽谈交易。会展活动策划对于会展活动运营来说有着以下作用。

1.战略指导作用

"战略"一词原指军事将领指挥军队作战的谋略，现被引申至政治和经济领域，泛指统领性的、全局性的、左右胜败的谋略、方案和对策。对于具体会展活动来说，战略是会展企业对会展活动未来走向、长远目标、政策等进行的规划。如某会展活动以做成业界最具专业性、权威性、国际性的展会为长远目标，那么在每次举办展会时都要有步骤、有计划地围绕这样一个长远目标进行会展活动策划，在主题、规模、招展、招商及宣传推广上均要突出国际性，展会内容、与会专家、展会活动服务等方面均要体现专业性和权威性，确定展会活动或企业的长远目标。

2.实施规划的作用

会展活动策划为会展活动提供了具体的行动计划，会展活动均要按照立项策划、场区规划、相关活动策划、招展策划、招商策划、宣传推广策划、现场服务策划等相应的策划方案来实施，不得随意变动。但在具体实施过程中，如果出现由于内外因素的实际情况发生变化或策划前对具体因素掌握不全面而造成原策划方案无法实施或不适应实际的情况，经领导批准后可对原策划方案进行适当调整。如果原现场策划方案中根据预测的观众数量计划开放两个入口，但活动现场实际观众人数远远超出预期，可向领导请示，获批准后对原策划方案进行调整，开放4个入口，以减轻拥挤程度。

3.进程制约作用

一个会展活动项目，尤其是一些大型会展活动项目，牵涉的工作千头万绪，涉及的部门、机构及企业众多，各环节环环相扣，各部门的工作相互影响，任何一个环节或一个部门出现问题都会影响会展活动的顺利进行，使会展活动的声誉受损，影响会展活动的健康发展，也会造成不好的社会影响。因此，必须严格按照策划方案所提出的流程去工作，这样才能确保会展项目的顺利进行。如果参展商服务手册和观展宣传册未按时印制完毕，会直接影响招展函和观众邀请函的投递，导致相关工作无法正常开展，势必影响招展效果，从而影响会展项目的经济效益。如果招展工作进程向后顺延，可能会导致整个会展活动的推迟或失败，损失更大。由此可见，会展策划方案对会展活动的每个环节都起着进程制约的作用。

4.效果控制作用

效果控制作用是指会展活动项目策划能预测、监督会展项目活动的效果。某一会展项目在执行过程中是否达到预期的效果，通过对照项目策划方案的相关内容就能够清晰地看出。要确定招展规模、观众规模是否按进度达到预期，可与项目策划案进行比对，如果未达到，应查找主、客观原因。主观原因如招展宣传不到位、参展商数据库中的参展商数量少、招展人员数量不够等，则应提出改进工作的具体措施；客观原因如世界经济危机、国家政策调整等，就要考虑如何克服或修正策划方案以适应环境变化。可以说，会展策划一方面能对会展项目的最终完成效果进行控制，另一方面也可以对项目策划案本身的可行性、合理性进行检验。

二、会展活动策划的核心内容

（一）会展活动主题定位

主题（theme）是会展活动策划的理念核心。会展活动主题是在会展活动的策划和实施过程中被不断地展示和强调的一种理念或价值观念。因此，会展活动主题将关系到企业活动的策划方向和特色。

（二）会展活动内容策划

会展活动内容策划主要是指活动的形式以及活动的具体安排，通常可以分为两个阶段，即概念设计阶段和详细设计阶段。从内容层次的角度来看，有学者将其划分为五个层次，分别为核心关联层、基础资源层、内在逻辑层、外在执行层、最终效果层等。

1.核心关联层的内容策划

关联是会展业活动策划中的重要理念之一。因此，核心关联层的内容策划意在解决以下问题：保证活动形式与活动目的之间的关联性；保证会展活动主题与企业发展目标之间的关联性；保证会展活动个性与企业市场竞争优势之间的关联性。这些内容均需要在活动策划的最初阶段，即概念设计阶段完成。

从活动形式与目的的吻合度来看，会展活动的形式种类繁多，选择合适的活动形态来满足甲方的诉求，是会展活动策划中的一项基础工作。除了常规的会议、宴会、展览、团队拓展、奖励旅游、公关活动等传统形式外，策划者也可以根据甲方需求和环境创新活动形式。

为企业策划的活动，从活动主题与企业发展方向的一致性来看，主要是需要从企业发展的历史和文化底蕴方面，确保选定的活动主题能与企业的背景相吻合。从活动个性与企业市场竞争优势保持的关联来看，会展活动策划还需要与其市场竞争相关联，尽量通过活动的举办，提升企业的市场竞争力。因此，策划人员需要在策划前对企业的竞争者情况进行详细的调研。

2.基础资源层的内容策划

会展活动的策划过程中必定会遇到资源方面的瓶颈。这就要求策划者充分考虑资源的获取和分配，并通过精心的内容策划，借助杠杆作用，使资源的利用效率达到最大化。在会展活动中，常见的资源有资金、场地、人员、设备和时间等。因此，在会展活动内容策划中，策划者需要对各项资源的需求规模、获取渠道、分配原则等加以限定，从而保证企业活动实施过程中有足够的资源储备。

3.内在逻辑层的内容策划

会展活动内容策划中的内在逻辑，主要指构成活动的内部各环节的组成应该具备逻辑性。在策划过程中，企业活动通常是由若干流程和环节组成的，策划者应对活动环节的设计、各环节的排序（流程）、各环节安排的协调性与合理性等进行关注和控制。

4.外在执行层的内容策划

精彩的活动内容还需要依靠有力的执行机制，所以活动策划者还要对活动实施过程中的执行机制加以说明。活动的外在执行层方面涉及的内容主要包括会展活动的人员分配与组织架构、会展活动的时间进度控制、会展活动的资源分配控制、会展活动的风险控制等。

5.最终效果层的内容策划

最终效果层主要是指会展活动效果的评估方式策划。会展活动策划者还应将活动的期望成果等内容通过具体的指标加以表现，常见的指标有活动收入、参与者的数量与构成、企业知名度的提升等。值得注意的是，会展活动的策划是一个循环的过程，策划者的工作不仅包括活动举办前和举办期间的工作，还包括活动结束后的评估和总结，如分析并找出今后类似活动可以提升之处、为企业提供更好的提升声誉的路径、为活动策划的优化和效率提升提供建议等。这些工作将为下一次的企业活动策划工作提供可以借鉴的经验。

三、会展活动策划的技术路线与流程

一个项目的整体运作，大致可以分为以下阶段：甲方提出活动需求、明确策划问题、调查与分析、活动概念设计、活动具体设计、策划书写作、活动审查及审批、评估与修订。

（一）甲方提出活动需求

需求引致供给。作为会展活动策划的流程，第一位的当属甲方对于举办活动的需求。作为会展活动的组织与策划的主体，通常有三种可能：其一是甲方对于将要举办的活动，全程自行操控；其二是甲方将相关活动的策划和管理完全外包给专门的活动管理机构或企业，或与专业的活动管理企业或机构共同完成企业活动的策划与运作；其三是甲方负责活动的策划，而将外围的执行和管理交给相应的专业机构和企业负责。对于第一种和第三种情形，会展活动的策划主要由甲方内部人士自行负责，此时不存在提出活动需求的问题。对于第二种情形，由于涉及甲方内部情况与外部活动管理专业机构或企业沟通的问题，需要甲方通过适当的形式提出活动需求。

对于甲方而言，提出活动需求的方式主要为招投标的形式。对于小型的活动，如果甲方有熟悉的专业活动服务机构，则可以采取选择性招标的方式，即与有业务往来的活动事件管理企业联络。对于大型活动，则应采取公开招标甚至国际范围内招标的方式。

对于活动策划和管理企业而言，一方面应该尽可能地建立广泛的业务关联网络；另一方面则应该对一些行业协会、大型企业的官方网站、专业的节事活动招投标网站、目的地管理公司及协会等网站加以密切关注。例如，国际目的地营销协会的官方网站上，就为其会员提供了各种会议和活动的招标信息，以及投标书的模板等。

如果甲方希望借助招标邀请的方式进行会展活动策划，那么其邀请书通常应包括以下四个方面的内容：甲方情况及欲举办之活动介绍；提交投标书之流程指引；投标书中相关内容的具体要求；投标书的时限及格式要求等。

（二）明确策划问题

在会展活动的实际策划过程中，委托方与策划方要对会展活动策划的问题加以明确。

（1）双方要进行沟通，以明确委托方的意图和诉求。策划者需要与委托方进行多次联络及交流，以明确及协助委托方制定明确的会展活动策划目标。对于委托方提出的不合实际及难以实际执行的要求，应提出并商讨调整方案，从而避免日后出现策划过程的争执及分歧。

（2）要条理清晰地列出策划的范围及内容。对于会展活动策划者而言，要清楚地界定策划问题的范围及性质。正是由于提出了清晰的策划范围及内容，策划者的责任范围也相应变得明确和可测量。

（3）明确策划过程中的重点内容之所在。会展活动策划涉及的内容较广，因此需要明确策划过程中的主要问题，如该活动成功举办的关键是在于主题选择、创意策划、细节服务，还是市场推广等。明确了策划中的关键环节，策划人就可以做到有的放矢。

（三）调查与分析

活动策划必须要充分考虑到各利益相关者以及类似活动的竞争者。因此，会展活动策划中的重要步骤之一就是进行资讯的调查与分析。从调查与分析的内容来看，主要涉及以下方面：第一，相关活动参与者的参与动机；第二，参与者的构成及对服务和设施的需求与偏好；第三，同类型活动的组织情况。

除了上述三类较为核心的信息，如活动参与者获取相关资讯的途径等，也应作为策划团队调研的内容之一。

（四）活动概念设计

概念设计是指由分析用户需求到形成概念产品的一系列有序的、可组织的、有目标的设计活动，它表现为一个由粗到精、由模糊到清晰、由具体到抽象的不断进化的过程。会展活动策划中的概念设计实际上是创意的过程，借助策划者的分析、思考以及灵感形成若干初步的活动构思，并为后期的具体活动设计提供方向。

（五）活动具体设计

活动具体设计是将概念设计中具有较高可行性的方案单列出来，按照实际操作的需要进行细节策划和设计的过程。概念设计、细节设计、实施方案设计是企业活动策划方案思路不断清晰的过程。在活动的具体设计环节，策划者需要从实际的运作角度考虑，对活动的场地、时间、流程、内容、配套服务等进行详尽的分析。具体设计的内容可以大体分为三类：主体活动、辅助活动和营销推广活动。在活动具体设计的基础上，活动组织者会进行财务方面的论证及预算修订，从而保证该活动的策划方案具有财务上的可行性。

（六）策划书写作

策划书是策划方案的成果表现形式，是策划思想的实质性载体。因此，作为会展活动策划人，需要在策划方案确定之后，制作一份完整、详尽的策划书，并将其提供给活动的组织者及其他有需要的部门。会展活动的类型多样，内容也较为复杂，因此，会展活动的策划书会根据其目标、内容、要求的不同而呈现出不同的表现形式。一般意义上的策划书的主要内容应该包括以下方面：① 策划的名称与主题；② 策划书的目录；③ 策划的背景与依据，如环境、假设等；④ 策划的目标与形式；⑤ 策划的内容及详细说明；⑥ 策划的相关资料及说明；⑦ 策划实施需要注意的事项；⑧ 策划小组成员的姓名、委托单位以及完成时间；⑨ 策划书的保密范围、保密期以及其他事项等。

（七）活动审查及审批

《中华人民共和国行政许可法》第二十九条规定：公民、法人或者其他组织从事特定活动，依法需要取得行政许可的，应当向行政机关提出申请。其中的特定活动主要指直接涉及国家安全、公共安全、经济宏观调控、生态环境保护以及直接关系人身健康、生命财产安全等的特定活动。因此，在具体实施与控制前，某些类型的活动还需要得到相关管理职能部门的审核、备案和批准。

在会展活动中，较为常见的行政许可部门包括文化、公安、环卫和消防等四个部门。其中，文化部门主要负责与演出有关的活动内容审批。公安部门则是侧重于维护社会治安和公共安全等部分内容的审批。环卫部门主要是负责与户外的一些横幅、竖幅等与市容和环境有关的宣传方面的审批。消防部门主要针对活动场地的消防设施和措施进行审查，像户外的空飘、气球等方面也属于消防的审查范围。另外，在各种活动中的舞台或展位搭建方案，包括效果图、平面图、电路图等都要经过主办单位或消防部门的审批。

活动审查及审批通过后，则由相关的活动承办机构或执行部门严格按照策划方案的细节实施。

（八）评估与修订

会展活动的实施并非策划的终点，相反，需要策划者以一种不断循环、提升的态度来对待每一个策划案。就如同质量管理专家戴明提出的质量提升环一样，每一项会展活动策划完成后，策划者以及活动组织方都需要对此次活动的策划及实施进行评估与反思，从而不断提升活动策划者的能力和水平。

四、会展活动策划的原则与要点

（一）会展活动策划的原则

从会展活动策划的基本要求来看，对于策划过程和内容的质量判断，应该遵循以下几个主要原则。

1.科学性原则

策划尽管可以被视为一门艺术，但是也必须以科学的策划方法作为手段。因此，会展活动策划的第一个原则就是需要尊重科学，采取科学的策划方法。闭门造车、拍脑袋式的策划和决策方式，会给会展活动的成功策划带来较大的风险。会展活动策划的科学性需要从策划人员的构成、策划的过程管理、策划的方法、策划绩效的评估等方面加以体现。

2.整体性原则

对于会展活动而言，无论是事件营销活动，还是公关事件活动，都会涉及众多的行业和部门。广泛的关联性是现代事件活动所具有的共同特点。因此，相关人员在策划时应该注重整体性，使得会展活动的各环节、各组成部分都能够相互衔接、有序运行。

3.协调性原则

会展活动策划的协调性原则是策划和谐理念的具体表现。策划人员需要特别关注活动的主题与主办机构意愿的相协调；活动的形式和内容与活动主题的相协调；活动的内容之间能有机融合、不冲突；策划的活动与举办地的环境和特色之间能较好地协调等。

4.参与性原则

参与性原则主要包括：其一，会展活动中的相关利益群体代表能够全程参与活动的策划决策，以便策划者在策划过程中能够充分听取相关代表的意见和建议；其二，设计的活动方便人们参与。例如，在活动的节奏安排方面，要考虑到参与者的生理和心理特点；在活动的形式和内容方面，要考虑到参与者的偏好和习惯等。

5.创新性原则

会展活动要达到吸引市场关注和参与的目的，必须在主题、内容、形式的创新方面下功夫。为此，每个活动的策划，需要相关人员思考和确定该活动的独特卖点。随着节事经济的繁荣发展，社会大众每天接触的事件活动数量快速增长，只有拥有独特的竞争优势，才能让会展活动从众多的竞争者中脱颖而出。因此，会展活动策划人员需要跳出简单的模仿、照搬、常规、雷同等策划误区，以创新为导向，提升企业活动的竞争力。

6.经济性原则

活动策划的经济性，主要包括两个方面的内涵：一方面是活动组织和运作应节约、高效；另一方面是要充分考虑投入与产出的效能评估。从节约、高效方面来看，会展活动策划应保证该活动能够在金钱、时间、环境等方面做到节约、高效，使相关要素和资源获得最大程度的利用。从投入与产出的方面来看，作为一个活动项目，策划者应该充分考虑到企业组织活动的成本以及所期望获得的成效，并以较高的投入产出比作为策划的目标之一。

7.持续性原则

为了使得企业活动的效果达到最佳状态，策划者除了对活动本身进行策划外，还应关注到活动结束后如何进行延伸和关联，有利于企业进行二次宣传和推广。对于某些类型的企业活动，如展览、庆典、奖励旅游、团队建设等，还应该考虑未来多次举办该类活动的继承性和创新性。从可持续发展的角度来看，作为一家有责任感的企业，在活动策划时还应该注意尽量减少企业活动对社会及生态环境造成的负面影响。

（二）成功策划的要点

结合前面探讨的内容，要保证会展活动的策划获得成功，策划者应重点关注以下要点。

1.充分沟通，解读客户的利益诉求

策划者应多与活动主办方以及参与者和相关利益方联络及沟通，充分了解活动组织者的意图和期望。同时，深入了解潜在活动参与者的价值诉求；对于同类型活动的经验与教训，也应认真吸取。策划者与相关利益方的沟通应该涵盖策划的前期、中期、后期等阶段。

2.坚持创新，增强活动策划的个性

好的创意是成功策划的保证。因此，项目策划者应该立足于创新，并通过创新的主题、创新的形式、创新的内容以及创新的推广方式等来增强会展活动的个性，从而增强该活动对参与者的吸引力。

3.增强关联，为客户创造价值增值

实现顾客的期望，只能让顾客基本满意，如果能够通过活动策划为企业带来额外的利益和收益，则会使客户感到无比惊喜。为客户创造价值增值是为策划方案锦上添花的策略。尤其是对于通过招投标制度进行活动策划的团队而言，能够为客户创造活动之余的额外价值，将会增强策划方案的竞争力。因此，策划者需要充分运用策划中的关联原理，尽可能地为会展活动提供拓展的空间。

4.注重细节，强调策划的人文关怀

细节决定成败，这句话对于会展活动策划同样有效。在活动策划中，策划者对于活动的流程安排、内容安排、服务安排等都应有细致入微的考虑，特别是需要从主办方和参与者的角度，提供人性化的安排。

五、会展活动策划的常用方法

（一）创意方法

在某一特定环境下，人们以知识、经验、判断为基点，通过亲身感受和直观体验而现出的智慧之光，可以很全面地提示事物或问题的本质，可以让人有一种假设性的觉察敏感，这就是通常所说的灵感。灵感实际上是因思想集中、情绪高涨而突然表现出来的一种创造能力，即创意。创意的前提是"条件＋方法"，任何创意的产生都要基于联想和建设，用大脑去思考、分析、总结、归纳等，只有经过反复论证才能产生新的创意，这个过程是智能放大的过程。智能放大在创意的实施与产生过程中是不可缺少的，同时也是关键所在。常用的创意方法有以下几种。

1.头脑风暴法

头脑风暴法是由美国创造学家A.F.奥斯本于1939年首次提出，于1953年正式发表的一种激发创造性思维的方法，其因适应日益复杂的经济社会发展而被广泛运用。此方法是让所有参加人员围绕某一会展策划议题，如会展目标、主题、举办地、时间、相关活动、会展项目推广策略等以及各项细节，集思广益，进行交流获得创意的方法。此方法具有5个特征：一是集体创作；二是思考的连锁反应；三是延迟批判；四是创意量多多益善；五是不介意创意的质量，而是以量求质。现代很多策划创意均是集体思考或集体合作的结果。

2.垂直思考法和水平思考法

垂直思考法又称逻辑思考和分析法，是指按照一定的思考线路，在一个固定的范围内，自上而下进行垂直思考。此方法偏重已有的经验和知识，通过对已有经验和知识的重新组合而产生新的创意，能够在社会公众既定的心理基础上满足其对创意的诉求，但在形式上难有大的突破，结果比较相似。

水平思考法是指在思考问题时摆脱已有知识和经验的约束，打破常规，提出富有创造性的见解、观点和方案。这种方法的运用，一般是基于人的发散性思维，故把这种方法称为发散式思维法。例如，微软公司在全球各地招聘人才时，比尔·盖茨亲自出了一道题目，要求面试人员在纸上画一个三角形，用笔画一条直线，把三角形的三个顶点连接起来。对于这个问题，运用习惯的方法是解决不了的，但如果打破常规，用比三角形更粗的笔来画，问题便迎刃而解了。可见，只要思维是发散的，想象力便是无限的，策划方案的创新才可能实现。

3.跳跃联想法

跳跃联想法是指在收集会展策划创意时，为了找到令人惊异的构思，而在看似毫无关联的两个问题之间构想出特定关系的方法。这种方法是以跳跃产生联想，并不对自己思考的基准点加以固定。例如，现代家居展上有装饰公司提供设计方案、材料文案、后期家居用品配饰等一揽子工程，而海尔、科宝等家电企业也进入家居装修行列，提供包括厨房、卫浴、家用中央空调、热水系统、智能化系统等最新的家居集成解决方案。

4.转移经验法

转移经验法是指把一种知识或经验转移到其他事物上的思维方法。在进行经验转移时，既可以是同类、同质经验的转移，也可以是异类、异质经验的转移。

（二）德尔菲法

德尔菲法是指先由调查组织者编制调查表，采用函询、电话、网络等方式咨询专家的建议，然后由策划人统计，如果结果不趋向一致，就再征询专家的意见，直至在专家意见趋于一致的基础上得到统一的方案。因阿波罗有高超的预测未来的能力，而阿波罗神殿坐落在古希腊的德尔菲市，因此德尔菲便成为预测、策划的代名词，故称德尔菲法。

德尔菲法实施的一般流程如下：首先，确定调查目的，拟订要求专家回答问题的详细提纲，并准备好向专家提供的有关背景材料，包括调查目的、期限、调查表填写方法及其他要求等；其次，确定20名左右会展业或展会所属产业方面的理论和实践专家，以函询、集中会议、电话、网络等方式向各位专家发出调查表，一般在3～5天内收回调查表；最后，对反馈的意见进行归纳统计，将意见整理后再寄给有关专家，如此经过三四轮的反复，当专家意见比较集中时，即可确定统一的方案。

❁ 本章小结

本章从"广义会展"的角度，分别介绍了作为会展活动主要内容的会议、展览和特殊活动的基本概念与主要类型，分析了会展活动的特点及其社会效益和经济效益，并在此基础上分析了会展专业的特点，指出了学好会展专业的基本方法，目的在于使学生对会展活动形成一个基本的认识。学生学习本模块后应进行项目实践训练，并进行自我总结，由教师与企业共同完成对其的评价。

思考题

1.什么是会展活动策划？它需具备的6个要素是什么？

2.会展活动具有哪些特点？

3.会展活动策划具有哪些作用？

4.会展活动策划应遵循哪些原则？

5.会展活动策划的方法有哪些？

项目训练

1.会展策划的内容涉及面很广，根据所学的会展策划内容与流程，说出下列展会中常见的工作分属于会展项目策划的哪个阶段。

发邀请函；考虑食宿问题；展会场馆的选择；展区的布局；展会的目的；成本初步估算；新产品推介会；举办特殊活动；参展合同的签订；娱乐节目的安排；CI手册❶的设计；撰写新闻稿；观众登记；现场搭建；专业观众问卷调查；会展公司同业竞争分析；展会商务服务。

2.参观本地举办的一次展会，具体说明展会的哪些方面体现了会展策划所应遵循的原则？

3.学生以小组为单位，讨论某项大型活动的策划流程与方案的制定（含框架与内容）。

---

❶ CI手册通常指的是关于企业形象识别系统（Corporate Identity，简称CI）的手册，CI手册的目的是为企业提供一套详细的指导和规范，以确保企业在CI战略的执行上能够达到一定的标准和水准。

第四章
会展市场调研与分析

 案例导引

"乌洽会"（Urumqi Fair）成长记

乌洽会是新疆会展的名片。1992年，对外经济贸易部将首届乌洽会称为"边境、地方经济贸易洽谈会"，以洽谈地边易货贸易和经济合作为主。1994年，改名为"乌鲁木齐对外经济贸易洽谈会"，参会的对象和洽谈内容进一步拓宽。2005年举办的乌洽会是改革转型的一届乌洽会，改过去管理型办会传统思路为服务型办会的新模式，此时，乌洽会作为我国向西开发，连接中、西、南亚及俄罗斯联邦中部地区的投资贸易平台，已经成为区别于其他省区展会的重要特色。2008年的乌洽会由中华人民共和国商务部、中国贸易促进委员会和新疆维吾尔自治区人民政府共同主办，对外统一称为"第十七届中国乌鲁木齐对外经济贸易洽谈会"，标志着该展会由地方性经贸洽谈会升格为国家级区域性国际展会。在2010年第十九届乌洽会上，官方宣布"中国政府决定自2011年起，中国乌鲁木齐对外经济贸易洽谈会升格为中国-亚欧博览会"。

乌洽会主办单位进行了细致认真的调查研究，办展策略持续调整、优化。例如，其顾客定位由最初以开拓中亚市场为主逐渐调整为"积极吸引中亚、东欧客商参展"，而后又发展为"连接中、西、南亚及欧洲"。如今，中国-亚欧博览会已经发展成为中国向西开发的名片。它不仅是推进中国向西开放的重要平台，也是各国加强交流的重要场合，还是新疆及周边地区经济发展的强大动能。

思考：

1.乌洽会与中国-亚欧博览会的关系如何？进一步查阅资料，探寻乌洽会发展的里程碑。

2.调查并指出中国 - 亚欧博览会的展出周期、时间和每届举办时的活动持续时间。

3.评估该展会活动持续时间变化的综合影响，包括但不局限于服务人员需求、参展及办展成本、节能减排。

第一节　会展市场调研概述

在日益激烈的竞争环境中，会展市场调研已经成为会展行业宏观调控和会展企业微观经营不可或缺的一环。进行市场调研，关键是运用科学方法揭示市场的客观存在。没有正确的调研，就没有发言权、决策权，甚至会产生误导。

一、会展市场调研的功能和内涵

会展市场调研，也称为会展市场调查，是一类有目的、有计划、有组织的系统地就会展相关信息进行市场调研的过程与活动。其调研的市场可以是MICE❶中的任意一类，也可以是综合性的。大型活动、展会是调研的主要对象。会展市场调研既是会展活动立项策划的基础工作，也是营销会展活动本身和促进其可持续发展的一项重要工作，还是会展活动所寄生或共生的产业营销与发展的重要平台和推动力。

考察一般市场调研的功能，可以从营销与发展两个层面进行。考察会展市场调研的功能时，还需要加入"传播"的层面。而且，会展市场调研的营销与发展功能内涵更丰富，既包括会展活动本身的营销与发展，也包括涉及行业的市场营销与发展。

会展市场调研的内涵包含两个层面：一是为会展本身提供市场信息的调研；二是以展会为平台解决营销问题的调研。会展活动的传播功能蕴含在两个层面中。会展活动的传播功能是经济、社会、文化等功能的有机统一，既要传递商品与服务的信息，助力商家沟通和行业沟通，也要传播一定的精神与文化，丰富社会公众的生活。因而，会展市场调研较一般市场调研更复杂。

会展活动具有强大的经济功能和信息传递功能，在国际上被誉为"触摸世界的窗口"，被认为是内需市场的风向标、实体经济的晴雨表。在加快构建"双循环"（以国

-----

❶ MICE 指 Meetings（会议）、Incentives（奖励旅游）、Conventions（大会）、Exhibitions（展览会）和 Event（节事活动），是会展的英文缩写。

内大循环为主体，国内国际双循环）相互促进的新发展格局中，国家需要会展经济发挥更高质量的窗口作用。我国会展业仍处于成长期，其在引领经济发展、产业升级方面发挥的作用不够，产业服务能力增强需求紧迫。与此同时，我国会展业正在从"＋会展"单一模式向"＋会展""会展＋"的并行模式演进，产业创新需求也更加紧迫。这推动了市场对会展市场调研业务需求的快速增长，也对这一业务的创新提出了新要求。

二、会展市场调研的提供者

会展市场调研的提供者既有会展行业的专门机构，也有专业的市场调研公司。

此外，还有一类特殊的会展市场调研的提供者：企业营销调研部。其以展会为平台、渠道，通过调研进行商业情报工作。展会是竞争情报工作的圣地。在商业展会中，一些企业在参展的同时，以展会为平台和渠道进行市场调研，获取竞争情报。竞争情报是洞悉竞争环境、监测竞争对手、把握竞争策略的有效方法和实用工具，也是全球正在推广的营销手段之一。约有2/3的美国大公司建立了竞争情报部门或系统。美国电路城公司（Circuit City）是竞争情报行业发展过程中较早的个案，该公司每次都会派出20人左右的参展队，参加半年一度的家用电子科技展览会。参会的每一个人都担负着专门的情报收集任务，有的负责收集操作信息，有的负责观察某个对手的市场策略等。

三、会展市场调研的需求者

会展行业的各类相关利益主体均是会展市场调研的需求者，尤其是当地政府、会展主办方和参展商。

（一）当地政府

当地政府（会展举办地政府）作为会展市场调研的需求者时，主要关注会展调研的结论。其主要目的在于研究会展经济与区域经济的发展战略与政策，开发与创立适合本地的会展项目，预测本地会展的中长期发展，权衡与促进各产业间的协调发展，制定区域会展发展策略，以及通过会展宣传推广城市文化、提升城市形象等。

（二）会展主办方

会展主办方是会展市场调研的需求者中的最大主体。其直接目的在于服务会展项目的策划与运营，根本目的在于实现会展企业、会展项目、会展行业乃至区域的可持续发展。作为一种高效的市场推广工具，会展已经成为企业宣传和营销的一种重要手段。随着行业的蓬勃发展和竞争的加剧，会展企业需要通过提升运营策略和业务能力来提升自身的竞争力和扩大市场份额，会展行业和地方政府需要提升会展依托产业实现"＋会展"升级发展能力，也需要提升会展激活产业功能，进而实现"会展＋"创新发展能力的提升。因而，开发、策划出会展新活动，运营好会展活动项目，服务好参展行业和区域发展，不仅是会展业的生命力与社会责任所在，还是城市发展的重要活力来源。

会展主办方对会展市场调研的需要来自多方面。第一，策划会展活动和确定其各项策略的需要。第二，制定会展活动具体计划的需要。在基本构思的基础上，会展主办方必须制订详尽的执行计划，包括构成计划、建设计划、展示计划、活动计划、宣传计划、动员计划、招商计划、情报系统计划等。这一系列具体计划都不可能凭空提出，调研数据将为这些计划的制订提供依据。第三，制定预算的需要。对预算的有效把握是会展活动成功举办的最基本要求，准确有效的调研结论能够科学指导预算的制定。支出项目与其额度，以及活动所能产生的直接效益与间接经济效益，都是会展主办方最为关注的内容，也是调研的重点内容之一。第四，招商的需要。在招商过程中，最有说服力的就是各种各样的真实、可靠的数据，这些由专业机构或会展举办者提供的调研数据能够强化参展商对会展活动的信心，从而推进招商招展。

（三）参展商

参展商作为会展市场调研的需求者时，主要关注展会的营销能力乃至情报能力等指标。商业展会的参展商在做出参展决策之前，都希望对展会的各项指标有所了解，他们可以要求展会组织者提交相关数据资料，也有可能委托其广告代理商进行调研。随着会展咨询业的不断发展，参展商还将有可能直接向会展咨询公司购买数据作为其决策依据。

第二节　会展市场调研的类型和内容

会展市场调研与分析是会展策划的基础，其内容十分广泛。一般而言，会展市场调研的内容主要包括五个方面：产业环境、目标市场、政策法规、同类会展、自身资源。实际上，会展市场调研的内容往往要根据调研目的与使用者的需求进一步筛选和具体化。

一、按活动类型与调研目的划分

按活动类型，会展市场调研可以分为会议市场调研、奖励旅游市场调研、展会市场调研和活动（通常是大型活动）市场调研。会展市场调研、大型活动市场调研、展会市场调研三者之间的逻辑关系见图4-1。

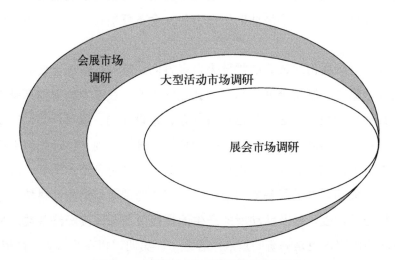

图4-1　会展市场调研类型及其逻辑关系

注：阴影部分可以理解为是奖励旅游市场调研和其他活动市场调研

按调研目的，会展市场调研可以分为探索性市场调研、描述性市场调研、因果性市场调研和预测性市场调研四类。市场调研采用哪类，多取决于调研问题界定的确切程度及调研人员对找到调研问题的确定程度。

探索性市场调研侧重于查明企业经营问题的症结。这类调研是在企业对存在的问题不明确、不清楚的情况下开展的。例如，某节庆活动临近一段时间，人流量持续下降，主办方不明白产生这一问题的症结，是市场已经饱和、广告宣传不力，还是消费者的偏好改变了？对于这类情况，可采用探索性市场调研来查明问题的症结，为找出解决问题的办法打下基础。探索性调研属于初步的市场调研，方法较简单，不要求必须制定严密的调查方案，灵活性大。

描述性市场调研是对所研究的市场现象、市场因素做客观、全面的分析。这类调研试图回答诸如"谁、什么、何时、何地、怎样"等问题。描述性市场调研暗含一个假设，即管理者已经知道或掌握了问题背后的基本关系，知道调查什么。描述性市场调研只能证实变量之间的相关关系，不能证实其因果关系。这类调研系正式市场调研，要求有完整的调查方案。调查方案的内容一般包括资料来源、调查方法、调查手段、抽样方案和联系方式等方面。在业务实践中，大量的市场调研都属于描述性市场调研，如对产品、销售渠道、竞争对手等的调查。

因果性市场调研建立在描述性市场调查的基础上，是为了研究市场有关变量与其他市场变量之间的因果关系而进行的研究，从而回答"为什么"这一问题。其目的在于找出影响事物变化的关键因素。在因果关系分析中，因变量是指能被预测或解释的变量，自变量是指在实验中市场调研人员可以操纵、改变或修正的变量。在调研项目中，自变量先被假定是导致因变量变化的原因，而后通过调研验证这种假设是否成立。一个展会长久不衰，这是结果，必然有它的背后原因，关于这类课题的研究就是因果性市场调研。

预测性调研是在描述性调研和因果性调研的基础上，对市场未来可能出现的变化趋势进行的估算、预测和推断。其实质是市场调查结果在市场预测中的运用。

二、按主体用途和项目周期划分

从活动生命周期而言，任何会展项目都有一个从孕育、诞生到实施的过程。诞生后，项目的发展周期一般有四个阶段：初期、成长期、成熟期、衰退期。能发挥出"一个展（或会），激活一座城"作用的会展项目，一般都是有旺盛生命力的项目，是能够在成熟期破茧新生、再腾飞的项目。对于处于孕育、诞生阶段的会展项目，会展市场调研是为项目策划而进行，调研的需求者主要是当地政府和未来的会展活动主办方。对于已存在的会展项目，会展市场调研以服务会展项目运营和顾客情报需求为核心，调研的需求者首先来自活动组织方、地方政府和行业管理机构，其需求点在于项目预判与评估。其次来自参展商，其需求点在于会展活动项目选择和最终决策，还可能在于将会展活动作为市场调研平台。

（一）为项目策划进行的调研

为了成功举办一个会展活动项目，主办方在策划之前需要先行做好市场调研，以获取必要资讯，充分研究项目的适合性、市场前景、经济效益和社会效益，优化市场资源配置能力。此类会展市场调研可能由会展企业自行完成，也可能委托外部机构来完成。

通常而言，会展的组织方进行或委托进行的市场调研主要包括以下六个方面。

第一，项目调研。项目调研即选择、确立以什么项目作为一个城市发展会展业的基点的项目调研，为会展活动立项策划和可行性分析做好前期准备。因此，项目调研必须全面了解本地、本区域的经济社会环境、产业结构、地理位置、交通状况、办展资源和展馆条件等因素；优先考虑本区域的优势产业、主导产业、重点发展产业、政府扶植行业，分析目标行业的市场状况，摸清会展项目的行业归属；全面调查分析办展资源，包括人、财、物、信息（目标客户的信息、合作单位的信息、产业信息）和其他社会资源（政府部门、合作伙伴、传媒机构等）。

第二，主题调研。会展活动项目确定之后，项目策划人员还必须就其具体主题进行研究分析。定期举行的会展活动在宣传推广和品牌建设方面具有先天优势，因此，多数会展活动在策划之初都将此为目标，因此，调研的前期准备就显得尤为重要。会展活动的名称、基本理念和主题（应具有延续性和独立性）等都应在相关调研的基础之上予以确立。有时，主题调研还涉及民意调研，广泛了解和听取市民的意见。

第三，场馆调研。其核心是调研场馆服务水平与条件。场馆服务水平包括服务专业化、人性化、规范化、便捷化等方面，不局限于展台策划与搭建服务。场馆条件调研包括硬件与软件两方面。硬件条件调研包括场馆地点、交通情况、周边住宿条件、停车位数量、场馆空间规模、内部空间使用的便利程度、陈列道具的种类、多媒体设备条件、照明、空调、消防等。软件条件调研包括网络通信便利程度、邮政电信便利程度、管理系统等。在美国，美国商务手册出版公司每年会出版《博览会、展销会和展览会手册》，对遍布全国的各级各类展会场馆进行详尽、客观的介绍和评估。

第四，参与活动的人数预测。对于任何大型会展活动，参与活动的人数规模都是重要的指标。人数规模预测会直接影响场馆选择、参展人群筛选、票价定位、办展时间、预算等一系列重大决策。即便对于举办多年的固定展会，人数预测仍非易事，诸多不确定因素都有可能导致预测的失误，如天气条件、突发事件、同类展会竞争等。因此，对于参与活动的人数，并不能简单地根据往届实际参与活动的人数进行估算，应在活动筹备前通过科学调研予以预测。

第五，竞争者调研。随着会展业规模的壮大，同类展会竞争者不断涌现。在相同的行业、相同的主题下，要想成功举办展会，就必须对竞争对手展会的规模、具体参展商、展会时间、效果、满意度等进行详尽的调查研究。同类展会的主办方之间不仅要知己知彼，更要避免恶性竞争，尽可能实现共同成长。新疆与甘肃经济发展水平相似，交易商品相近，新疆有"乌洽会"（现名"中国-亚欧博览会"），甘肃有"兰洽会"。这两个展会几乎同时创办，最初每年办展时间也较为接近，经过战略调整，这两个展会总体上在竞争中实现了共同成长。汽车类展会是我国展会业的红海。2020年，以乘用车为主题的汽车展览数量最多，达580场，占行业类展览总数（2983场）的19.44%。成都车展（CDMS）和广州车展（GIAE）、上海车展（Auto Shanghai）和北京车展（Auto China）是我国车展领域的两对新老竞争对手、四大展会。了解对手，优化竞争战略，对于促进这类展会的可持续发展日益重要。

第六，会展影响评估调研。其主要包括居民意识调研和环境影响调研。一次会展活动，短的1—3天，长的有1个月甚至更长，如BIE（International Exhibitions Bureau，国际展览局）的注册博览会时间可长达250天。一个会展活动，在开闭幕时段跨地区的人流活跃，在展台搭建拆除以及展品进出场馆时的物流活跃，在举办进行时人流和服务需求流都骤然活跃，不可避免地会给举办地的居民生活带来不便，也会对环境产生影响。热情好客的当地居民，是一个会展项目可持续发展必不可少的条件之一；居民的抵触情绪可能给会展活动带来麻烦。因此，主办方在调研时往往也会关注居民意识调研，以尽早发现问题和事先想办法疏导、解释，以期营造出最佳的外部环境。随着会展行业的扩大，展会的环境影响愈发凸显，环境影响调研在会展领域变得日益重要。一方面，有些会展活动在申报时必须提交环境影响调研的预计结论及解决方案；另一方面，随着国家"双碳"目标和绿色发展战略的推进，展会的组织者也需要与时俱进，适应新环境要求，策划出低碳绿色展会项目。

（二）为项目评估进行的调研

会展活动项目评估是对活动环境、工作效果等方面进行系统、深入的考核和评价，是会展运营管理中的重要环节。科学、有效的会展活动评估应当以数据库为基础，通过建立数学模型，得出客观、公正的评估结论。

活动评估调研项目的内容主要包括会展活动的基本情况、主题与设计、营销与后勤服务以及综合效益等方面。

会展活动的基本情况调研的基本内容包括创办时间、主办方、举办周期与时间地点、主要服务内容、主要参展产品、参展商、门票价格、同期举办的展会、联系方式、展会网址，以及展会经济效益与社会效益指标等。

会展活动的主题与展示设计调研主要判断活动的调性。主题调研重在评价主题是否明确、是否服务地方经济以及其延续性和推广效果如何。展示设计调研主要关注展示的内容、手段、技术、科技含量、效果、成本等。随着绿色会展的发展，环境指标在会展活动的主题调研与展示设计调研中的重要性将不断提高。

会展活动的营销与后期服务调研主要包括三个方面。第一，招商组展调研，重点调研招商方式、招商成本、招商时间、组展筹备时间等。第二，广告宣传调研，主要关注广告宣传手段与策略、广告投入、新闻宣传策略、新闻稿数量、促销活动等。第三，会展活动后勤服务调研，包括活动指南、食宿安排、交通服务、展会会刊等。

会展活动的综合效益调研包括经济效益、社会效益和环境效益三个维度。经济效益维度调研包括参展商数量与分布（区域分布、行业分布、级别分布等），观众规模、来源与分布，签约项目数与成交额，以及参与者特别是参展商的满意度等。社会效益维度调研包括相关行业受益情况、社会反响、市民态度等。环境效益维度调研包括展会的资源消耗、碳排放、垃圾排放、资源节约及循环利用、节能减排、绿色产业促进等方面。

当前，会展活动评估调研的内容比较表面，还停留在对参与企业数量、观众人数、成交额等数据的统计和整理上。未来的会展活动评估应紧密结合市场环境和走向，深化评估内容，以服务会展活动的管理优化与可持续发展。

（三）为会展项目选择决策进行的调研

这类调研主要服务于参展方。会展项目是有效实施营销计划的媒介平台之一。企业在众多同类会展项目中做出选择并决定成为参展者的过程中，通常会考虑很多因素，但遵守共性的选择原则——"恰当"原则，包括恰当的主题、恰当的形式、恰当的地点、恰当的时间、恰当的价格。在众多项目中，企业一般会优先选择能够在各方面实施有效控制的会展项目。为参展商提供会展项目选择与决策的调研时，以展会项目为例，一般包括展会目标市场、展会的声誉与影响力、展会举办的时间与地点的适宜性、参展所需基本费用等。

（四）以会展活动为平台的调研

以会展活动为平台的调研本质是参展企业的市场营销调研。其调研内容一般应包括市场潜力预测、市场特征明确化、市场份额分析、经营倾向分析、竞争产品研究、短期观测、新产品接受程度与潜力。这些营销课题通过日常的市场调研也可以实现，但是会展活动日益成为企业市场调研的重要渠道和平台。

第三节　会展市场调研的过程、方法和途径

一、市场调研的过程

会展市场调研的过程主要包括三个阶段、八项工作。在调研实施前，有四项工作。首先，识别问题并明确具体的调研目标。然后进行调研设计（调查的对象、内容、计划、费用预算等）、调研方法选择和调查抽样等三项工作。在调查实施阶段，核心工作是样本收集，样本收集需进行必要的过程控制（调研记录、阶段总结、动态调整、样本资料整理）。调查实施后的核心工作包括数据分析、报告撰写与提交、后期跟踪三项（图4-2）。

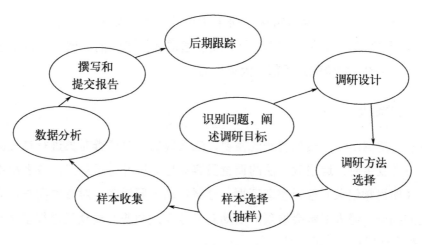

图4-2　市场调研过程

正确识别问题，即问题定义，是市场调研过程中重要的第一步。如果问题没有被正确地定义，调研目标就会出现错误，市场调研的整个过程就是对时间和费用的一种浪费。理论与知识筛选，如行业或专业理论的筛选，是识别问题不可或缺的基础性工作。正确界定调研问题，一般需要经历如下几个步骤：① 识别问题或机会；② 了解调研动机，即为什么搜寻这些信息；③ 通过探索性调研搞清楚决策环境，以便深刻理解调研主题；④ 通过症状明确问题，要通过症状锁定真实问题，例如，顾客流失属于症状问题，顾客流失各类可能的原因是真实问题；⑤ 将管理问题转变为市场调研问题；⑥ 确定信息是否已经存在；⑦ 判断问题是否有解；⑧ 阐述调研目标。

问题定义过程的最终结果就是形成调研目标。关于目标，应根据回答调研问题所需的具体信息加以准确表述。经过精心分析生成的目标，既可以作为调研项目进展的指示图，也可以作为管理者评价调研质量和价值的尺度——目标可以实现吗？从目标和调研结果中可以得出合乎逻辑的建议吗？调研人员的首要任务是判断所要开展的调研是描述性的还是因果性的。调研人员经常以假设的形式陈述调研目标。假设是关于两个或更多变量之间关系的推测性表述，这些关系可以通过经验数据加以检验。假设在给定信息的条件下被认为是合理的初步陈述。好的假设中要检验的关系应该有明确的意义。

调研完成后，重要的是付诸实施。管理者应该决定是否实施所提出的建议，以及为什么实施、为什么不实施。因而，应进行后期跟踪，这有助于提升会展单位的市场调研业务水平。

二、市场调研的方法

调研人员根据调研项目的目标选择描述性调研或因果性调研后，下一步的工作就是确定收集数据的手段。会展市场调研中常用的方法主要有观察法、调查法（询问法）、实验法和文献法四种。观察法和文献法通常是描述性的；调查法以描述性的为主，也有因果性的；实验法几乎都是因果性的。

（一）观察法

观察法是指调研人员根据调研的需要，深入现场，对调查对象进行直接的观察或测量。当事件发生时，运用观察法的调查员客观地见证并记录信息，或者根据以前的现场记录（如视频记录）编辑整理证据。会展活动主题明确，对参展商与观众已经进行了明确的细分，绝大多数会展项目活动对专业观众和普通观众又进行了区别，因此在客观上符合使用观察法的条件。

会展调研所使用的观察法可分为非参与观察法和参与观察法两类。

非参与观察法的做法是将受访者视为局外人，不参与调查活动，调查员从旁进行观察，在印制好的记录单上予以客观记录。调查员的观察不应打扰被调查者的行为，最好能够避免引起被调查者的注意。另外，也可以安装一些被允许的装置进行机器观察，如流量计数器、条形码识别仪、录像机、现场监测仪等。

参与观察法是指调查员要和被调查者直接相处并与其一起活动，以便更深入地了解被调查者的观察方法。参与观察法仍以观察为主，调查员可以作为会展中的一分子，参与产品试用、参加专业研讨等，有的放矢地进行观察研究，佯装成参观者考察本会展及同类会展活动的情况，在会展市场调研中往往能收到理想的效果。许多会展公司都是利用这种方法来考察自身及竞争对手的会展服务内容与质量，以及参展商、观众对会展活动的评价等。

（二）调查法

调查法（询问法）是由调研人员事先拟定调研提纲，然后请被调查者回答相关问题，以此来收集资料和获取信息的调查方法。这种调查方法被广泛采用，包含问卷调查法、网络调查法、焦点小组访谈法、深度访谈法等。

问卷调查法在调研中最为通用，包括个别访问法、集体访问法、电话访问法、邮递法、留置法、计算机访问法等。

网络调查法是通过互联网向被调查者提出问题、收集信息的方法。它基本等同于问卷调查法中的计算机访问法。网络调查法的操作方式主要有三种：网上会展搭载的调研，门户网站的会展频道搭载的调研，以及E-mail、微信等电子邮寄问卷法。

焦点小组访谈法（小组座谈法）主要用于获取对问题的理解和深层了解，是一种探索性研究。该方法采用小型座谈会的形式，挑选一组同质的消费者或专业客户，由经过训练的主持人以一种无结构、自然的形式与一个小组成员进行面对面讨论。在会展活动中，同质业内专业人士汇聚一堂，具有实施焦点小组访谈的便利条件。这种调研方法的优点是能够集思广益，而且意见反馈迅速，更有可能碰撞出不同的想法。但是，这是一种看似简单但组织起来并不容易的调研方式。它对小组成员的要求较高，对主持人的要求更高。组织者需要将目标人群聚集在一个房间内，记录大家的对话，不断就各种话题向大家提问，并从大家的讨论中提炼出有价值的观点。如果组织者没有控制好节奏，访谈是有可能偏离主题的。

深度访谈法是调研人员通过与受访者的交谈（通常是面对面的交谈）来深入了解信息的一种调查方法。在会展市场调研中，深度访谈的对象主要有参加会展的重要官员、学者，以及参展企业的高层管理者和重要观众等。这类人群在日常的深度访谈操作中皆是难以接洽的对象，会展活动这样一种特定环境有助于达成相互间的融洽关系。深度访谈法的优点是了解深入、反馈迅速、可控性强，不足在于时间、资金和人员成本相对较高，对调查人员的综合素质和访问技巧的要求也较高。比较常用的深层访谈技术主要有三种：阶梯前进、隐蔽问题寻探以及象征性分析。访谈时应注意下列问题：① 做好充分的准备，事先了解访谈对象，设计好访谈提纲，尽可能地结合受访者当时的具体情形开始访谈，创造轻松愉快的访谈环境；② 访谈的问题应该由浅入深、由简入繁，循循善诱，不断启发受访者把自己所知道的事情讲出来；③ 要多问"为什么"，启发受访者谈出自己的理解；④ 每个问题要明确、具体、通俗，以便受访者能够直截了当地用简短、明确的话答复；⑤ 控制好访谈内容，避免谈话跑题；⑥ 随时进行记录。与焦点小组访谈法一样，深度访谈法主要也是用于获取对问题的理解和深层了解的探索性研究。不过，深度访谈法的使用不如焦点小组访谈法那么普遍。

（三）实验法

实验法是指在既定条件下，通过实验对比，对市场现象中某些变量之间的因果关系及其发展变化过程加以观察和分析的一种调查方法。在实验时，调研人员从影响调查对象的若干因素中选出一个或几个作为实验因素，在其余诸因素均不发生变化的条件下，了解该实验因素变化对调查对象的影响。在所有的市场调研方法中，实验法在时间、资金、人力上的投入都是相对较大的，且对调研环境、技术、人员素质的要求都很高。

对会展活动而言，实施真正意义的实验调研是很困难的。然而，实验法的思路和手段值得借鉴。例如，在节庆活动中设置试验区域，请消费者现场试验产品功效，一方面可以起到宣传促销的作用；另一方面也可以为参与观察的调查员提供条件进行观察、记录。

（四）文献法

文献法，也称二手资料调查法，是调研人员从各种文献、档案等既有资料中收集信息的一种调查方法。二手资料作为相对于原始资料而言的现成资料，根据是否来自会展企业的内部，分为内部资料和外部资料。其中，内部资料是企业的营销、客户管理、财务等部门经常记录或收集的资料，如参展商的参展申请、销售资料、财务报表等；外部资料常见的来源渠道有政府统计部门、行业管理部门、行业协会、会展组织、新闻媒体、专业刊物和网站、科研机构等。文献法是一种相对快捷、成本较低的调研方法，通常适用于对某一行业会展市场的总体情况、会展项目的外部环境评价等一般性问题的调研。

三、市场调研的途径

市场调研的途径，按数据来源形式，可以分为案头调研和实地调研两大类，相应地形成了一手数据和二手数据。案头调研也是文献法，即收集已经存在的市场数据。成功进行案头调研的关键是发现并确定二手资料的来源。实地调研是指由调研人员直接从目标对象（如消费者、竞争对手、供应商等）处收集原始数据。前述提到的观察法、调查法、实验法均属于此类。当市场调研人员得不到足够的第二手资料时，就必须收集原始资料。实际上，会展市场调研几乎总是同时使用这两种调研途径。因为调研员需要先通过案头调研掌握展会的基本信息、外部环境等，然后才能设计合适的调查问卷或实验方案。

市场调研的途径，按调研业务实施渠道，可以分为自主调研与委托调研两种。在一些企业，其内部组织或个人在开展市场调研前可能要先提交调研申请（Research Request）并获得正式审批。一般来说，在大型组织中，营销调研申请的数量远超过调研资金可以覆盖的调研数量。因此，可以将调研申请作为配置稀缺调研资金的手段。在调研过程中，调研人员在调研申请方面所做出的努力将直接反映在提供给决策者的信息的质量上，因为它将引导调研设计、样本收集、数据分析和调研报告等高度集中于调研目标之上。表4-1列出了一份正式的调研申请的内容组成。

表4-1　调研申请的内容组成

内容	意义
行动：描述依据调研将采取的行动	有助于决策者集中关注那些有意义的信息，并引导调研人员进行调研设计和分析结果
起因：陈述导致行动决策的事件	有助于调研人员深入了解管理决策问题的性质

内容	意义
信息：列出采取行动所需回答的问题	有助于提高调研的效率，确保调研问题有意义
应用：解释每条信息对制定决策的帮助	有助于增强调研内容的合理性，确保调研问题有意义
目标群体：描述从哪些人那里获得信息	有助于调研人员设计调研项目的样本
后勤：人、财、物等方面的费用预算	有助于平衡时间和预算限制与选择调研技术
评论：说明其他有关调研项目的事宜	有助于帮助调研人员充分了解问题的性质

当调研采用委托外包形式时，市场调研的核心工作过程是制作需求建议书（也称建议邀请书，Request for Proposal，RFP）和筛选调研企业。RFP是有调研需求的企业向市场调研公司发出的邀请，包括招标书。作为回复，候选调研企业将提交一份关于他们将如何处理项目的调研方案建议书，涵盖从所需资源到成本的全方位内容。调研方案建议书是一份包括调研目标、调研设计、完成时间和调研成本的文件。绝大多数调研方案建议书的篇幅比较小（3—5页），可以通过E-mail传递给客户。

第四节　会展活动项目可行性分析

会展活动策划是建立在项目立项分析和可行性分析基础之上的。只有可行性评估结果为"可行"的项目提议，才可以付诸实施。该项目是否能实施，还取决于管理者的决策。项目实施"可行"并不等同于一定成功实施，只是表明具有相对高的成功概率和相对低的失败风险。但是，对于可行性评估结果为"不可行"的项目提议，管理者"明知不可为而为之"时，企业面对的失败风险概率是极高的。

项目可行性分析一般是基于项目立项分析进行的，是项目立项分析的延续。当项目规模不大时，项目立项分析与可行性分析通常合二为一，以可行性分析或立项分析的形式一次性完成。对于会展活动而言，项目立项分析的核心是对"举办什么题材的活动"和"如何举办该活动"提出初步意见，项目可行性分析的核心则是对立项的会展活动"是否值得举办""如何举办"进行分析和论证。

一、会展活动项目立项分析的内容

会展活动项目立项分析，是对一个新的活动所涉及的一系列事项进行论证和初步规划与设计，核心是阐述其立项的原因、理由与目的，确定活动的基本框架，并形成立项策划书。会展活动项目立项策划书一般包括如下几方面的内容。

（一）会展活动的定位

在会展活动项目立项分析中，会展活动定位包括形式定位（哪类会展活动）与题材定位，其核心是要确定"举办什么题材的活动"，着重调查分析会展活动"有什么""是什么"。一般还要明确活动的举办目标、目标人群、活动主题等，要尽可能有鲜明而独特的活动形象。内容需根据举办机构自身内部的资源条件、外部的环境条件及市场供需情况来综合确定。

会展活动定位过程也是对立项的原因、理由和目的进行分析与阐述的过程。

（二）会展活动的名称

会展活动的名称通常由三部分组成：基本部分、限定部分和行业标识。基本部分用于说明会展的基本性质和特征，如博览会、展销会、洽谈会、论坛、时装周、旅游节等。限定部分用来说明会展活动举办的时间、地点，以及活动的规模和性质等。举办时间的表示办法有三种："届""年""季"，其中"届"最为常用，它强调活动举办的连续性。举办地点一般在活动的名称中要有所体现。体现会展活动规模和性质的词语主要有"国际""世界""全国""地区"等。行业标识用来表明展览题材和展品范围。例如，在"2023第二十五届中国北京国际科技产业博览会"（简称"北京科博会"）的名称中，"博览会"系基本部分，说明了该会展活动的性质与特征；"博览会"之前的部分属于限定部分，"2023""第二十五届""中国北京""国际"分别说明了该展会活动举办的时间、地点和级别性质；"科技产业"是该展会活动的产业标识，进一步明确了该展会活动的行业属性。

会展活动的名称，以及标识、主题等，应当符合国家与地区关于会展管理的有关规定，不得损害国家利益、社会公共利益，不得违背公序良俗或者产生其他不良影响。举办单位使用会展活动名称和标识时，不得实施混淆行为，让人误认为是其他举办单位的会展活动或者与其存在特定联系。

（三）会展活动的举办地点、时间和频率

会展活动举办地点的策划是由粗到细、逐步确定的。首先要确定举办地，即在什么地区举办，主要是要考虑会展活动的性质、定位、所涉及的产业和行业，以及举办地区位与环境条件等因素。其次还要确定在指定地区的哪一场馆举办，主要考虑场馆规模与使用成本，以及交通、住宿等公共服务配套等因素。当举办地没有配套场馆时，应提出场馆建设需求。

会展活动的时间安排是指计划在什么时候举办所策划的会展活动。会展活动的日程安排一旦确定，在以后的活动举办中基本是稳定的。因此，活动的时间安排要经过充分的调研，既要兼顾会展活动的性质，也要兼顾同期和同类竞争性展会的举办情况。

会展活动的举办频率安排是要说明是该活动拟定期举办还是不定期举办，如果是定期举办，一年举办几次还是几年举办一次。

（四）会展活动的举办机构

会展活动的举办机构是指负责会展活动的组织、策划、招展和招商等事宜的有关单位。根据各单位在举办会展活动中的作用，举办机构一般包括主办单位、承办单位、协办单位、支持单位等。

主办单位是指负责制定会展的实施方案和计划，对会展活动进行统筹、组织和安排，并对会展活动承担主要责任的组织。以展会为例，我国展会的主办者主要包括各级政府部门、各级贸易促进机构、各类行业协会和商会以及部分规模较大的企业等。有人认为会展活动的主办单位是指具有国家主管部门批准的有报批会展项目的单位，这种认识是片面的，即将其局限于政府审批类会展的范畴。主办单位是会展活动的发起单位，拥有会展项目的所有权。

承办单位是受主办单位委托，承担、协助、参与展会策划或运营的组织。承办单位是一次会展活动实施方案的具体执行者，直接负责展会策划、组织、操作与管理，并对会展承担主要财务责任，一般需要通过竞标的形式才能取得承办资格。

协办单位是指协助主办单位或承办单位举办会展活动的组织。协办单位一般是对活动给予人力、资金或场地等方面支持的单位。例如，负责会展的部分策划和组织工作的单位，协助进行招展、招商和宣传推广。

支持单位是指向一次会展或其相关活动提供有效资源的组织。支持单位对主办单位或承办单位的会展活动工作起着直接或间接的支持作用，如帮助组织人员参展、提供赞助资金和政策协助等。支持单位有时也承担一些招展、招商和宣传工作。

（五）会展活动的目标和规模

会展活动的目标是会展策划、筹备、活动执行、后续等一系列工作的方向，也就是评价每一项工作的基础和标准。因此，应遵循市场规律和经营原则，重视并做好会展活动的目标策划工作。

会展活动的规模与其项目要实现的目标相关。从定性的角度看，会展活动的规模一般可分为国际、国内、地区和地方四类。定量的会展活动规模分析是对关键指标进行预测和规划，包括参展单位的数量和观众的数量，对于展览类活动，还包括展出面积指标。会展活动涉及的产品和产业的特征，以及活动对观众数量和质量的限制都会影响会展活动的规模。此外，会展活动规模还受竞争展会、举办地的服务能力和知名度，以及举办时机等因素的影响。相关部门预测和规划会展活动的规模时，应对各类影响因素进行系统考虑。

（六）会展的产品范围

在展览类项目的立项中，展品范围要根据展会的定位与目标、办展机构的优劣势，以及展会涉及的产业或行业范围等多种因素来确定。非展览类会展活动立项可能不涉及这些内容。

（七）会展的招展、招商和宣传推广计划

招展、招商和宣传推广工作是会展项目实施过程的重要组成部分，在立项策划时必须有所考虑，形成基本的框架。实施时需要对之进行专门的策划和安排。这部分应符合顾客导向和需求导向，注重与目标客户之间的双向信息交流，以掌握一手资料。

（八）会展项目的进度计划、现场管理计划和相关活动计划

会展项目的进度计划是对会展的各项工作统筹进行时间安排。

现场管理计划是指对开幕后的会展现场做出有效管理计划，一般包括活动的开幕计划、现场工作计划和管理计划等，对于展览活动，还包括布展与撤展管理计划。这部分的主要目的是初步考察项目各方面策划的可行性。

会展的相关活动计划是要指对会展举办期间的主要活动做出计划。相关活动按内容可分为以下几类：① 礼宾活动，如开幕会、闭幕会、招待酒会、领导会见等；② 交流活动，如论坛、研讨会、技术交流会、报告等；③ 活动贸易，如贸易洽谈、项目介绍、意向签约仪式等；④ 传播活动，如新闻发布会。一个会展活动项目包含哪些具体活动，要结合项目的性质、规模、目的，以及活动相关产业的性质等统筹考虑。

二、会展项目可行性分析的内涵和作用

会展项目可行性分析是在会展活动启动之前，对自然、政治、社会、经济、科技等方面进行调查及系统分析、判断和比较，综合评价其可行性、必要性和经济效益，并确认可行的投资建设方案。它是对会展项目的前期调查和预测，旨在解决决策者对该项目是否应该进行投资和如何安排、组织该项目的问题。

对会展项目进行可行性研究，主要是为了帮助决策者判断项目是否可以投入实施。

一旦实施，会展项目可行性研究还可以作为项目管理的依据。其作用表现在以下五个方面。

第一，确定项目的可行性。会展活动项目建设之前，必须对其进行可行性研究，了解该项目的实际情况和建设条件，从而明确项目的真正价值，判断这个项目是否可行。

第二，作为项目投资决策的依据。会展项目可行性研究中对项目环境、建设条件、效益产出、政府支持等的分析，可以形成投资需求与计划（包括融资方式、金额、财务管理办法）。这部分的结论是投资决策的依据，也是确定投资金额标准、选择投资方式的依据。

第三，作为规范项目和评价项目的参照。会展项目可行性研究在项目建设中既是一项重要的前期工作，也是一个有效的规范性文件。会展项目可行性研究对项目的各个方面进行详细分析、评估和比较，使得项目建设与运营过程不至于偏离轨道，从而有效地规范项目的建设流程与运营。"可研"提出的预计效果数据是衡量活动实施效果的参照标准。"对标"评价活动的绩效水平，可以判断活动的举办质量和不足，从而为举办机构持续改进活动提供参考依据。

第四，优化资源配置，促进整合创新。会展项目可行性研究会系统考虑和分析各类相关资源，形成资源充分利用和优化配置的方案，保障项目的完成。这一方面可以减少、避免会展活动本身的资源浪费，促进会展业的资源整合创新；另一方面还可以通过会展活动的产业关联的特性，在更大的范围内促进资源整合，从而助力区域经济高质量发展。

第五，优化项目策略，提高项目成功率。会展项目可行性研究会系统调查和分析项目的各个方面，包括内外部环境、收益、风险、成本等，清晰指出项目的特点优势、缺点不足以及发展机会与可能面临的危机，并提出具体的解决方案。这些信息是优化项目策略的重要依据，有助于避免不必要的活动实施风险，提高项目的成功率，提升项目的经济效益和综合发展能力。

三、会展项目可行性分析的步骤和工作重点

会展项目可行性研究一般采取国际通行的"六步法"，结合会展项目的实际来开展。在项目预评估过程中，步骤可以简化处理。其具体步骤和工作内容如下。

第一步，可行性研究开始阶段。确定会展项目可行性研究的范围，包括会展项目的大小、类别、地域等；进行会展项目宏观环境的背景分析；明确会展项目主办者的要求与目标。

第二步，调查研究阶段。主要是对前述的市场环境、竞争环境、会展举办地条件及自身条件进行分析等。

第三步，优选方案阶段。围绕项目要素目标，将会展项目的市场、资源、投入、产出等方面进行组合，设计出各种可供选择的方案，然后对备选方案进行详细讨论、比较，要定性分析与定量分析相结合，最后推荐一个或两个备选方案，指出各个方案的优缺点，供决策者选择。这一阶段相当于机会分析和初步可行性分析阶段。SWOT分析法❶是这一阶段惯常采取的方法。环境影响评价也是这一阶段不可或缺的工作内容，特别是对于重大会展项目而言更是如此。

第四步，详细研究阶段。这是可行性研究最为核心的阶段。需对最优方案进行详细的分析研究，进一步明确项目的具体范围，并对项目的经济与财务情况做出评价。其中，目标市场定位的深入分析十分重要。定位时需考虑会展类型、产业标准、地理细分、行为细化等因素，同时进行风险分析，预判不确定因素变化对会展项目经济效益所产生的可能影响。在这一阶段得到的结果必须论证出项目在政策可通过审核（最好是鼓励性项目）、技术上的可行性、条件上的可达到性、进度可保障性、资金的可筹措性和风险的可化解性。这一阶段相当于详细可行性分析阶段。

第五步，编制可行性研究报告阶段。关于会展项目可行性研究报告的内容，目前国家还没有统一规定。但是，对工业项目、技术改造项目、技术引进和设备进口项目、利用外资项目、新技术产品开发项目等有相关规定。会展项目可行性研究报告一般是参照这些项目可行性研究报告的内容和体例，结合会展项目自身的特点来编制的。

第六步，资金筹措计划。关于会展项目的资金筹措，在项目方案选优时，已经做过研究，但随着项目实施情况的变化，也会导致资金使用情况的改变，这就需要编制相应的资金筹措计划。同时，优选方案的资金计划应更为翔实、可行。

四、会展项目可行性分析报告的内容

会展项目可行性分析报告一般包括会展题材的可行性、会展执行方案的科学性、会展财务预算的合理性和会展风险的可控性。

会展项目可行性分析报告的基本框架一般包含但不局限于如下几部分。

（1）总论（引言）：阐述会展项目背景、主题等。

（2）会展项目目标和范围：阐述主要目标、具体目标，以及范围大小、举办意

---

❶ SWOT分析法是一种综合考虑企业内部条件和外部环境的各个要素，进行系统评价，从而选择最佳经营战略的方法。SWOT分别指 Strengths（优势）、Weaknesses（劣势）、Opportunities（机会）、Treats（威胁）。

义等。

（3）宏观市场环境分析：包括产业环境、人口环境、经济环境、技术环境、政治法律环境、社会文化环境等。

（4）产业市场分析：从微观和微观市场环境出发，主要分析供应、需求、销售渠道、目标群体、市场趋势、竞争态势和策略等。

（5）会展项目的实施可行性：主要包括会展地址、规模、合作、团队组织、营销手段、资源、时间与质量规划等。

（6）备选方案分析：确定若干备用方案，分析各自的优势与劣势，进行综合评估。

（7）投资效益分析：包括成本计算，销售额、利润与收益预测等。

（8）风险分析与评估：分析风险来源、性质、发生的项目阶段特征，评估风险的危害及其等级，提出风险规避方法。

（9）结论和建议。

对于一些重大会展活动项目，可行性分析报告还须纳入建设工程、环境影响评估等内容。这类会展活动可行性分析报告的内容一般包含项目的市场需求、资源供应、建设规模、工艺路线、设备选型、环境影响、资金筹措、盈利能力等方面。

本章小结

本章是会展活动策划的基础篇，主要阐述了会展市场调查的功能、内涵和供需者，会展市场调研的类型和内容，会展市场调研的过程、方法和途径，以及会展项目可行性分析研究。这些内容具有较强的理论性和实践性，还具有多学科交叉的特性，需要置身于真实社会场景和多学科的海洋中理解和应用所学内容。掌握会展调研设计和项目可行性分析设计的框架，学会如何调研和进行可行性研究设计，还需要读者自主搜索战略管理、经济学、策划学、广告学等学科的相关内容。这本身就是一种调研实践。

思考题

1.如何确定会展市场调研的方法和内容？

2.在会展活动市场调查中，如何定义问题？

3.分析会展活动策划、会展活动立项分析与会展活动可行性分析之间的相互关系。

4.阅读如下材料，分析为何乔布斯说"That's why I never rely on market research"。

Some people say, "Give the customers what they want." But that's not my approach. Our job is to figure out what they're going to want before they do.I think Henry Ford once said, "If I'd asked customers what they wanted, they would have told me, 'A faster horse!'"

People don't know what they want until you show it to them.That's why I never rely on market research.Our task is to read things that are not yet on the page.

 ## 项目训练

小赵是一名在校大学生，拟在其就读的学校发起"校园绿色环保周"活动，计划每学期举办1次。假设你和小赵是同学，小赵邀请你共同参与这项活动的策划工作。

1.撰写一份市场调研工作方案。

2.撰写该活动的立项分析报告。

3.撰写该活动的可行性分析报告。

第五章

会展活动的目标与主题策划

 案例导引

首届"新国潮·新文创·新消费"文化展览会在深圳成功举办

2023年8月19日，首届"新国潮·新文创·新消费"文化展览会在深圳会展中心（福田）8—9号馆开幕。四大主题展区，有超过500家参展单位，展品种类涉及文旅、文创、艺术、科技等多个领域，吸引了不少年轻观众前来观看。

这届展会充分发挥了国家对外文化贸易基地（深圳）的平台作用和自觉服务中小微企业的责任使命，为全国文创产业发展做出积极探索。这届展会融合不同领域，激活消费市场，延伸产业链条，帮助深圳打造"国潮"文化新高地。展会分为"风""花""雪""月"四大主题展区，即"东方风"，展示文化创意产品和文创IP内容；"山茶花"，展示文化融入生活的内容；"天山雪"，展示文化旅游、文化体育内容；"秦关月"，展示非遗传统文化内容，共有超500家单位参展，展品多达上千件。展会现场人潮涌动，络绎不绝，衣着时尚的年轻人对展位上琳琅满目的文创产品爱不释手，并在现场的多个打卡点拍照留念。

思考：

1.根据以上资料搜集相关信息，思考这个展览为什么能够吸引大量年轻人参加？

2.请分析该展会将"新国潮·新文创·新消费"作为主题，有何价值与意义？

第一节　活动需求分析

　　会展活动一般是由多个利益主体，如主办方、承办方、协办方等组展商所开展的大型活动，如展览、会议、节事活动、体育赛事与文艺演出等。参与会展活动的主体类型多样，既有组织，也有个体，如企业、政府、慈善机构或非政府组织、专业观众、普通观众等。其中参与的企业又可划分为参展商、服务商等任务分工更加细致的组织，这些不同类型的参与主体都有着各自的利益诉求，即举办的每个会展活动都汇集了参与方的不同需求。因而，开展一项会展活动，能够明确主体的期望、明确主体的动机，即确定会展活动的目标市场及其需求，对于制定活动目标、确定会展活动选题、实施主题策划都有着非常重要的意义。

一、会展活动的参与主体

　　会展业是一个汇集各种性质组织的综合性行业，由多种类型的组织构成，包括政府部门、非政府组织，以及各种企业，如会议策划或服务公司、组展类公司、展览代理公司、交通运输公司、会展设计和搭建公司、活动公关公司等，甚至有些文化、旅游类公司也为会展行业提供服务产品。

　　虽然构成企业行业的组织类型多样，但其在会展活动中所起到的作用却有较大差别，扮演着不同的角色。如有的参与主体居于主导地位，包括组展公司、政府部门、行业协会类非政府组织，往往是这类会展活动的主办方或主要的承办方。然而，大部分参与主体则处于从属地位，主要包括为交通运输、展览代理、会展设计和搭建等提供服务的企业。

　　此外，能够对会展活动产生关键影响的参与主体，是参加会展活动的重要客户，如隶属于某个行业的参展企业或专业观众。参展企业作为会展活动的服务对象，是活动收入的主要来源，是会展活动这个舞台上的主角，其需求内容与方向往往决定了会展活动需要提供的核心产品与服务。与之相对应的则是专业观众，其同样是会展服务的重要对象，是会展活动中促成交易不可或缺的采购方或消费者。

　　因而，理解政府部门、行业协会、组展企业、参展企业、专业观众的需求，是会展活动需求分析的关键与重点，对会展活动的选题、策划、内容与服务都能起到决定性作用。

二、参与主体的动机与需求

由于利益诉求的差异，不同的参与主体存在着不同的动机。考虑到参与主体的性质，政府部门与行业协会更加注重整体效益，而各类企业则首推经济效益。考虑到参与主体的功能，办展机构、参展商、观众、活动场馆的需求更需要得到重视。

1.政府部门

在我国，政府在会展产业发展中居于主导地位。政府部门从整个区域的利益出发，推动、引导会展产业发展，其举办会展活动的目标往往着眼于整个区域。如以会展活动的举办为契机，促进信息、资金、行业、人才的交流，吸引更多人关注，搭建起产业发展与交流的平台；或者以会展活动的举办为示范，促进行业繁荣，引领产业发展，创新工作思路，示范运作模式；或者通过会展活动展示城市文化，美化城市环境，提升会展的品牌化、国际化水平，全面打造城市形象，提高城市的知名度和影响力；或者通过会展活动引进一批人才，锻炼一支队伍，积累办展经验，提升会展产业发展水平。

2.行业协会

行业协会作为行业内众多企业参加的非政府组织，是企业与政府部门沟通的桥梁，具有信息丰富、熟悉行业、与企业联系紧密的优势，往往是举办会展活动的主力，举办会展活动同时也是行业协会自身的一项重要职能。

行业协会代表的是整个行业企业的利益，因而举办会展活动的首要目标就是维护企业利益，促进行业发展，使行业企业通过会展活动销售产品、交流信息、学习科技、增强创新能力。行业协会作为沟通企业与政府的桥梁，同样也负有落实政府产业发展政策，提升行业竞争力的责任，即依据政府制定的产业发展政策举办相应的会展活动，促进展会的品牌化发展。

3.参展商

参展商受办展机构邀请，订立参展合同，展览期间在场馆展示产品或服务以求获得贸易机会。参展商缴纳的参展费用是办展机构最直接的收入来源，其之所以参加展会，最主要的目的就是展示产品或服务，同时能够获得交易的信息或机会。特别是通过留下参观者的联系方式与信息，可以更具针对性地开发新的代理商或消费市场。对于参展商而言，最主要的目的即在于此。同时，在展会中收集竞争对手的相关信息，也是参展商的另外一项任务，包括产品设计、技术创新、成本与价格、行业企业的地域分布与规模等信息，均可以通过会展活动的参展企业和历年变化而有所体现。此外，参展商还可以通过与专业观众、消费者的交流，获得最新的市场需求信息。参展商还希望参加的会展活动具有更高的知名度和影响力，以吸引更多的采购商，从而获得更多的交易机会。

4.专业观众

观众包括专业观众和非专业观众，专业观众是每个会展活动都十分重视的群体，即某个行业内从事产品研究、设计、生产、销售的专业人员，其中专业观众中负责采购的人员更是重中之重，其数量、规模、质量会影响到会展活动的交易量和交易规模。因而，专业观众与境外观众的数量在总观众中所占的比例，体现了一个展览的水平和档次。对于采购商而言，首先需要大量的参展企业信息，以及采购产品的技术、成本、质量与价格等信息。其次，采购商希望获得一定的保障，即产品信息的真实性，以及交易过程的保障。同时，能够在交通物流等方面获得相应的便捷服务。

三、参与主体需要的信息

虽然不同参与主体对会展活动的需求各有侧重，但为了满足各参与主体的需求，需要收集各种信息。信息纷繁复杂，归纳起来，主要包括产业信息、细分市场信息、展会信息。这些信息可以通过相关渠道进行收集、整理和分析，对于整合各方需求、凝练会展活动主题、提升会展活动的服务水平有所帮助。

（一）信息内容

1.产业信息

产业信息主要是体现本行业发展基础、现状以及未来趋势的相关信息，这是主要参与主体都十分关注的内容。这类信息能够帮助各方了解行业发展整体状况，判断行业发展重点与困难，明确自己所处行业环境，决定未来发展方向与模式。产业信息的内容主要包括产业周期（投入期、成长期、成熟期和衰退期）、产业规模（生产总值、销售总额、进出口总额和从业人员数量等）、空间分布（产品的分布、地区的分布）、厂商数量（潜在参展商和专业观众）、产品销售渠道等内容。这些信息能够反映出一个行业发展的基本状况，是各参与主体做出决策的重要依据。对于政府部门、行业协会、组展企业而言，这类信息则是制定行业发展政策、组织行业展会更为重要的决策依据。

2.细分市场信息

许多展会往往是针对某一特定目标市场所开展的活动，如以房车为主题的展会和以新能源车为主题的展会。细分市场信息，如市场规模、市场竞争态势、经销商数量和分布状况、行业协会状况、市场发展趋势、相关产业状况等更有价值，是许多企业很难获得的，更是组展机构确定选题的重要依据，也是许多参展商选择到什么地方，在什么时间参加哪个展会的重要参考。

3.展会信息

无论对于组展机构、参展商，还是对于观众而言，都需要了解许多展会信息，但目的又有所区别。组展机构需要了解众多展会的信息，以便做出决策，如选择什么样的主题，开展何种策划。对参展商与观众来说，则有利于其做出最佳的决策选择，即参加哪一个展会。因此，各参与主体都希望了解同类展览会的数量和分布情况，了解本展会相比于同类展览会的竞争优势，以及重点展会的基本情况。

（二）收集主体

一般而言，不同的主体对相关信息的需求存在差异。如政府部门和行业协会，则需要对产业信息、细分市场信息以及展会信息都有所了解，这是进行宏观监管的重要基础，也是指导本区域会展品牌化发展的基础。对于参展商来说，则重点需要加强对细分市场信息和展会信息的了解。观众一般需要重点了解展会信息即可。

因此，政府部门、行业协会、组展机构应作为各方需求信息收集的主体。

（三）收集方法

收集信息的方法有多种，从目前来看，政府部门和行业协会具有优势，但需要形成更加开放的发布渠道，以方便各方查询。此外，针对细分市场信息和展会信息，则需要借助于访谈法、问卷法、网络调查等一些方法进行收集。对于跨区域的其他区域的信息，则有必要建立一定的信息交流与共享机制，从而了解其他区域的相关信息。

第二节　会展活动目标

按照芬兰学者恩格斯托姆提出的活动模型理论，活动的主体会按照自己的意愿策划、安排具体活动；而活动的客体则按照主体的设计，反映出活动的目标和目的。也有人认为活动目标，即活动的目的性，展示的是主体的动机，能够成为驱动活动的主要动力。以目标为导向成为成功举办一项活动需要遵循的首要原则。结合会展活动中各参与主体的要求，合理确定会展活动的目标则成为活动顺利举办、有效推进的重要前提。在实际工作中，确立会展活动目标，也是开展活动策划的首要任务，是会展活动策划的起点。

一、会展活动目标的概念

有研究者认为，找出活动要解决的核心问题，往往是确定活动目标的基础，而各个参与者围绕着核心问题所展开的各项工作，大多也是与活动目标紧密相连的。卢小金在2008年把展会活动目标定义为展会参加者期望通过会展活动达到的目的；许传宏在2007年把会展活动目标定义为展出者期望会展达到的目的，当然还需要根据营销战略、市场条件、展会情况再做最终的判断。

通过上述两个关于会展活动目标的定义可以看出，会展活动目标首先是参与者意愿的体现。不管是展会的主办者还是参展商，甚至是展会的承办方，都希望通过举办会展活动而达到自己的目的。那就意味着会展活动目标并不是单一的，很可能由于参与主体的不同而存在多个目标。比如围绕某个特定的领域，不同性质的参与主体汇集某个城市，共同完成某项体育赛事活动。主办方体育协会的目标可能在于扩大体育项目影响，传播赛事品牌；承办方地方政府的目标可能在于宣传城市形象，提升城市影响力和知名度，完善城市基础设施建设；参加体育赛事的观众的目标则可能在于体验城市文化与生活。同一个会展活动中的不同参与主体，可能都有着相似的目标。比如，围绕某个领域而举行的学术型研讨会议，主办方、承办方、观众等都有着交流学术观点、促进学术进步的共同目标。

我们从展会活动目标的定义还可以看出，众多参与者的意愿需要通过整个会展活动的各个环节体现出来，即在展会活动的策划、招商、推广、实施、宣传等各个阶段，都需要围绕展会的主要目标展开。

参考许多研究者对会展活动目标的理解，我们可以将其定义为汇集会展活动主要参与者的需求与意愿，体现在会展活动的各个环节中并期望最终达到的目的。在此定义中，首先强调了会展活动的目标应体现出主办方、承办方、参展商、专业观众等主要参与者的需求和意愿，只有活动目标符合这些参与者的需求，才能把来自四面八方的参与者汇集到一起。其次，强调了会展活动的目标在整个活动过程中应起到引领性作用，即整个活动都要围绕着核心目标来推进各个环节的具体工作。与其他定义相比较，这样论述更加具体、详细一些。

二、会展活动目标的分类

不同参与主体的会展活动目标也会不一样，从功能上来看，一般可以分出多种类型。有的学者把会展目标分为六种，主要包括建立和维护展出者形象、市场调研、探测市场、建立和巩固客户关系、宣传产品、销售与成交。也有学者针对会展项目的展出目标，提出了十个子目标，有些则是非常具体的业务层面的工作，如结识大的买家，培训现有客户、潜在客户及零售商。德国展览协会则把展出目标分为基本目标、宣传目标、价格目标、销售目标、产品目标五大类，每类目标下面还有更加具体的工作内容。

以上的分类多是针对商业展览而提出的展出目标，当展览的主体为博物馆时，活动的目标又有所不同，如贴近观众生活、引起观众兴趣，根据社会需求来征集、保护、研究和传播博物馆藏品及其信息。即便是一些商业性的会展活动，主办方同样会关注社会效益，如培育展会品牌、扩大展览的影响力与知名度等。

由此可见，参与主体的差异导致了会展活动目标的多样性，并且由于会展活动性质不同，其目标的侧重点亦有所不同。因此，可以根据会展活动的属性，将会展活动目标分为销售目标、信息目标、展示目标、传播目标四种。

1.销售目标

在会展活动中完成销售、促进交易，是会展活动非常重要的一项功能。对于众多商业性展览而言，促进参展商销售、帮助专业观众完成采购，是其基本任务。对于一些非商业性展览或赛事、文艺演出、会议等活动，这一目标则相对少一些。

2.信息目标

通过会展活动了解最新的行业信息，收集市场数据，往往是众多参展商、专业观众要做的重点工作。因此，了解新市场与发展趋势、交流经验、了解竞争对手、了解客户需求、收集客户信息、寻找代理商等众多工作，都具有收集信息、了解市场的作用。

3.展示目标

对于大部分会展活动而言，都需要把自己最具竞争力的一面展示出来。对于一些公益性的展览或活动，同样也有展示文化、展示工作成果的需要。众多商业性展览则更需要把新产品、新发明、新设计展示出来，从而促使消费者采购。

4.传播目标

对于会展活动，以及各类参与者而言，传播相关信息、展示自身形象也是参与展会所需要达成的重要目标。如传播展会或企业信息，塑造展会品牌，增强企业形象，传播合作意向，建立个人关系等。

三、会展活动目标的确定

（一）需要注意的问题

1.目标要形成体系，分清主次

由于参与主体众多，会展活动的目标可能不止一个。而且，有一些大型会展活动，本身就规模较大、时间较长，会展活动目标比较多元。因此，根据实际情况，会展活动目标可以是一个，也可以是多个。当有多个目标时，需要处理好各目标之间的主次关系，形成层次分明的目标体系。如果目标主次不分，势必造成工作人员精力分散、工作效率降低，影响会展活动的质量。

2.目标要具体、明确，切实可行

在确定目标时，要明确体现出各参与主体的利益和诉求，不能模糊不清，或者过于抽象。这种目标不明确的会展活动，在进行招商、推广时，往往很难吸引目标市场的关注。

制定出具体、明确、清晰的活动目标，还要确保目标切实可行，不能定得过高或过低。如果目标过高，会对活动策划产生影响，因为无论如何策划也难以达到预定目标，可望而不可即，目标就失去了指导实际工作的意义。反之，如果目标过低，就缺乏挑战性，不仅难以吸引到参展商或专业观众，也难以调动活动承办方或具体服务商的积极性。因此，在制定了定性的描述性目标的同时，还有必要将目标量化，使目标能够形成数量化的目标体系，使目标可以用实际测量的数据进行考核。

3.目标不能随意更改

一旦确定了会展活动的目标，就应当保持目标的稳定性，不能因为某些特殊原因而轻易修改，即便进行修改，也需要进行非常有说服力的调查，否则会造成企业资源浪费，甚至影响到招商、宣传等环节，或者降低对参展商、专业观众的吸引力。

（二）会展活动目标的描述

1.定性目标

在制定了会展活动目标后，需要把目标准确地表达出来。首先需要对会展活动的整体性目标进行描述，此类目标一般更为宏观、抽象一些，适合通过高度概括的语言进行定性描述。如中国国际进口博览会以"新时代，共享未来"为主题口号，拟将博览会发展成为全球包容、开放合作、互惠发展的新型国际公共平台。

在整个目标体系中，除了整体性目标外，也会有一些难以用数量进行表达的目标。如对于主办方而言，会展活动要对各个参展商、专业观众产生什么样的影响，要对整个行业或周边区域产生什么样的影响；对于参展商而言，可以从活动中获得什么样的经济利益或社会效益，达成什么样的预期效果；对于专业观众或普通观众来说，可以从活动中获得什么样的服务；等等。

2.定量目标

在制定定性目标的同时，还需要用数量形式精确地提出会展活动要达到的水平。如会展活动的面积、招商的数量、专业观众的数量、普通观众的接待量、经济收入、交易金额等，通过这些具体的数字可以有效地推动工作进展，明确工作完成的程度。

第三节　会展活动的选题

一、会展活动的主题

当了解了会展活动中各方参与者的意愿与需求，明确了会展活动的目标后，还需要确定会展活动的主题。

有的学者认为会展活动的主题就是一个展览会所要计划展出的展品的范围。而有的学者则把会展主题看成是一个会展的灵魂和精髓，是整个会展的核心理念，需要高度概括整个活动的内容，能够指导整个会展活动的进行。他们还提出了一个学术界认可度较高的定义，即会展活动的主题是整合会展活动过程所反映的政治、经济、科学文化等社会生活内容的中心思想，也是会展活动的主题思想。

针对这个定义，我们可以从两个层面进行理解。首先，会展活动的主题具有高度的概括性、统领性。它是对整个会展活动目标、要求、理念、思路等内容的凝练与概括，能够体现会展活动最为核心的理念，是指导会展活动策划、招商、搭建、宣传等各个环节的中心思想。其次，会展活动的主题是活动主办者传递给参展商等其他参与主体，以及公众的一种明确信息，也是参展商、公众了解会展活动的首要参考。

练红宇与王雪婷在2019年认为会展活动的主题应具有功利性、时效性、独特性和简洁性的特点。所谓功利性是指会展活动能够满足多数参与者的需求，通过会展活动能解决参与主体在生产、生活中遇到的实际问题。时效性则强调每个会展活动主题都应当围绕目前的需求，反映时代潮流，体现出各参与主体当前最需要解决的困难。独特性则强调了与其他会展活动的区别。简洁性则要求会展活动主题的语言表达要简练、新颖、易记。

综合来看，会展活动的主题可以看作是凝聚各参与主体的需求和意愿，由主办方确定的用来统筹、指导整个活动开展的核心理念。之所以如此定义会展活动的主题，首先强调了主题必须符合主办方和客户的需求。不符合主办方的需求，则没有举办活动的动力；不符合客户的需求，活动举办后则没有吸引力。其次，强调了主题的功能，即具有统筹性和指导性，会影响到会展活动的策划、招商、设计、宣传、实施等各个环节。最后，强调了会展活动主题的核心理念，即主题思想，是整个会展活动的精髓。

二、会展活动主题的确定

正是因为会展活动主题如此重要，在确定会展活动主题时必须谨慎、科学，在具体操作时要注意工作的方法与思路。

（一）选题的基本原则

1.区域产业特色

在确定会展活动主题时，首先要考虑的应当是区域内的产业特色。会展活动中最主要的参与主体，无论是政府部门还是行业协会，或者是组展公司，都是立足于某一个产业的组织，是在特定区域内某一个或某一类行业的代表。因而，在选择会展活动的主题时，就有必要立足于本区域内这一个行业的特色做出选择。

如北京市支持北京经济技术开发区打造机器人产业综合聚集区，在研发、生产之外，每年举办的世界机器人大会就成为服务产业发展、体现当地产业特色的重要会展活动。每一届的大会主题如表5-1所示，紧紧抓住了机器人技术的发展趋势，以及北京经济技术开发区机器人产业的开放、交流、共创、共享特征。

表5-1　历届北京世界机器人大会主题

序号	年份	大会主题
1	2015	协同融会共赢，引领智能社会
2	2016	共创共享共赢，开启智能时代
3	2017	创新创业创造，迎接智能社会
4	2018	共创智慧新动能，共享开放新时代
5	2019	智能新生态，开放新时代
6	2021	共享新成果，共注新动能
7	2022	共创共享，共商共赢

2.主办者的目标和资源

作为会展活动的主办方，确定活动选题时，除了要考虑地域特色和行业特点外，还需要充分考虑自身的优势、劣势以及目标和资源。在某个区域内，针对某个或某类产业，可能还存在许多细分的市场，如在汽车制造行业内，有的展会主要选择家庭乘用车作为细分市场举办展销活动，而有的展会则选择房车作为细分市场举办展销活动。选择哪个细分市场，选择什么样的活动主题，必须要考虑主办方自身的资源优势及其发展目标。

3.主题的先进性

一个会展活动要具有吸引力，其题材必须具有先进性，即能够体现出所在行业的热点问题与发展趋势，体现出该区域的发展重点。如第二十四届北京国际房车露营展览会紧紧围绕"露营"这一现代化的生活方式作为题材，提炼出"房车·感受世界之美"作为展会主题。房车类产品越来越适合年轻的群体，符合这个群体追求个性、新鲜消费的特点，吸引了大批年轻消费者前往参观。如本章开头所提到的首届"新国潮·新文创·新消费"文化展览会，国潮文化的兴起，是当今年轻消费群体较为关注的热点，而围绕这一主题的会展活动自然具有强大的吸引力。

4.主题的带动性

会展活动主题需要有较强的带动性。一方面，所确定的主题本身应该有较长的产业链条，在研究、设计、生产、销售、应用等方面能辐射较多的客户。如北京世界机器人大会这个选题，技术复杂，在研究与设计环节就需要大量投入。在应用环节，同样能够辐射广泛，有非常多的应用场景，能够吸引大量专业采购商。一方面，所确定的主题应具有较好的成长性，是未来的发展趋势，或最近一段时间内的热点话题。机器人这个题材，体现了未来人工智能的发展方向，是未来生产制造和生活中都广泛讨论和关注的问题。另一方面，所确定的主题不能太专一，应当综合一些，这样会展可以有多种功能，可以满足展商与观众的不同层次需求。如各种综合型的博览会和交易会，能够面向各类客户进行招展，有利于扩大规模和提升影响力。

（二）题材的选定

1.新立题材

当会展活动主办方在从来没有涉足过的领域选取题材、举办会展活动时，即为新立题材。当今世界，科技、信息日新月异，新兴产业不断出现，对于会展活动主办方而言，能够顺应市场发展趋势，抢占新兴产业发展先机，在新兴行业举办会展活动就会有利可图。把新兴产业作为选题举办会展活动,不仅能够引领产业发展,取得较高的知名度与影响力,还能带来较好的收益。尤其是那些实力不够强劲的主办方在新兴行业举办会展活动,能够避免激烈的竞争,在新的业务领域占据有利位置。

如果是主办方跨过自己熟悉的领域,进入到其他竞争对手的领域,也是另外一种形式的新立题材。对于主办方来说,也算是拓宽了业务范围,丰富了投资渠道。但由于是进入了已经成熟的新市场新领域,面临的竞争也会非常大,需要有足够的毅力面对各种困难。

当然,在新行业、新领域选取题材举办会展活动也会遇到一些困难。首先,存在一定的风险,如新兴行业是否足够强大、前景是否明朗都存在不确定性,如果判断失误则可能会造成较大的损失。进入新领域,同样也存在着竞争对手过于强大或难以适应新领域的风险。其次,既然是在新行业、新领域举办活动,那么就需要主办方从头开始研究市场需求、产品或服务特点、参展客户及观众等信息。再次,在新的领域举办活动,主办方也存在着自身资源不足的可能。最后,实力不强的主办方,市场的号召力和影响力也需要慢慢培养。

在新行业、新领域选择题材,一般有两种方法。一是市场调查法,即在产业之间或细分市场之间选择一个或几个题材作为候选对象,调查产业和客户需求,然后经过严格的比较,选择一些比较有利的题材进行项目可行性论证,从而确定活动主题。二是模仿法,即主办方学习、借鉴国外或其他区域所举办的活动,然后将其引进到本国或到当地,这样能够省去调查和研究的过程,也能够降低举办活动的成本。

2.分列题材

当主办方发现会展活动包含的内容较丰富,而一些细分市场需求足够的时候,就会对已有的活动主题做进一步细分,选择那些需求足够大的细分市场,选择合适的题材单独举办会展活动,即分列题材。

当主办方准备在细分市场举办新的会展活动时,必须注意一些基本的要求。首先,要求该细分市场具备一定的规模。其次,要求细分出的这个主题活动不会对原有的主题活动造成太大的影响。最后,分列出的题材具有一定的独立性,最好能把该细分市场的客户与原先主题活动的客户明显区分开来。

当主办方使用分列题材的方法确定新的活动主题时,就可以保证该题材之下的细分市场需求足够大,参展商、专业观众等重要客户的基础较好。而且主办方对该细分出来的题材也非常了解,能够保证活动的成功举办。这样不仅能够为原来的会展活动腾出必要的空间,而且还能让细分出来的题材有了发展的空间,二者的专业化程度都能大大提升。

然而,如此操作的风险也是客观存在的。一是题材细分的时机很难把握。如果细分题材，举办新主题活动的时间过早，有可能造成新活动难以成功，还会使原来的会展活动受到影响。如果时间过晚，则有可能丧失先机，被其他主办方捷足先登。二是题材细分后，对原有的会展活动会造成多大的影响有时难以衡量。三是该机构是否有足够的实力举办更多的会展活动，需做好评估。

3.拓展题材

所谓拓展题材，就是将现有会展活动中没有包含的但与现有会展活动密切关联的题材，或者是将现有会展活动大题材中还未包含的某一细分题材列入现有会展活动题材的一种方法。

要采用拓展题材，必须注意一些条件。首先，注重关联性，即计划拓展的题材与现有的活动题材要相关，否则就成了新立题材而不是拓展题材了。其次，注重衔接性，即拓展的题材所需要做的工作能与现有会展活动很好地衔接起来，而不会对现有主题活动的举办带来任何操作上的影响。第三，注重专业性，即拓展题材加入到现有主题活动中，不会对现有会展活动的专业性质造成影响。

在举办活动的过程中，拓展题材能够扩大会展活动的范围和规模，增加参展客户及观众的数量，从而提升经济收益，提升活动品牌影响力。但也存在某些风险，如拓展题材的加入，会影响原活动主题的专业性和会展活动的具体工作。

4.合并题材

在会展活动的实际运营过程中，主办单位有时候会将相同或关联性较强的活动主题合并起来共同举办，或合并起来以一个全新的面目出现在人们面前，即合并题材。在一些规模较小的活动中，经常采用这种方法。

为了避免合并的风险，需要做好一些前期的准备工作。首先，要考察题材，这些题材最好是同一题材，或者是关联性很强的题材。其次，需要评估题材合并所带来的影响，并制定相应的策略。第三，合理分配主办方之间的责任与权利，避免因为各种分歧对后续的工作造成影响。第四，进行合并时，应考虑到参与商和专业观众的利益与需求。

之所以进行题材的合并，对于原来的各个主办方而言，首先可以减少相互之间的竞争，把更多的精力放在活动举办上；对于参加的客户与观众而言，可以集中力量在全新的会展活动上。

三、会展活动主题的提炼方法

谭红翔在2007年提到，无论是会展活动主题的内容，还是会展活动主题的形式，都需要经过艺术加工和提炼，这样才能保证会展活动的主题简练、易记、新颖、流畅。他也提出了三种基本的提炼会展活动主题的方法。

1.借用法

借用法就是借用熟知的名人名言、警句和现实生活中一些闪光的语言作为活动的主题。如在中国情人节农历七月初七以"牵手七夕节，大爱献深情"为主题的活动，或在中秋节以"海上生明月，天涯共此食"为主题的活动。

2.归纳提炼法

归纳提炼法就是通过对会展的指导思想、目的、要求、宗旨的归纳总结提炼出主题的方法。2022年北京世界机器人大会的主题"共创共享，共商共赢"，就能够体现出机器人大会的思想、目的和宗旨。

3.加工提炼法

加工提炼法就是利用一些修辞知识优化主题的方法。这种方法可以使活动主题鲜明、动听、深刻，而且有一定的内涵，不流于直白、简单。如2023年义乌数字创新设计高峰论坛的主题"义乌设计·点亮全球"即具有这一特点。

 案例分析1

引领时尚品质生活 打造多元产业生态

——2022"三品"全国行高峰会、2022宁波时尚节暨第二十六届宁波国际服装节

宁波服装节创办于1997年，2019年提升为宁波时尚节，是宁波市政府会同中国纺织工业联合会等权威机构联合打造的国际性、专业化、平台型活动。宁波国际服装服饰博览会是时尚节系列活动中专业的时尚商贸交易平台，是中国第4个、华东第1个UFI认证的纺织服装类会展项目。

2022"三品"全国行高峰会、2022宁波时尚节暨第二十六届宁波国际服装节于11月14日圆满落幕。本次活动以科技、时尚、绿色为导向，以激活、引领、创造时尚产业上中下游供应链消费和需求为目标，组织国内外服装供应链企业和品牌参展，展览面积3万平方米，展品内容涵盖服装服饰、箱包鞋履、面料辅料、智能设备等上下游全产业链。根据统计数据，共吸引了178家企业的228个品牌线下参展，举办了智慧论坛、产业展览、商贸对接、风尚领show、创意赛

事、时尚有约等六大板块25项活动。同时，有5000多名专业客商到会洽谈、采购，1万余名普通观众参观互动。线上云展览及各主流媒体同期的云直播逛展点击率超过400万次，宁波时尚节抖音话题"在宁波遇见时尚"曝光达4357.6万。

在本次时尚节期间，工业和信息化部还召开了2022年"三品"全国行高峰会。高峰会是整个"三品"全国行的核心活动，也是"三品"全国行的一次高潮。该活动旨在贯彻落实《国务院关于印发扎实稳住经济一揽子政策措施的通知的精神》，进一步提振消费信心、挖掘消费潜力，巩固增强消费对经济发展的基础性作用。"三品"全国行主要包括百家优质品牌引领消费升级、百家数字工厂拓展消费场景、百家区域品牌推介名优好物、百场"促消费"活动营造良好氛围等四项主要活动。目前，"三品"全国行活动已在上海、江苏、浙江、福建、山东、湖北、广东、重庆、四川等地区和城市举办了一系列形式多样、内容丰富、群众喜闻乐见的活动，成效显著。这次盛会汇聚了70余位消费品行业的领导、院士专家、知名企业家齐聚宁波，共同实地调研宁波时尚产业的发展情况，共同探讨消费品工业的发展路径，推动消费品行业产业链、供应链、品牌链、创新链的进一步升级。高峰会主要包括三部分内容：一是汇聚"最强大脑"，共谋"三品"发展新路径；二是集结"浙里军团"，共擎浙江时尚产业发展新旗帜；三是参观"宁波样板"，总结"三品"发展新趋势。

展览是时尚节最具代表性的活动板块。本届时尚节设置了时尚经典区、时尚数字区、时尚生活区、时尚供应链区以及时尚户外休闲区等五大展区，吸引了包括雅戈尔、雅莹、杉杉、凯喜雅、法派、艾莱依、洁丽雅等国内一线大牌参展。这些品牌展示了时尚流行的趋势，传递了前沿的时尚理念，助力了时尚品牌的建设。

在时尚节开幕会上，一场别开生面的"元宇宙时尚秀"拉开了时尚节的序幕。这场时尚秀由国内顶尖数字科技应用企业凌迪科技与宁波广电集团倾力打造。在虚拟的亚帆中心，十余个虚拟数字人穿着以书藏古今、港通天下、天一阁、十里红妆、红帮传奇、时尚东方等为元素的系列服装悉数登场。这些虚拟数字人的一颦一笑，行云流水般的走秀表演，展示了科技时代中时尚文化的全新形式，奠定了本届时尚节以数智化引领时尚产业发展的基调。

此外，在三天展期内，还举办了2022数字化服装设计与应用论坛、第六届全国纺织机器人应用高峰论坛、第四届华夏衣裳——中国高等院校服装史教学与学术论坛、"浙里智造供（购）全球"专场对接会等活动。这些活动以聚合式的思想碰撞，厘清了时尚产业研究的内涵与外延，助力了产业的升级。

本次时尚节还安排了大量各具特色的时尚体验活动，如结合本土品牌与宁波时尚地标的潮玩秀、地铁汉服真人秀等。这些活动提高了民众的参与度，让时尚气息覆盖全城。

总的来说，2022"三品"全国行高峰会、2022宁波时尚节暨第二十六届宁波国际服装节的成功举办，为推动消费品行业的发展注入了新的动力。通过高峰会和一系列活动的举办，我们不仅看到了国内一线大牌的精彩展示和前沿的时尚理念，还看到了数字科技与时尚产业的完美结合以及众多专业论坛和活动的精彩纷呈。这些都展现了宁波作为中国重要的时尚产业基地的实力和影响力。

思考：

1.根据资料，分析第26届宁波国际服装节的主题是什么？这一主题有什么特点？

2.服装节同期还有哪些活动举办？它们的主题都是什么？和大主题之间是什么关系？体现了哪些理念？

四、新兴会展活动题材发展趋势分析

《中华人民共和国国民经济和社会发展第十四个五年规划和2035年远景目标纲要》对打造新兴产业链、扩大战略性新兴产业投资等方面做出了安排和部署，未来中国会展活动业将聚焦新一代信息网络、生物、新材料、高端装备、新能源、节能环保、新能源汽车等新兴产业领域，发展具有全球影响力的专业性品牌展会或活动。

中国消费结构的升级换代也为展览业的主题选择和策划提供了新商机，以休闲度假、老年医疗、养老护理和文化旅游等为主题的展览会，有可能成为未来一段时间中国展览业的热点领域之一。同时，随着"00后"人群逐渐成为新的消费主体，动漫、游戏、电竞、宠物等类型的高水平专业品牌展览将实现快速增长。在北京冬奥会之后，第三十一届世界大学生夏季运动会和2023年亚运会又在成都和杭州相继登场。以体育赛事为主题的会展活动在2023年体育大年回暖，全民健身产业将成为未来会展业的重要发展方向之一。

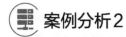 案例分析2

杭州第19届亚运会的主题口号："心心相融，@未来"
"Heart to Heart，@Future"

对于杭州亚运会主题口号的创新表达方式，时任亚洲奥林匹克理事会主席艾哈迈德亲王曾在发来的贺信和主题口号允准信中给予高度评价："它非常具有未来感。我相信，所有人都会喜欢这个口号，它定义了杭州亚运会的精神。"

杭州亚组委副秘书长、杭州市副市长陈卫强说："它的最大亮点是互联网符号'@'，它既代表了万物互联，也契合了杭州互联网之城的特征。我们把这句口号念作'心心相融，爱达未来'。"

思考：

1.第19届杭州亚运会的主题体现了怎样的愿景和目标？

2.第19届亚运会的主题口号具有什么深刻的内涵和意义？

本章小结

本章主要讲述了会展活动各参与主体及其需求，以及会展活动的目标和会展活动主题的确定。在学习过程中，要仔细思考会展活动需求、会展活动目标、会展活动主题之间的关系，并深入理解其中所涉及的一些概念。重点掌握会展活动目标制定、会展活动题材选择的基本原则与方法。

思考题

1.会展活动目标的确定要注意哪些问题？

2.会展活动题材的选择有哪些原则？

3.如何进行会展活动题材的选定？

4.会展活动主题的提炼方法有哪些？

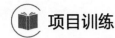 项目训练

1.针对你所在的城市，选择最近一个月内举办的会展活动，分析整个活动的需求、目标，以及会展活动的主题。思考会展活动主题与各参与主体的需求之间有何关系？

2. 2023年举办的杭州第19届亚运会，是亚洲最高规格的国际综合性体育赛事。请查阅相关资料，分析这一届亚运会的主题内容，总结其创新之处。

第六章
会展活动宣传推广策划

 案例导引

2019中国国际医疗旅游博览会宣传推广计划

这次会展活动的推广工作紧扣主题、突出重点，基于综合会展活动规模及形式的多样性，充分利用一切可利用的途径，将线上和线下宣传结合在一起，加大宣传力度，提升宣传效果。

1.网站门户宣传推广

组委会构建了网上医疗旅游展专题展区，对参展商、产品样式、展区规模、展馆环境进行详细报道，列出会展活动相关活动及活动形式，突出展示亮点产品。

2.媒体宣传推广

（1）专业媒体推广。会展活动将在多家医疗、旅游报刊（《健康中国》《环境与健康杂志》《旅游时代》《丝路游》等），网站（新浪、搜狐等），电视台（央视健康之路）等媒体开展宣传活动，及时报道会展活动的最新动态；利用微信头条、百度头条推广等开展图片宣传及文字报道，并与行业媒体建立长期合作关系，打造会展活动长期宣传运行体系。

（2）软性文章。免费在媒体（e医疗、健康时报、旅游学刊）上刊登各种对医疗旅游展览会的评论、报道、特写、消息以及相关图片等（由会展活动相关人员、记者或专业人士撰写）。

（3）展览会新闻由主办单位主持发布，届时邀请知名媒体记者参加。

（4）组织海南省电视台、《海南日报》《海口晚报》《海南特区报》和国际旅游岛之声电台记者对展览会进行阶段性和全方位报道。

3.专业会展机构宣传推广

（1）专业参展商的邀请。通过电话、传真、电子邮件、微博、微信、邮寄请束、拜访等多种形式邀请国内外专业观众亲临现场。

（2）同行推广。在国内外各种会展机构（广州正和会展服务有限公司）、同类会展活动（2018中国国际医疗旅游展览会）上进行宣传推广。

4.其他方式

（1）预约参观的前100名观众可到现场领取礼品一份。

（2）利用微信、微博平台转发集赞和抽奖，换取免费参观体验卡。

（3）利用名人效应，运用B2B＋B2C方式，全面做好观众邀约工作，打造一流的会展服务平台。

（4）对与展览会相关的热点地区（机场、火车站、汽车站等）进行专题报道。

思考：

1.结合以上资料，思考为什么要进行会展活动项目的宣传推广？

2.以上宣传推广计划是否合理？会展活动项目的宣传推广的方式有哪些？

第一节　会展活动整体宣传推广计划

会展活动宣传推广是指会展活动整体的宣传推广，是围绕会展活动的基本目标制定的有目的、有计划举行的一系列促进建立会展活动品牌的宣传推广活动。它是会展活动策划和营销工作中的一个重要环节。

一、会展活动宣传推广的特点

活动宣传推广工作是会展活动的"导航器"，它对会展活动各方面都有重要的影响，很多客户是通过活动宣传推广才开始认识和了解会展活动的，因此会展活动宣传推广非常重要。在很多会展项目中，都会指定专门的人员来负责会展活动的宣传推广工作。因宣传推广工作任务多、较复杂，必须了解它的特点，否则宣传推广容易出差错。

（一）整体性

会展活动宣传推广是有多重任务的，它服务于整个会展活动，是一项整体的宣传推广工作。会展活动宣传推广的任务主要是促进会展招展招商的进行，建立会展的良好形象，创造会展竞争优势，协助业务代表和代理顺利开展工作，指导内部员工接待客户。会展活动宣传推广要处处注意会展的整体利益，不能因为要实现其中一个目标而妨碍其他目标的实现。

（二）阶段性

会展活动宣传推广是根据会展活动筹备工作的进展和实际需要，分步骤和分阶段实现的。因此，会展活动宣传推广的阶段性很强，每个阶段需要宣传的内容和重点也不相同。会展活动发展到哪个阶段，就开展与其相应的宣传推广工作，必须十分清晰和明确。

（三）计划性

会展活动宣传推广任务多、阶段性强，这就要求在筹备时认真规划活动宣传推广工作，照顾到会展活动筹备工作各方面对宣传推广的需要，给会展活动筹备工作以强有力的、全方位的支持。另外，会展活动宣传推广需要多媒体、多渠道，这就需要各媒体平台和渠道的宣传推广在时间安排上要协调、口径上要统一、内容上要各有侧重、效果上要互相补充，这样会展宣传活动推广才能发挥应有的促进作用。

（四）组合性

会展活动宣传推广是一种多媒体和多渠道的组合宣传推广。各媒体和渠道的宣传推广安排，要求时间上协调、口径上统一、内容上各有侧重、效果上互相补充，这样会展活动整体宣传推广对活动发展的促进作用才会更明显。

二、会展活动宣传推广的步骤

一般来说，制定会展活动宣传推广计划的步骤分为确定目标、制定预算、确定信息内容、制作宣传资料、确定宣传渠道、评估宣传效果6个步骤。

（一）确定目标

确定目标，就是要确定会展活动宣传推广所要达到的目标，主要包括促进招展招商、树立会展形象、协助业务代表或代理顺利开展工作、指导内部员工接待客户等。另外，宣传推广目标也会受到会展活动定位和主办机构的办展活动目标的制约，在活动筹备的不同阶段也有所差别。一般而言，会展活动筹备的前期侧重招展宣传，后期则侧重招商宣传。

（二）制定预算

制定预算是指确定为了达到宣传推广目标所需要的资金投入。在具体的宣传推广运作中，营销人员可以按照不同推广渠道分项目制定预算，如大众媒体宣传投入预算、专业媒体宣传投入预算等，然后再将其汇总成会展活动宣传推广的总预算。

（三）确定信息内容

确定信息内容即确定活动宣传推广需要向外界传递哪些信息，例如举办活动的理念、活动的优势和特点、活动的 VI（Visual Identity，视觉识别）形象等。活动机构向外界传递的信息必须保证真实有效，而且应具有较高的可信度。此外，宣传推广的内容还应具备一定的特色，要与题材相近或相同的会展活动有所区别，并能让目标客户明确地感知这些区别，从而将本活动项目与其他类似的活动项目区分开来，在头脑中对其形成较为深刻的印象。

（四）制作宣传资料

制作宣传资料即确定制作什么样的宣传资料来承载上述信息。会展活动宣传资料的种类很多，常见的如活动邀请函、观众邀请函、广告等。在制作宣传资料时，要注意遵循以下几点。第一，针对性。每一种宣传资料都必须有具体的目标客户，如招展邀请函的目标客户是参展商，观众邀请函的目标客户是观众等。第二，系统性。各种宣传资料，如招展函、招商函、会展活动通信等，既要有自己的特色，又要互相配合、互相补充，为整个会展活动服务。第三，专业性。会展活动宣传资料要符合活动行业的要求，内容要能反映行业的特点和活动的特色。第四，统一性。各种宣传资料在宣传口径上要统一，各种数据、理念和 VI 形象要一致，而且要延续会展活动一贯的主题和理念，并与上一届会展活动的宣传信息保持基调上的一致。

（五）确定宣传渠道

确定宣传渠道就是要确定会展活动宣传推广的渠道，或者说要确定采用哪种渠道将会展活动信息传递出去。本节所述的宣传推广渠道可以多种并用、互相配合，以期收到良好的宣传效果。

（六）评估宣传效果

评估宣传效果就是在宣传推广过程中以及结束后，评估宣传推广工作的质量与效果，以及会展宣传推广目标完成的状况。会展活动宣传推广效果分为即时效果、近期效果和远期效果。评估宣传传播效果的指标有接收率、注意率、阅读率和认知率等；评估宣传促销效果的指标有销售增长率、广告增销率、广告费占销率和单位广告费收益等；评估宣传形象效果的指标有知名度、美誉度和品牌忠实度等。

第二节　会展活动宣传推广的实施方式

 案例分析

2019年中国北京世界园艺博览会

2018年4月23日，即2019年中国北京世界园艺博览会倒计时一周年之际，第一架北京世园会"多彩世园号"彩绘客机主题航班首飞成功。2018年11月22日，在北京举办"美丽世园号"宣传大巴车首发活动，面向社会发布了第二批形象大使，确定了世园会会歌和推广歌曲；举办了倒计时一周年、海外专场推介等30余场宣传推介活动，充分发挥新媒体、传统媒体等宣传阵地和地铁、公交、飞机等宣传载体的作用，多角度、全方位开展宣传推介工作，形成了社会各界广泛关注、积极参与的良好氛围。

思考：

1.结合以上资料，谈谈你对北京世园会的了解，分析展会的效果和意义。

2.结合所学知识和以上资料，分析北京世园会的展会宣传有哪些突出亮点？

一、会展活动宣传与推广的内容

（一）会展活动基础资讯的宣传与推广

各种会展活动都需要向参加者详细介绍会展活动的一切基础资讯，包括开会展活动的时间、地点、交通住宿情况、会务组接待事宜、会展活动时限、参与者情况、往届会展活动效果、社会评价，参展的要求与条件等。以上宣传内容主要是针对参展方而言的，比较简便的做法是将所有基础资讯编订成册，印发邮寄或进行人员推广。

（二）相关活动的宣传与推广

在会展活动过程中，往往会安排一些其他相关活动，一方面增加会展活动的内容，另一方面也可以有效吸引参观者。这些活动不仅是会展活动的有效构成部分，一些针对特定主体的会展活动，甚至可以说是会展活动的重中之重。在这期间，活动的宣传与推广可以在很大程度上帮助会展活动聚集人气、凸显风格，形成品牌效应。特别是大型会展活动如世界博览会，都将一些重要活动融入会展活动过程，不仅在会展活动场地进行，还可以将活动延展至整个城市，从而实现更大的社会效应和经济效应。在这方面，完全可以借鉴一些比较成功的城市文化活动的经验。

（三）品牌的宣传与推广

将自己举办的会展活动逐步培育成在国内外有重大影响力的品牌会展活动，是每一个会展活动主办单位不懈和执着追求的梦想。品牌会展活动都是通过对会展活动进行卓有成效的品牌经营才培育出来的，会展活动品牌经营是会展活动进行市场竞争最有效的手段之一。会展活动品牌经营的主要目的，是通过对会展活动进行品牌化经营来提高会展活动的影响力和市场占有率，并努力使本会展活动在该题材的市场上形成一种相对垄断。因此，会展活动品牌的宣传与推广应着力于独特性与排他性，可以在宣传过程中突出品牌会展活动在行业或领域中的不可替代性。

企业通过负担举行这类活动的一部分或者全部资金的方式，获得向参与观众宣传该企业的品牌或商品的好机会。

二、会展活动宣传与推广的手段

会展活动宣传与推广在执行手段上是多种多样的，应根据财力、人力以及会展活动本身的特性选择组合使用。当前，比较常用的手段包括广告、新闻宣传、公关活动等。当然，传统的人员推广模式仍是适用的，特别是作为会展活动的组织者，利用现有条件开展与潜在客户之间的直接人员推广仍是相当有效的方式。特别是作为会展活动组织者的政府部门、行业协会等，可以采用直接发信函、人员联系等手段进行相关的宣传与推广工作。

我们必须看到的是，会展活动的市场化程度越高，其宣传与推广工作对市场化的运作方式的依赖性也就越强。因此，以下主要介绍几种市场化操作中常见的宣传与推广方式。

（一）广告

广告是会展活动宣传与推广的重要方式，也是吸引潜在客户和公众的主要手段之一。会展活动广告的范围可以覆盖已知的和未知的所有参与者，可以将会展活动情况传达给直接联络所遗漏的潜在客户和公众，也可以加强直接联络的效果，这是覆盖面最广，也是最昂贵的会展活动宣传手段。因此必须目标明确，根据会展活动的需要、意图有效安排。

广告预算决定了广告规模，要根据需要和条件决定预算。选择合适的媒体才是降低成本、提高效率的最好办法。同时，广告的时间也需要安排，一般情况下，不要将广告集中在会展活动开幕前几天，而应该在三四个月之前就开始。广告不仅可以安排在会展活动之前，还可以安排在会展活动期间和会展活动之后。会展活动广告具有相当的专业性，最好的方式是与广告代理公司合作，从而实现广告宣传的最佳效果。

（二）新闻宣传

新闻宣传费用一般较低，因为通常情况下新闻采访与报道是免费的，同时新闻报道的可信性较高，效果较好。新闻宣传必须在会展活动之前、期间和之后连续进行。会展活动组织者一般都在会展活动期间设有专门的新闻宣传部门，该部门的工作人员应该具有良好的媒体背景，熟悉新闻宣传的手段与一般规律，并能够与专业新闻人员有效沟通，和记者、编辑、摄影师、专栏作家等都能够保持联系。良好的人际关系有助于获得媒体的最大支持并获得更多正面的报道。

新闻宣传工作的一般流程如下。

（1）任命新闻负责人或开始联系委托代理，收集、整理、更新目标新闻媒体和人员名单。

（2）制订会展活动新闻工作计划。

（3）举办会展活动记者招待会、发布会展活动基本信息。

（4）收集媒体报道情况。

（5）向未能参与会展活动的记者寄发资料。

（6）向出席会展活动招待会、参与会展活动的记者发感谢信，向所有记者寄会展活动新闻工作报告。

（7）迅速、充分地回复会展活动新闻报道期间的读者来信。

（8）与媒体保持联系。

在新闻宣传工作中，会展活动组织者需要特别注意新闻稿、新闻图片的质量。新闻稿是组织者提供给媒体的主要的基本新闻资料，质量高、内容新、符合新闻写作要求的新闻稿被广泛应用的可能性就高。好的新闻图片可以直观地体现会展活动现场的效果或主题，好的新闻图片比好文章更易被采用。

（三）公关活动

为扩大会展活动影响、吸引潜在客户和民众、促进经济贸易，会展活动组织者往往也要通过会议、评奖、演出等公关手段对会展活动进行宣传。这些公关活动通常不是单纯的为会展活动服务的，还兼具政策宣传、文化交流等社会责任。公关活动不仅可以帮助会展组织者争取到更多的来自当地政府的支持，同时也可以有效地在参观者中引起共鸣。

报告会、研讨会、交流会等会议形式是会展活动过程中最普遍的公关手段。一般会议中可以吸引行业管理者、决策人物、专家、学者到来，这些人往往具有相当的影响力，客户往往希望通过参加会议获得如国家经济动向、政策发展等信息。

评奖活动的公关效果更为明显，一般由会展活动组织者、参展商参加。评奖团多由专家组成，评奖结果通过媒体宣传，这不仅能够调动参展商的积极性，同时也能增强参观者对会展活动的信赖感。

（四）媒体传播

媒体主要是指大众传媒，如广播电视、报刊、电影、网络等载体。在进行会展活动宣传时，主办单位要正确处理与大众媒体的关系，要有计划地约见目标记者，视工作需要增加双方见面的机会；为媒体提供有用的新闻素材和信息源，尽量满足记者对信息的需求。与目标媒体开会展活动、论坛方面的合作，充分发挥媒体的优势，为自己所开展的活动营造氛围；与目标媒体开展广告、营销方面的合作，为媒体创造效益，为组织提高名声。借助组织本身开展的活动，要力争将各主要媒体作为支持单位，以此建立各种深入合作的模式。

选择大众媒体宣传推广需考虑以下因素。

1.宣传推广的主要目标

会展活动宣传推广有招展、招商、树立会展活动形象、协助业务代表和代理开展工作、指导内部员工接待客户5个目标。每一次宣传推广的目标均有所侧重，其宣传推广目的不同，媒体选择亦不同，如招商中吸引普通观众，一般采用大众媒体。

2.媒体的特点和覆盖范围

媒体是专业媒体还是大众媒体、媒体的表现力和渗透度、媒体读者群的大小、媒体是全国性的还是地区性的等，都是影响媒体选择的重要因素。另外，该媒体主要针对哪些类型的读者和在哪些地区发挥作用，也是影响媒体选择的重要因素。

3.宣传费用

在不同的媒体上进行宣传推广，费用有很大的差别。对于会展活动来说，主办单位总是希望以较少的费用做最有效的宣传推广。对于宣传费用，不仅要考虑绝对宣传成本，还要考虑相对宣传成本。绝对宣传成本是指每次宣传推广的费用总支出；相对宣传成本通常用每1000个目标客户接触媒体的费用来计算，它更能反映宣传的实际效果。

4.宣传推广的时间安排

不管是在哪种媒体上做宣传推广，宣传推广的时间安排方式一般有集中、连续和间歇三种。集中时间安排是指将宣传推广集中安排在某一段时间内，以在较短时间内迅速形成强大的宣传攻势，一般适合在开拓新市场、集中招展或招商时使用。连续时间安排是指在一定时间里合理地安排宣传推广活动，使会展活动信息经常反复地在目标市场出现，以逐步加深客户的印象，适合会展活动已经有一定影响，客户参展参观安排以理智动机为主的时候使用。间歇时间安排是指在进行了一段时间的宣传推广后，暂停一段时间再做宣传，适合在产品季节性较强或会展活动宣传费用不足时使用。

（五）网络营销

网络营销是指将互联网作为手段，从而达到营销的目的。网络营销包含的内容很广，主要有网上市场调查、网上消费者行为分析、网络营销策略制定、网上产品和服务策略、网上价格营销策略、网上渠道选择与直销、网上促销与网络广告、网络营销管理与控制等。网络营销并不是单纯指网络技术，而是更侧重于市场营销，服务于产品及企业的营销体验。

网络营销是利用互联网对产品的售前、售中、售后各环节进行跟踪服务，它自始至终都贯穿在企业经营的全过程。它是由网络客户、市场调查、客户分析、产品开发、销售策略和反馈信息等环节组成的强有力的营销方法之一。

（六）代理销售

代理销售是指通过代理商如委托国外代理商来提高会展活动的知名度，不仅能吸引大量国外游客前往，而且能吸引有一定知名度的演出团体参与活动。

（七）宣传册等印刷品

这些宣传品从设计到印刷，都要求字迹清晰、颜色醒目、图案与文字比例适中。

（八）公共宣传

公共宣传是成本最低的宣传手段。企业的公共宣传必须借助某种媒体或公开展示的机构来实现，所以使用次数是有限的，而且是突发性的，但其作用是十分显著的。和其他促销工具相比，它具有如下特点：① 可信度很高，由于公共宣传是第三者写出来的，在新闻媒体里进行报道，体现了消费者的利益和公众的看法，消费者认为它是客观、真实的；② 对于广告或人员推销不予理睬的消费者，一般不会对企业的新闻报道反感，因为它是一种新闻活动，在心理上不必担心上当受骗；对于企业来说，宣传费用水平低，无须花钱购买媒介的版面或时间；而新闻报道所产生的价值，可能花几百万元的广告费也得不到；公共宣传的费用水平和其他促销工具相比是最低的。

（九）移动互联网

比如二维码，手机终端App应用，微信、抖音、小红书等。

三、影响宣传推广方式组合的因素

上述几种宣传推广方式不是截然分开的，它们经常被组合起来使用。在进时会展活动策划时，要对其整体宣传推广进度进行统筹，规划好什么时候开展什么样的宣传推广活动，采取什么样的宣传推广组合，达到什么样的宣传推广效果等，如表6-1所示。

表6-1　会展活动整体宣传推广进度计划（样例）

时间	宣传推广组合	宣传推广措施	计划达到的宣传推广效果	费用预算	备注

有了表6-1这样的会展活动整体宣传推广进度计划表，就可以有条不紊地按计划开会展活动的宣传推广工作，并及时对各阶段的宣传推广效果进行检查。如果没有达

到宣传推广的阶段性目标，就可以及时采取补救措施，促进宣传推广各项任务的顺利完成。

会展活动宣传推广的方式如果组合得好，宣传推广的效果将倍增。影响宣传推广方式组合的因素主要包括以下几个。

1.会展活动的类型

不同题材和功能的会展活动，其目标参展商和目标观众不一样，会展活动宣传推广组合也应不同。例如，消费品题材的展销会采用大众媒体、新闻发布会、公共关系等方式组合宣传效果较理想，而生产资料题材的会展活动采用专业媒体、新闻发布会、同类会展活动、人员推销等方式组合宣传效果较理想。

2.会展活动的营销策略

在会展项目发展的不同阶段，其使用的会展营销策略也会有所不同，如会展发展初期，以认知型宣传为主，可以提高参展商和观众对本会展项目的认知度，使观众了解会展特色、优势等内容。因此，会展活动宣传应采用高宣传成本、低展位价格的营销策略，如专业媒体、同类会展活动、相关机构、新闻发布会、公共关系、大众媒体等多种宣传推广模式。在会展活动举办几届并被业界广泛认可后，可采用降低宣传成本、提高展位价格的营销策略。这时可选择多种营销方式组合，适当减少组合内容，以宣传会展良好形象及定位为主，可采用专业媒体、大众媒体、新闻发布会、公共关系等宣传组合。

3.市场特性

会展活动题材所在产业的市场是处于买方市场状态还是卖方市场状态，对会展活动宣传组合的影响很大。

4.客户特性

目标参展商和观众是否选择参展或参观，会受到他们对会展活动认识深度的影响。一般认为，客户的认识深度可以分为认识阶段、动心阶段和行动阶段。认识阶段是指客户对会展从开始认识到初步了解这一阶段，对处于这一阶段的客户而言，广告和公关活动的效果最好；动心阶段是指客户对会展开始产生兴趣并逐步依赖会展的这一阶段，对处于这一阶段的客户，人员推广的效果最佳；行动阶段是指客户参展或者参观，对处于这一阶段的客户，一般应采用新闻发布会及其他相关活动提升会展形象。

5.会展活动发展阶段

会展活动处于培育期、发展期、成熟期还是衰退期，对会展宣传组合的影响很大。

有关此部分内容在前面已提到，在此不再赘述。

6.宣传推广费用预算

费用预算对宣传推广方式的选择具有很大的制约作用，如果预算不足，有些较昂贵的宣传推广方式如人员推广等就不能使用。对会展活动宣传推广费用进行预算的方法有4种：一是量入为出法，根据会展的承受能力，能拿多少资金来做宣传就拿多少；二是收入百分比法，根据会展收入的一定比例确定宣传预算的费用；三是竞争对等法，以竞争对手的宣传推广费用的多少决定本会展活动宣传推广预算费用；四是目标任务法，即先确定宣传目标，然后根据实现该目标所需的费用来决定宣传推广预算费用，这种预算方法会影响宣传推广费用预算总额，进而影响会展宣传推广组合的选择。

本章小结

会展活动的宣传推广是吸引目标观众的主要手段，会展活动宣传推广的目的是将会展的举办情况及时告知参展商与观众，并欢迎他们前往参加活动。根据活动的目标，会展活动的宣传推广工作一般在活动前、活动中、活动后开展。会展活动宣传推广的内容要考虑目标受众的利益和兴趣，主要包括活动宣传推广的信息内容、活动宣传推广的计划安排、活动基础资讯的宣传与推广、相关活动的宣传与推广以及品牌的宣传与推广等重点工作。比较常用的宣传手段有人员推广、广告、新闻宣传、公关活动等。

思考题

1.会展活动宣传推广的目的是什么？

2.简述会展活动宣传推广计划的类型及特点。

3.会展活动宣传推广的原则是什么？

4.简述会展活动宣传推广计划的步骤。

5.户外广告的推广有什么特点？

项目训练

1.天津滨海国际会展中心在5月28—31日举办亲子欢乐嘉年华活动，参与对象为家长及儿童。请同学们撰写一份会展活动宣传推广方案及观众邀请函。

2.了解第十四届中国（深圳）国际文化产业博览交易会期间策划的各类活动，其宣传报道工作有什么特点？

下篇

实务篇

第七章
展览会策划

案例导引

第二十二届中国国际高新技术成果交易会

展览名称： 2020高交会-第二十二届中国国际高新技术成果交易会。

举办时间： 2020年11月11—15日，历时5天。

展会主题： 科技改变生活，创新驱动发展。

展会规模： 展览总面积达14.2万平方米，现场观众达45.1万人次，近200家海内外媒体，超过1000名记者参与了本届高交会的报道。

主办单位： 深圳市中国国际高新技术成果交易中心。

支持单位： 商务部、科技部、工业和信息化部、深圳市人民政府等。

高交会参展流程： ① 企业提交公司资料，由主办方审核企业是否适合参展高交会；② 企业确认展位需求，例如，深圳力宝激光科技有限公司想预定18平方米光地（两个标准展位）；③ 企业在组委会人员提供的最新展位图上确认需要预定的展位；④ 合同签订，参展企业将合同填好，打印4份，加盖公司公章，将合同邮寄给招展工作人员；⑤ 组委会将合同审批盖好章之后，邮寄一份给参展企业；⑥ 参展企业收到组委会审批盖好章的合同后，说明高交会展位已经预定好了，参展企业一周左右的时间安排付款；⑦ 组委会收款后开出正规发票，邮寄给参展企业；⑧ 开展之前，组委会通知参展企业提前做好参展准备，以及收集参展企业的信息录入大会会刊；⑨ 开展；⑩ 展会结束，撤展，现场续约。（注：具体流程以实际操作时为准，以上仅供参考！）

思考：

1. 结合以上资料，思考高交会在深圳举办的优势。

2. 除以上内容外，高交会还在哪些方面对深圳产生了影响？

第一节　展览会概述

一、展览会的定义

大型会里常说的展览，不是指"展示"这个动词，而是特指"展览会"这个名词。

展览会，在《辞海》中的定义为：用固定或巡回的方式，公开展出工农业产品、手工业制品、艺术作品、图书、图片，以及各种重要实物、标本、模型等，供参观、欣赏的一种临时性组织。

展览会就是把"展"（展示）、"览"（参观）两个元素在一个"会"的平台上同时实现，从而达到信息传递与沟通交流的目的。

二、展览会的分类

按照不同的标准，可以将展览会划分成不同的类型。

（一）根据性质不同划分

根据性质不同，可以将展览会分为贸易展和消费展。贸易展的目的是交流信息、洽谈贸易，展出者和观众都是商人，这种展览更注重观众的质量，展期一般为3—5天。消费展的目的是直接销售，关心的是观众的数量，展期一般为10—15天。

（二）根据内容不同划分

按照内容不同，可以将展览会分为综合展览和专业展览。综合展览也称横向型展览，包括全行业或若干个行业的展览会，如工业展。专业展览展示的是某一行业的情况甚至是某一项产品，如消费电子展、钟表展等，这类展览经常结合举办讨论会、报告会等，用以介绍新产品、新技术。

（三）根据规模不同划分

按照规模不同，可以将展览会分为国际展、国家展、地区展、地方展以及单个企业的独家展。这里的"规模"不是指场馆的规模，而是指展览会主体所代表的区域规模。

（四）根据时间不同划分

根据时间不同，可以将展览会分为定期展览和不定期展览。定期展览可以是一年四次、一年两次、一年一次、两年一次等，不定期展览则根据需要而定。

（五）根据场地不同划分

根据场地不同，可以将展览会分为专用展览馆展和流动展览。多数展览都在专用展览馆举办，根据不同的展示需要，可选在室内或室外进行。流动展览可以称为巡回展，用某些载体在不同的地点展示相同的内容，例如，利用飞机、火车、房屋等。

（六）根据形式不同划分

按照形式不同，可以将展览会分为现实展览和虚拟展览。现实展览也就是传统展览，展品真实可触，展出者和观众可以面对面交流。虚拟展览，即网上展览，展品通过互联网进行展示，观众不需要去某个指定的场馆。世界上第一个虚拟博览会在1996年11月由英国虚拟实现技术公司和英国《每日电讯报》电子版联合举办，展期为1年。

（七）根据国际展览联盟（UFI）的展会分类标准划分

按照国际展览联盟的展会分类标准，可以将展览会分成以下几种：

① 综合性展览会，如技术与消费品展览会；技术展览会；消费品博览会等。

② 专业性展览会，如农业、林业、葡萄业及设备类展览会；食品、餐、旅馆生意、烹调及设备类展览会；纺织品、服装、鞋、皮制品、首饰及设备类展览会；公共工程、建筑、装饰、扩建及设备类展览会；装饰品、家庭用品、装修及设备类展览会；健康、卫生、环境安全及设备类展览会等。

③ 消费性展览会，如艺术品及古董等消费性展览会等。

 案例分析1

2023年第28届北京国际美博会

北京国际美博会是中国国际美博会（CIBE）系列展，于每年2月、7月在北京国家会议中心举办，北京国际美博会服务于华北、东北及周边地区的美业市场，作为美业体系的重要组成部分，发挥着无可替代的行业作用。

第28届北京国际美博会于2023年7月31日至8月2日在北京国际会议中心举

办，展览面积共40 000平方米，参展企业及品牌1500多家，专业观众超过50 000人。这次美博会聚焦于专业美容、大健康、纤体塑形、日化、三美等新技术、新产品、新项目，配以10多场精彩会，以"突破B端、直面C端"的新思路，以"细分支、精品类、强矩阵"为特色。展馆功能划分如下：

展馆1：专业美容区；展馆2：大健康大医美区、专业进口品区、专业线综合区；展馆3：减肥纤体及养生区、健康管理专区、日化进口品区、三美区、美容仪器区；展馆4：日化及新零售区，个人护理、洗护、新零售、供应链区。

展览范围：

（1）专业线：专业美容品、医美、养生保健品、养生产品/项目、香薰精油、纤体、塑身内衣、美容仪器、美容院用品、专业发品、养发产品、OEM❶代加工。

（2）日化线：日用护肤品、日用美发品、彩妆、化妆用具、个人护理品、口腔护理品、洗涤用品。

（3）三美：美甲产品/器材、纹绣产品/器材、美睫产品/器材。

（4）配套：软件、设计、人才输出、投资公司、电商平台、知识产权、培训机构、媒体推广。

思考：

1.美博会属于UFI展会分类标准的哪一类型？谈谈你对美博会的了解。

2.结合所学知识和以上案例，分析美博会对美容美妆等行业产生了怎样的影响？

三、中国展览会主要发展模式

中国已形成政府主导型重点展览会发展的基本格局。首先，形成了国家级扩大对外开放的会展平台。商务部分别与上海市、广东省、北京市、海南省政府共同主办的进博会、广交会、服贸会、消博会。其次，形成多双边机制性的对外交流平台。商务部、外交部等部门分别与各地方政府共同主办的一批大型涉外展会，如中国-东盟博览会、中国-东北亚博览会等。最后，还不断优化全国现有一批由行业主管部门与省市区级政府合办的重要会展项目，如国家发展改革委和商务部、工信部、科技部等多部门和深圳市政府共同主办的中国国际高新技术成果交易会（高交会），科技部联合主办

---

❶ OEM 是英文 Original Equipment Manufacturer 的缩写，指原始设备制造商。

的中关村论坛及科博会，文化和旅游部等部委参与的中国（深圳）国际文化产业博览交易会、中国国际旅游交易会，农业农村部参与的中国杨凌农业高新科技成果博览会，工信部参与的中国国际工业博览会等。政府通过进一步转变职能，推动有效市场和有为政府更好地结合，促进会展业紧密对接市场需求，同时减少对展览市场资源的直接配置和干预，加快推动办展市场化进程，提高要素市场化配置水平，激发各类市场主体参与会展供给。

第二节　展览会市场调研与立项策划

一、市场调研和选题构思

（一）展览会调研与信息分析

展览会调研与信息分析，就是通过对展览信息进行收集和分析，为选题和策划提供依据。

（1）展览信息，主要包括产业信息、市场信息、同类展览信息以及展览的相关信息。

（2）产业信息，主要包括产业性质、产业规模、产业政策及发展规划、产业分布状况、厂商数量、产品销售方式、产品技术含量等。产业发展状况和产业性质对一个展览能否成功举办具有重要影响，应优先考虑区域的优势产业、主导产业、重点发展行业等，具体分析行业市场状况。

（3）市场信息，主要包括办展市场、参展市场以及专业观众市场的相关信息，具体有市场规模、市场竞争、市场发展趋势、经销商数量和分布、相关产业状况、行业协会状况等。

（4）同类展览信息，主要包括同类展览的数量和分布情况、同类展览间的竞争态势、重点展览的情况等，尽量争取做到知己知彼，一方面能为是否在该产业举办展览提供决策依据，另一方面能为制定竞争策略提供参考。场馆、环境、交通等相关信息，都是信息收集中不可或缺的部分。

（5）展览调研，主要分为一手资料和二手资料的收集。出于成本及速度的考虑，一般先进行二手资料的收集，可通过主办方、参展商、行业协会、会展项目管理系统等渠道获得。一手资料，即原始资料，是为了解决特定问题，通过观察、访谈、实验等方式专门收集的调查资料。

（6）信息分析。对收集到的各种信息进行整理和分析，得出结论，并用文字形式表现出来，为主办部门提供决策参考。

（二）选题与主题策划

1.选题

在对展览信息进行整理和分析后，就可以对展览题材所在行业进行选择，一般优先考虑本区域的优势产业和主导产业，其次考虑国家或本地重点发展的产业，最后是政府扶持的产业，然后进一步确定细分市场，主要通过对细分市场的规模、发展潜力、盈利能力、结构吸引力等因素进行评估。选题时，除了要考虑行业和市场，同时也要结合办展的时间、地点以及办展机构的目标和资金、人才等内部资源进行研究分析。

2.主题策划

展览主题贯穿展览始终，是展览的灵魂。主题应该是对展览目标的具体化，通常表现了主办方对展览内容的理解，是展览对外宣传的标志。展览主题可以是一个或者几个，其策划实际上是为了确定展览用以吸引客户的理念。表7-1为历届世界博览会的主题。无论是1933年美国芝加哥世博会首次提出展示主题"进步的一个世纪"，还是1939年处于第二次世界大战期间的纽约世博会强调"建设明天的世界"，历届世博会都力求达成展示理念的"最大公约数"，以吸引多元文化主体的共同参与。所有围绕该主题的设计、传播都是在之前系统研究目标受众的文化习惯和所处情境才能提供的，其

表7-1　2000—2023年历届世界博览会主题一览表

举办年份	国家	举办地	主题
2000	德国	汉诺威	人类—自然—科技—发展
2005	日本	爱知县	自然的睿智
2010	中国	上海	城市，让生活更美好
2012	韩国	丽水	天然的海洋
2015	意大利	米兰	滋养地球，生命能源
2017	哈萨克斯坦	阿斯塔纳	未来的能源
2019	中国	北京	绿色生活，美丽家园
2020	阿联酋	迪拜	沟通思想，创造未来
2021	意大利	威尼斯	合作与未来
2023	阿根廷	布宜诺斯艾利斯	数位聚合下的创意产业

准备工作以受众能方便快捷的理解、避免认知失调为标准。2010年上海世博会围绕"城市生活"的主题，借助整合的媒介宣传，精心组织、设计会展参与者之间的多个"接触点"，向观众呈现了既可理解又新奇的未来城市生活场景，传播了与观众利益息息相关、容易引起共鸣的"绿色城市"等新观念、新提法。在操作上，主办方通过展前的大规模宣传造势，及早传递与会展情境相关的文化信息，高举"城市让生活更美好"的大旗，为观众的意义解读进行铺垫；在展中阶段，则主要借助"海宝"吉祥物，展现未来城市场景的展馆、园区等具象载体，通过现场展示、背景烘托、主题讲解等沟通方式传递符号编码信息，强化说服效果。"城市生活"是一个各国公众都容易理解、达成共识的主题，但又具有充分的内容创新空间，这种主题设计方式反映出了世博会展示策略的成功经验。

二、可行性分析

可行性分析主要分析的是以下四个方面的内容：展览题材的可行性、执行方案的科学性、财务预算的合理性以及展览风险的可控性。

（一）展览题材分析

展览题材分析主要是对展览环境和战略两方面进行分析。

1.环境分析

展览环境分为宏观环境和微观环境两部分。宏观环境指的是对举办展览产生影响的各种社会因素，包括政治法律环境、社会经济环境、科学技术环境、社会文化环境等。微观环境指的是对展览会产生直接影响的各种因素，主要包括展览参与机构所在的行业特征、市场竞争状况、细分市场、目标客户需求，办展机构的人力、物力、资金、信息等内部资源。

2.战略分析

根据各企业实际情况和目标，举办展览的策略可以有多种，最重要的是找出自身最大的优势和抓住市场机遇，最大限度地规避或减小外部威胁。较为常用的战略是SWOT分析法，即对办展机构所具有的优势（Strength）、办展机构所具有的劣势（Weakness）、外部市场环境为办展机构举办展览所提供的机会（Opportunity）、办展所要面临的外部威胁（Threat）进行分析。例如，办展机构有举办同类展览的经验（内部优势），同时所在行业的协会举办该展览的规模逐渐变小，甚至有意转让（外部机会），办展机构这时应发挥自身优势来发展该展览。办展机构品牌优势显著（内部优势），而要涉足一个新领域的展览（外部威胁），那就要利用其品牌优势抓住客户。某领域产品或技术发展前景普遍向好，受到当地行业和政府支持（外部机会），虽然办展机构缺乏相关经验或专业人士（内部劣势），但只要市场条件成熟，还是可以利用社会力量来举办该展览的。假如办展机构举办该展和具有重大影响的同类展览有冲突（外部威胁），而自身也没有能力改变此状况（内部劣势），那办展机构就要对选题、时间、地点等因素进行重新定位和调整，从而避开正面交锋。

（二）执行方案分析

执行方案分析主要是分析展览的基本框架方案和进度计划方案，判断是否能保证该展览的目的顺利实现。

首先，分析展览基本框架方案。展览基本框架包括展览名称、举办时间和频率、举办地点、办展机构、展览主题和规模等因素。在分析展览基本框架方案时，应该要注意确定以下问题：① 展览名称和展览题材、举办地区以及展览的定位是否匹配？② 办展的时间和频率是否与展览题材所在行业特征相符？③ 办展地点是否有足够的市场力量支撑展览成功举办？④ 展览题材的市场规模是否适合举办这种规模和档次的展览？⑤ 办展机构是否有足够的能力举办该展览？⑥ 展览规模与其定位是否相符？

其次，分析展览进度计划方案。展览进度计划方案是对从展览筹备到结束整个过程各项工作的统筹安排。它规定了各部门的工作职责，具体到什么时间完成什么任务、达到怎样的目标。分析进度计划方案要注意确保各项工作的顺序符合逻辑；各阶段工作所要达到的目标要具体、准确、可行；各项工作安排科学，设定的时间限制不可过松或过紧；各项工作之间相互衔接。

执行方案的分析涵盖各种方案，除了以上两种方案，还有招展方案、宣传方案、现场管理方案及各种相关会安排方案等，每个环节都要照顾到。

（三）财务预算分析

财务预算分析的目的是判断展览是否具有经济可行性，主要分为以下三个步骤。第一，研究相关市场和执行方案，结合市场环境，预测财务分析过程中所需要用到的各种数据；第二，分析各项数据，结合展览各项工作的时间安排，做出初步的财务预算；第三，测算办展的费用支出和收益，制定资金使用计划。

（四）展览风险分析

展览风险分析是指评估展览项目可能出现的问题，目的是提前制定相应的应对措施，保证展览顺利进行。风险分析分为风险确认、风险评测、风险控制和防范分析四个步骤。

三、展会项目立项策划

依据展览项目的可行性分析，在确定了展会的目标、题材以及主题之后，就可以进行展会项目立项策划了。

（一）展览会的基本框架

1.展览名称

展览名称常用的词有展览会、博览会、展销会、交易会等。一般而言，"博览会"的规模最大，涉及范围较广，其主要举办目的是为参展主体自身品牌或产品展示与宣传提供平台。"博览会"更强调展示内容之"博"，因此组展方一般为一个国家或地区，从全社会的角度出发，突出展会的社会影响力，专业性较弱。"展览会"则主要以企业之间进行商务贸易及企业品牌宣传为目的，一般由专业的展览机构或组织举办，服务于产业，专业性强，规模和影响力比博览会稍小，主要集中于行业中的交流与影响。"展销会"的专业性较弱，主要服务于企业的直接销售，对象一般为普通消费者，因此一般规模相对较小，社会及行业影响力较小（表7-2）。值得指出的是，尽管以上不同类型展会的功能有所区别，但在实际操作中，有混用的现象，都用来表示展会。

表7-2　展会名称基本差异概况

名称	规模	目的	视角	专业性
博览会	大	展示与宣传	社会	弱
展览会	中	贸易或宣传	行业或组织	强
展销会	中或小	零售	企业	较弱

2.办展地点

一般的展会选址总是在交通便利和较重要的经济中心。国际性的展会，一般在对外交通和海关比较便利的地方举办，这样可以方便海外企业参展和观众参观。在具体选择展馆时，还要综合考虑展馆使用成本、展期安排是否符合自己的要求，以及展馆本身的设施和服务水平等因素。

3.办展时间和展期

办展频率主要取决于展览题材所在的行业特征和市场需求，尤其是产品生命周期的影响，如果产品生命周期短、更新速度快，展览的频率就相对高一些。例如，像中国进出口商品交易会，由于市场需求旺盛，由原来的一年一届改为现在的一年两届。

4.办展机构

办展机构是负责展览的组织、策划、招展、招商等事宜的有关单位，主要分为主办单位、承办单位、协办单位和支持单位。其中主办单位和承办单位是最为核心、最为重要的，不可或缺。协办单位与支持单位可视展会的实际需要来定。

 案例分析2

2023第十届温州国际时尚文化产业博览会开幕

10月27日上午，2023第十届温州国际时尚文化产业博览会在温州国际会展中心正式拉开大幕。整个文博会持续四天，六大场馆、五大分会场共同上演一出文创好戏。十年文博，成果丰硕。温州国际时尚文化产业博览会是经省委、省政府批准举办的重要展会，作为温州不可或缺的文化品牌，从2014年创办以来，已经成功举办了9届，展会规模、观众数量、交易成果连年攀升，市场化、国际化、专业化水平不断提升，累计观展人次超250万，来自40多个国家和地区的4500多家文化企业参展，被评为"改革开放40年40个优秀特色展""中国最具行业影响力展览会"。

本届温州文博会以"千年瓯风 海丝芳华"为主题，由主题展会、论坛会议、配套会和推介交易等组成。主会场设在温州国际会展中心，并在有关县（市、区）设分会场。其中主场馆设海丝时尚·城市文创馆、工艺美术馆、文旅·科技·设计馆、雅生活馆、动漫潮玩馆、风味美食馆六大展馆，总面积约为3万平方米，共有来自26个国家和地区、国内40多个城市的500多家企业参展，带来各地各类文创精品。

展会由中共浙江省委宣传部指导，中国工艺美术学会、浙江省文化产业促进会、温州市人民政府主办，浙江省二轻集团有限责任公司支持，中共温州市委宣传部承办，相关单位协办。

现场还举行了世界温州人设计师联盟成立揭牌仪式和手工艺50人论坛合作框架协议签订仪式。为了让创意设计赋能城市高质量发展，温州市立足世界温州人资源优势和产业基础，发起成立世界温州人设计师联盟，助力温州打造时尚设计之都。由中国工艺美术学会发起成立的"手工艺50人论坛"，是推动手工艺与设计、时尚、品牌交融共生、创新发展的智库平台，从2023年开始，该论坛将落户温州，为温州工艺美术产业创新发展打开新的空间。

思考：

　　1.第十届温州国际时尚文化产业博览会的办展机构有哪些？从办展机构看，该博览会有什么特点？

　　2.此次文博会给该文化产业带来了哪些影响？

5.展览规模和定位

　　展览规模受市场成熟度、观众数量与质量，以及办展机构策略等因素的影响。办展机构根据自身资源条件和市场竞争状况，通过一系列营销努力把自己设计的个性和形象传达给客户，从而确立自己的展会在市场上的位置，展览的目标参展商、目标观众、展览的目标和主题也在此过程中进一步得到明确。要向参展商和观众提供一些富有特色、与众不同的创新价值，要创造差异化优势。

（二）招展招商和宣传推广计划

1.招展计划

　　招展计划是为招揽参展商而制定的各种策略和措施。招展策划是整个展览策划中的基础工作之一，因为招展工作决定了参展商的数量和质量，直接关系到展会的档次和发展前景。

2.招商计划

　　招商计划是为招揽观众而制定的各种策略和措施，观众的数量和质量在很大程度上会影响参展商的参展决策，是展会生存和发展的基础。招商和招展工作相互影响、相互促进。

3.宣传推广计划

　　制定宣传推广计划的目的是建立展会品牌和树立展会形象，同时为招展和招商服务。展会前期的目标侧重于招展，宣传推广以专业媒体为主，结合专项推广。专业媒体包括展览题材相关行业的专业报纸、杂志、会展目录、会展会刊和网站等。专项推广主要为针对客户的营销会、邮寄招展函和联合相关行业协会和机构等。展会后期的目标侧重于招商，宣传推广以大众媒体为主，结合专项推广。大众媒体包括各种报纸、杂志、电视、广播、户外广告媒体、交通广告媒体、门户网站等。专项推广主要是发放观众邀请函及与同类展会和相关行业协会合作。

展会的招展招商和宣传推广等展会营销环节，是展会获得经济效益和品牌效应的关键，本模块的第三节将单独讨论招展期间的相关展会营销工作。

（三）展会时间进度计划

为使展会各项工作顺利有序地进行，在实施工作计划前，组展方需要针对展会各个环节制订合理的时间管理计划，并在实施过程中进行严格的时间管理。组展方可运用展会进度计划甘特图协助制定时间管理方案。甘特图以图示列表的方式，将工作项目顺序及持续时间用刻度形象地表示出来。其中，横轴表示时间，纵轴表示具体的细分任务，线条表示在工作周期中的计划和实际完成情况。甘特图可以重点反映展会项目工作的三重约束，即时间约束、成本约束和范围约束，能够直观地表达任务开始及结束时间，并用于与实际进度之间的检查、比较。

第三节　展览会招展策划

展览会招展就是通过各种方式将那些产品（服务）与拟办展览会主题相符的制造商、供应商、成果拥有者、服务提供者吸引进展览会，让其在展览会上展示和推销自己的产品、服务和技术成果。

一、建立目标参展商数据库

目标参展商是指办展机构认为可能会来参展的企业、组织和其他机构，主要是某个展览题材所属行业的企业，也有少数是与该题材有关行业的企业。对于目标参展商的信息，主要是通过行业企业名录、商会和行业协会、政府主管部门、专业报刊、同类展会、外国驻华机构、专业网站、电话黄页等渠道收集。收集的主要内容如下：企业资料，包括企业名称、联系方式、联系人、企业性质、主要产品、市场、年产值、企业信誉等级等基本信息；人员信息，包括企业联系人和决策人的姓名、国籍、职务、联系方式、年龄、性别、兴趣爱好、忌讳等；参展商生产的产品品种、目标市场、企业规模等市场信息。

目标参展商数据库主要用于进行展会前期的市场宣传推广和销售，连届性展会尤其要建立数据库，这对于巩固老客户、发展新客户有很大的作用。一个庞大的会展数据库的构成是基于对行业产业链的分析而形成的。任何一个行业都有自己的产业链，例如，如果组织者打算举办一个食品加工机械的展览会，那么该展览的参展对象包括食品加工、包装等机械的制造商、厂家、设备供应商，展览范围包括食品机械、设备和生产技术等，因此它们就构成了目标参展商数据库的主体内容。这些厂家和公司的上游企业，如机床制造商、原材料供应商等，以及下游企业，即食品加工机械的应用行业，如食品加工厂、餐饮企业、批发商、零售商等就构成了目标观众群。另外，还有部分与该行业有关的科研单位、技术研发机构、采购商以及行业媒体、专业期刊等既可以成为参展商，也可以作为专业观众参观展览会。

在实际业务工作中，目标参展商数据库的应用十分广泛，业务人员可以通过各种不同的方式充分利用目标参展商数据库开展市场营销、招展、客户服务、观众邀请、问卷调查等工作，主要使用途径包括邮寄、发邀请函、E-mail、电话销售等。

二、划分展区和展位

展位的规划各不相同，特别是小展位。如果把很多小展台排成一列，通常不够醒目，相较于大型展台或者孤岛式展台，视觉效果明显不好。另外，还应明确展示相关产品或服务的展台应该集中在一起，还是随意分布在整个会展中。集中展示能为观展者提供方便，但集中所带来的竞争，又会对参展商产生不利影响。图7-1为2023年在北京举办的2023中关村论坛展览（科博会）展区分布图，把相关产品集中在了一起。

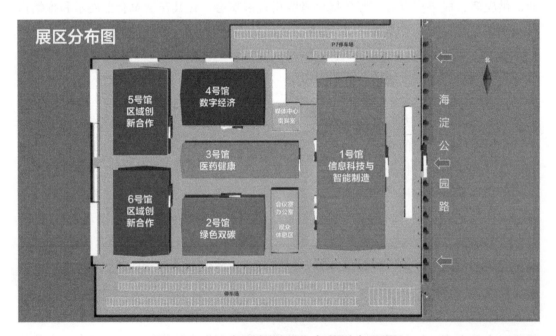

图7-1　2023中关村论坛展览（科博会）导览图

展区规划方案中各部分要相互支持，对于展览区、特别功能区和餐饮服务区的规划，要有助于买卖双方的交流互动和调控客流量。比如，展览区内一个或几个标准展位夹在一些特装展位之中，标准展位将变得非常不显眼；如果将一些次要题材放在展馆最好的位置，展会的整体效果将大打折扣；特别功能区如新品区等本身具有吸引观众的能力，因此可以考虑将其放在较为偏僻的位置；对于餐饮服务区，根据展会规模，要考虑集中设置还是分散设置，要方便展商和观众，不要造成过分拥堵。总体而言，场馆整体布局要充分考虑到美学和视觉吸引力、展出效果及方便观众参观和集聚等要素。

由于展台的位置不同，展台开口也有差别。展会上有四种常见的展台位置分类。如果一个展台的左右侧都有展台，那么这个展台只有一面开口，称作道边型展台（Rowstand），见图7-2。展台敞开面的大小决定了展台的深浅和宽窄，此展台一般可供人员流动的区域最少，观众只能从其面前的过道进入。道边型展台大多位于过道两侧，标准摊位多属于此类展台，租赁价格也是四类展台中最低的。

一个展台处于两条过道（Aisle）交叉口，这个展台就有两个开口，称作转角型展台（Cornerstand）。相对于道边型展台，转角型展台观众流量较大，展示效果比道边型展台好，见图7-3。

图7-2　道边型展台　　　　　　　　图7-3　转角型展台

一个展台三面都是过道，那么这个展台就称作半岛型展台（Head or End Stand）。半岛型展台视野较前两种更开阔，展示效果更好，租赁价格较前两种更高，此类展台多为特装展台，见图7-4。

同理，四面都有过道的展台称作岛型展台（Block Stand）。岛型展台是四类展台中展示效果最好、人流量最大的展台，同时在四类展台中租金最高。此类展台全部是特装展台，参展企业如果租赁此类展台，不仅要支付比其他三类展台更高的租赁费用，还要自行设计、自行搭建，见图7-5。

图7-4 半岛型展台 图7-5 岛型展台

除上述四种室内展台以外，还有室外展台（Exterior Exhibition Stand）。室外展台是指在室外展出的展台，用于展示特大展品或大型机械设备（建筑机械）。由于受室内展馆的高度或地板承重限制，一般参展企业在展示此类产品时会选择室外展台。室外展台价格与室内展台不同，参展商租赁室外展台时除了要设计搭建以外，还要注意保证在讨论区设有顶棚，可以为参展人员和观众挡风遮雨。

在销售展台的同时，平面图是招展人员必备的一份工作文件，他们必须根据公司参展情况，每天标注和修正平面图上租出的展位。

展区划分关系到展览会的专业化程度和展览会的整体形象，便于观众参观。在划分展区和展位时，要遵循以下原则。

1.统筹兼顾

所谓统筹兼顾，就是在划分展区和展位时，要在办好展览和符合展览需要的前提下，对展览所有的展位做统一安排。在安排时，要最大限度地兼顾到办展机构、参展商、观众以及展览服务商各方面的利益和便利性。如果展区和展位的划分忽视了某一方面的需要，就会给相关方面带来不利的影响，并由此产生连锁反应，进而影响到整个展览的效果。

2.因地制宜

展区和展位的划分，除了要充分地考虑展览等有关方面的需要外，还要充分考虑到展馆的场地条件，因地制宜。例如，如果展馆里有柱子，就要考虑不能将柱子划在某个展位里面。又如，不同参展商对自己展位的具体形状的要求各不相同，有的希望展位是岛形的，有的希望展位是通道形的，有的希望展位是道边形的，划分展位时要充分考虑到这些需要。在划分展位时，如果只是注意满足某些参展商的需要而不注意展览整体效果，场地就会出现一些死角。

3.合理安排展览会的功能服务区域

一个展览除了最主要的展示区域以外，还需要安排一些功能服务区域，如登记处、咨询处、洽谈区、休息区、新闻中心等。尽管这些区域的面积都不大，但对展览整体而言还是十分必要的。在划分展区和展位时，不能只考虑展览展示区域的划分而忽视了对这些功能服务区域的统筹安排。

4.不能遮挡展馆的服务设施

展馆里的一些服务设施是展览安全的重要保证之一，要保证任何展位都不能遮挡展馆里的一些重要安全设施，如消防栓、消防和安全通道、电箱等。在展馆的入口处，要留出一定的区域供参观人流聚散，展场的各种通道要达到一定的宽度，以便参观人流通过。

5.适应参观人流的规律

展区和展位的划分要使对某类展品感兴趣的目标观众能很方便地找到展出该类展品的所有展位，与该展品有关联的产品也能在相邻的展区里找到。要做到这一点，需要注意遵循参观人流的规律。一般来说，在国内，由于受平时交通规则的影响，人们进入展馆后习惯于直接向前走，如果不能直接向前就习惯于向右转；在展馆的入口处、主通道、服务区和大的展位前的人流比较大，容易聚集大量的人围观某一个展位或展品。因此，参观人流也是划分展区和展位时要充分考虑的重要因素之一，良好的展区和展位的划分会增加会展贸易成交量，提高会展在观众心目中的地位。

> **知识链接** ⌄
>
> ### 展会人流的规律
>
> 具体来看，展会上的人流是杂乱无章、随意走动的；但从总体来看，人流还是有一定规律的。以下是人流的一些规律：
>
> 自然形成的人流。就展览会和展馆而言，在入口、出口等处，人流的流向比较明确，在主道、服务区域等处，人流比较集中。
>
> 自然习惯形成的人流。在随意走动的人群中会有一种现象，就是人随人。人群是由有目的的个体和无目的的个体，或懒散个体组成的，有目的的人走向某个方向，往往会带动一群人。
>
> 自然心理形成的人流。有一种潜意识现象称为心理适应，观众进入展览会后，往往先走上一段路，感到适应环境后再开始细看展品。
>
> 自然本能形成的人流。据称这是地球绕太阳顺时针旋转等自然倾向使然。

三、确定招展价格

招展价格就是展位的出售价格。展位价格有两种计算方法：一种是标准摊位的价格；另一种是净面积出租价格。标准摊位一般以3m×3m作为一个计算单位，参展商按租赁的标准摊位数付费；净面积出租则是参展商按实际租赁的展览面积付费。

一般情况下，一个标准摊位为9平方米，组织者在摊位中为参展商预先配置了一系列的基本设施，包括三面展板墙、地毯、公司中英文名称及展台号的楣板、两只射灯、一个电源插座、一张信息桌、两把折椅、一个废纸篓。不同的组织者会根据实际情况另行决定基本配置。一个展台的价格包含了基本设施的费用。参展商可按需租用面积更大的（如12平方米、15平方米），或两个以上的展台。此类标准展台的特点是价格较低，便于参展商布置和展示产品，不需花费很多精力和时间即可完成布展。

另一种面积出租方式是以光地面积租订，通常规定在27平方米或36平方米以上起租。如参展商租用光地，则组织者仅需划定相应区域的面积给参展商即可，无须另外提供基本设施。光地租订者需自行安排展台的设计、搭建、展台设施配备、电箱租用等。光地租用的特点是面积大，展示效果突出，对观众的吸引力大，适合于有经济实力的大公司和跨国企业的形象推广。

建立合理的招展价格体系是招展策划的一项重要工作，对参展商的参展决策具有重要影响。制定合理的招展价格，运用招展价格体系形成多种促销手段，是展览营销的制胜武器。在我国展览营销的组织工作中，招展价格体系主要由招展价格、价格策略和促销战术三个部分组成。在展览的展位销售过程中，科学地为展览的展位制定适当的价格，不仅可以提高展览营销的市场竞争力，还可以降低参展商的成本，使组展方与参展商实现合作双赢，对展览的长远发展十分有利。招展价格过高，会影响参展商的参展积极性；招展价格过低，会影响展览的收入，挫伤展览组织者的办展热情。因此，合理的招展价格体系是实现展览营销和展览效益同步增长的重要助力器。以下因素会影响招展价格的制定。

1.展览会发展阶段

展览会具有四个不同的发展阶段：培育期、成长期、成熟期和衰退期，在不同阶段，参展商的构成也不相同。① 培育期：展览尚处在市场竞争的劣势，知名度不高，行业内对展览的认知有限，参展商以小型企业为主，展览是以保本或微利方式运行，因此，招展价格定位不宜太高。② 成长期：展览在行业内形成一定的知名度，具有一定的市场竞争力，参展商构成发生变化，中小型企业的参展热情提高，展览规模迅速扩大，招展价格可相应地提高。③ 成熟期：展览在市场上的地位基本稳定，参展商构成多元且数量基本固定，展览规模基本定格，展览的招展价格与其他竞争展览的价格也基本固定，不宜变动。④ 衰退期：展览的竞争力开始减弱，大中型参展商开始逐渐减少，展览规模萎缩，根据这一阶段的参展商构成，展览的招展价格应该较低，以调动参展商的参展积极性。

综上所述，在展览各个不同时期，参展商构成是不同的，展览组织机构应在制定展位销售价格时，应充分考虑以上不同展览所处的不同时期对展览招展价格所产生的影响。

2.展览题材所在行业的状况

展览题材所在行业的状况主要是指该行业的平均利润率和该行业的市场发展状况。行业平均利润率决定了该行业所属企业可能的盈利水平和支付能力。如行业平均利润率较低，而展览的招展价格定得过高，则参展企业将会因无法承受而放弃参展。反之，行业平均利润率较高时，展览的招展价格就可以相应地定得高一些。

行业的市场发展状况是制定展览招展价格时需要考虑的另一个重要因素，例如，行业处于买方市场，企业参展的积极性就较高，展览的招展价格可以定得高一些；如果行业处于卖方市场，企业参展的积极性就较低，展览的招展价格就应该定得低一些。

3.展览会经营目标

展览会一般有五种经营目标，即利润目标、市场份额目标、价值目标、质量领先目标和生存目标，这些目标的本质都是基于展览的经营成本而言的。经营目标不同，展览的招展价格也不尽相同。例如，展览价值目标是以企业生存为主，那么展览的盈亏平衡价格就是其最后的底线；如果展览的价值目标是尽可能地扩大市场份额，那么展览的招展价格就可以暂时低于展览的盈亏平衡价格，尽管这时展览将出现亏损。质量领先目标则可考虑以提高服务水平、高质高价的方法来确定展览的定价。

4.竞争的需要

在制定招展价格时，要充分考虑那些与本展览有竞争关系的同类展览的价格状况，充分评估本展览在市场上处于什么样的地位，是处于市场领先地位还是处于跟随地位。如果是前者，就可以将价格定得稍微高一些；如果是后者，就必须将价格定得低一些。国际展览组织机构在开发新的展览项目时，往往会仔细分析整个展览市场及展览所代表的行业发展趋势，并通过收集竞争对手的各种资料与信息，周密地进行SWOT分析，通过顾问与决策团队对招展价格制定的反复酝酿，最终确定具有一定竞争力的定价标准。

5.展览的价格弹性

所谓价格弹性，是指当展位价格每变动1%时，展位销售量变动的大小，是用来表示招展价格的变动对展位销售量影响大小的参数。如果展览的价格弹性较大，展览招展价格的降低就会引起展览展位销售量的大增；如果展览的价格弹性较小，展览招展价格的降低对展览展位的销售量产生的影响就较小；如果展览的价格弹性为负数，那么展览的价格的降低不仅不会促进展览展位的销售，反而会使展览展位销售量大幅下降。因此，展览招展价格不是随意确定的，展览组织者还必须考虑展览价格弹性对招展价格的影响和作用。

上述各因素往往互相牵制，彼此影响。因此，在制定招展价格时，展览组织者需要全面考虑，如果只考虑某一方面而忽视了其他因素，展览的招展工作就会受到影响。

 案例分析3

2015亚洲国际动力传动与控制技术展览会价格体系

为了满足参展商日益增长的对个性化产品的需求，在2015亚洲国际动力传动与控制技术展览会中，展览组织者按照参展商选择的不同产品来定价，价格体系完全遵循透明、公开的原则。参展商可以通过选择定制化服务获得最佳投资回报：参展商可以根据预算选择相应的展示区域，展示区域不再受制于企业性质，定价原则更加公开、透明；根据需求制定各种展示方式，企业可以选择不同数量的开口面或者异形标摊来展示企业个性化的形象；根据财年周期灵活选择报名时间，企业能够按照自身财年预决算的周期合理安排报名时间。办展机构在官方网站上公布价格体系（表7-3、表7-4）。

表7-3　早定价格参考　　　　　　　　　　　单位：元/平方米

		道边型	转角型	半岛型	岛型
A区光地		2100	2180	2220	2250
B区光地		1320	1400	1440	1470
C区光地		1180	1240	1280	1310
D区光地		940	1000	1040	1070
其他选择	标准展位	145	以上价格已包含展位管理费；以上价格均为净价，不包含6%的增值税；标准展位价格＝光地展位价格×其他选择附加费用		
	升级标准展位	240			
	豪华标准展位	335			

表7-4　标准价格参考　　　　　　　　　　　　单位：元/平方米

	道边型	转角型	半岛型	岛型
A 区光地	2180	2260	2300	2330
B 区光地	1400	1480	1520	1550
C 区光地	1260	1320	1360	1390
D 区光地	1020	1080	1120	1150
其他选择	标准展位	150	以上价格已包含展位管理费；以上价格均为净价，不包含 6% 的增值税；标准展位价格＝光地展位价格 × 其他选择附加费用	
	升级标准展位	250		
	豪华标准展位	350		

思考：

　　上述案例中采用了哪种形式的价格折扣？在执行这些价格折扣时，需要注意什么问题？

四、编制招展函

（一）招展函的主要内容

1.会展的基本内容

（1）会展名称。会展名称一般放在会展招展函封面最醒目的位置，会展的名称一般用较大字号着重表示。如果会展是国际性的，会展的名称还包括其英文名称。

（2）会展的举办时间和地点。会展的举办时间和地点一般放在会展招展函的封面。举办时间也可以放在招展函的内页，只不过放在封面的时间是会展的正式展览时间，放在内页的时间往往还包括会展的布展、撤展和对专业及普通观众的开放时间等。举办地点需要介绍会展场馆所在的城市位置、场馆容量、配套设施和周边环境等。

（3）办展机构。办展机构包括会展的主办单位、承办单位、协办单位和支持单位等，有时还包括会展的批准机构。它们通常被放在会展招展函的封面。

（4）办展起因和办展目标。简要说明举办该会展的原因和将要达到的目标，如果是已经连续举办多次，那么对往届会展的情况进行回顾也是十分必要的。

（5）会展特色。用简洁的语言概括会展的特色，以易于传播为撰写标准。

（6）展品范围。详细地列明会展的展品范围，有时候还包括会展的展区划分，供参展商做参展决策时参考。

（7）价格。列明会展的各种价格，包括空地价格、标准展位价格、室外场地价格等。对于标准展位，一般还要对其基本配置做出详细说明。

2.市场状况介绍

（1）行业状况。结合会展的定位，对会展展览题材所在行业的状况做简要介绍。

（2）区域市场状况。根据会展的定位和市场辐射范围的大小，简要介绍该区域市场状况。

3.会展招商和宣传推广计划

（1）招商计划。简要介绍邀请专业观众的办法、范围和渠道。如果会展已经连续举办多次，那么对往届会展到会观众情况的回顾分析也是十分必要的。

（2）宣传推广计划。介绍会展宣传推广的手段、办法、范围、渠道以及扩大会展影响的措施等。会展宣传推广计划是参展商较关注的项目，需要详细列明。

（3）相关活动。简要介绍会展期间将要举办的相关活动，以及各种活动的举办时间和地点、组展方的联系方式等。会展相关活动既有对会展的宣传和辅助作用，也有对参展商的宣传和展示作用，有些参展商会因此而乐意参展。

（4）服务项目。招展函要明确告诉目标参展商，如果他们参展将能从会展中获得怎样的服务，这些服务包括会展为他们提供的各种有偿服务和无偿服务。

4.参展办法

（1）参展手续。简要说明参展需要办理的手续。

（2）付款方式。列明会展的开户银行、开户名称和账号、收款单位名称，以及参展商参展的付款办法、应付定金额和付款时间等。

（3）参展申请表。预留参展商参展申请表，一旦目标参展商计划参展，他们可以直接填写该表，并传真或快递到办展机构预订展位。

（4）联系办法。列明办展机构的联系地址、电话、传真、网址和E-mail等信息。

（5）各种图片、图案。招展函还应有一些图片和图案，如展馆平面图和以往会展的现场照片等。这些图片既可以对会展相关情况做进一步的说明，也可以起到美化招展函的作用。

（二）编制招展函的原则

展览会招展函的内容较多，也较繁杂。组展方在编制招展函时，一定要对其内容、图片和版面做仔细的规划和安排，使招展函在展览会招展的过程中发挥其应有的作用。一般来说，在编制招展函时，要遵循以下原则。

1.内容详尽准确

很多时候，招展函是参展商了解展览会的第一手资料，也是他们最后决定是否参展的重要参考资料。招展函在展览会与其目标参展商进行沟通和联系时起着重要的作用。因此，招展函的内容一定要全面、准确，不能有所遗漏，不能出现差错。

2.简单实用

招展函的内容要全面准确，但不要拖沓和烦琐，要简洁，让人一目了然。招展函的内容要实用，与展览会招展无关的内容，尽量不要上招展函。

3.美观大方

招展函的版式安排、文字图片等的布局要美观大方，让人赏心悦目。但招展函文字的字体要适合人们的阅读习惯，不要仅为追求美观而过度装饰。

4.便于邮寄和携带

招展函一般要通过邮寄或者招展工作人员的携带而传到目标参展商手中，因此，招展函的制作样式要便于邮寄和携带，否则它不但会给招展工作带来不便，还会增加展览会的办展成本。

五、制定招展方案

（一）招展方案的基本内容

招展方案是展位营销的总体指导方针。在撰写过程中，组展方需要充分考虑产业特点和展位划分，合理规划招展价格和招展分工，提前统筹招展函的编制和发送事宜，需要对招展代理、宣传推广、营销方法和营销进度进行整体安排，并做出初步预算（表7-5）。

表7-5 招展方案的基本内容

流程	基本内容
1. 产业分布特点	介绍展览题材所在行业在全国的分布特点，指出各地区的产业发展情况及该产业的企业机构状况、分布情况和优劣势态
2. 展区和展位划分	以平面图或表格的方式对展区和展位进行划分，介绍其具体安排情况

续表

流程	基本内容
3. 招展价格	列明初步规划的展览会招展价格并说明制定该价格的依据
4. 招展函的编制与发送	统筹、介绍招展函的内容、编制方法和发送范围与方法。在做招展函的编制计划时，要考虑到招展函的印制数量、发送范围和如何发送等问题
5. 招展分工	对会展的招展分工做出规划和安排，包括招展地区分工安排、招展单位分工安排、本单位内招展人员及分工安排等
6. 招展代理	对会展招展代理的选择、指定和管理等做出安排，对代理的佣金水平及代理招展的地区范围与权限等做出规定
7. 招展宣传推广	在招展方案中，需要提出招展宣传推广的策略、渠道、时间和地域安排以及宣传推广费用预算等。 （1）招展宣传推广的渠道：包括召开新闻发布会、网络推广、相关协会推广、软文广告等。 （2）招展宣传推广的策略：包括宣传推广的出发点、主题、亮点，突出会展的个性化特色。 （3）招展宣传推广的时间和地域安排：招展宣传推广在时间和地域的分布和安排上，要注意与招展实际工作紧密配合，应因地制宜但又不彼此冲突
8. 展位营销办法	提出适合本会展展位营销的各种渠道、具体办法及实施措施，对招展人员的具体招展工作做出指引
9. 招展预算	对各项招展工作的费用支出做出初步预算，以便组展方及时、合理地安排各种所需要的费用支出
10. 招展进度安排	即在招展工作开始实施之前，就对招展工作及其要达到的效果进行统筹规划、总体布局，以便掌控招展工作的进程，确保会展招展成功。招展进度安排一般用表格的形式来表现

（二）招展分工

当展览会是由几个单位共同负责招展时，必须明确各招展单位之间的分工。招展单位也需要对本单位的招展人员及其分工做出安排。具体如下：① 确定招展人员的名单；② 明确各招展人员负责招展的地区范围和重点目标客户名单；③ 制定各招展人员的信息沟通和工作协调办法；④ 为招展人员分配相应的具体工作。

（三）招展方式

目前，一些常用的招展方式，除直邮营销外，还有以下几种。

1.电话招展

这也是目前最常用有效的招展手段，目的是与潜在的参展公司进行对话沟通，为客户提供个性化服务，并保持与客户长期的个人联系，最终说服其报名参展。电话销售的优势在于给客户留下美好印象，通过详述他们如何受益，说服其参展。其缺点是，只有掌握了电话销售技巧的业务员才能承担此工作，费时较多，容易遭到回绝，工作人员极易产生消极悲观情绪，进而影响工作进度。

2.E-mail销售

网络的普及使招展工作进入了电子商务阶段。通过E-mail联系，招展人员可以在不同的招展阶段向客户发出诸如参展邀请、展览信息，说服并催促其参展，并为他们提供各种服务。E-mail招展的优势包括快捷方便、互动性强，可以发送大容量的招展文件，易于跟踪和保存联系内容。其缺点也是显而易见的，如网络系统故障导致联系中断，无法确定客户是否如期收到邮件，电子版邮件的准确性和正规性不强等。

3.网络销售

如创建展览会官方网站、在相关网站投放关于展览会的电子广告、公众号招展等方式。网络销售的优势在于传播速度快，能突破时间和空间的限制，且信息量大。

除上述基本的招展方式外，较多采用的展台销售手段还有登门拜访、同类展招展、重点客户招展、行业年会中招展、国际展团、集体展团等。这些更高形式的招展都是在会展业的快速发展中应运而生的，其特点是更加注重潜在展商的个性化服务和对相关展出行业的深度招展，展会组织者的最终目的是通过招来潜在公司参展达到参展商推广企业形象、展示先进的技术水平、扩大商务渠道、满足专业观众的商业需求。

（四）招展代理

各个企业所拥有的资源优势不一样，通过资源整合，或许一家规模不大的公司也能成功组织一个大型展会，因此展会组织机构很有必要寻求合适的代理商，借助他们的力量和人脉来招揽参展商。广交会一直采用"委托代理招展和企业直接申请参展"的招展方式，选择海内外信誉度高、有实力和组展经验丰富的工商机构、行会协会、展览公司、知名企业申请作为广交会进口展区的招展代理商。招展代理可分为独家代理、排他代理、多家代理、承包代理等形式。

1.独家代理

独家代理是在保证一定摊位数的基础上，一个地区选择一家作为独家代理。办展单位不得在该地区招展，所有来自这一地区的摊位不管是否由代理直接招来，都计入代理的摊位中，统一支付代理佣金，且不管以后该公司是否通过代理或直接报名，都仍算为代理的名下，作为代理的永久客户。

2.排他代理

排他代理是赋予代理商在某一地区某一期限内的招展权，该地区不能再有其他代理商，而办展单位可在当地招展。目前，国内办展单位一般在海外寻求代理就用这种合作形式，以达到双管齐下的效果。

3.多家代理

多家代理就是同时委托几家机构甚至个人作为招展代理商，办展单位自己也同时招展。

4.承包代理

承包代理是指代理商承诺完成一定数量的展位销售，不管最终是否达到，都按约定的展位数额付款给办展单位。

一些专业性很强的展会是和一个专业的协会或公司全方位合作，利润对分。值得一提的是，与媒体（报纸、杂志、网站）的合作，可以很好地借助媒体宣传网络及资源。一个成功的国际性展览会，海外参展商一般会达到20%以上，因此物色合适的海外招展代理显得十分重要。选择海外代理的途径包括：通过海外相关行业协会推荐或指定，通过电子商务网络了解信息，通过海外举办招展新闻发布会让代理商主动竞争招展代理权等。

（五）招展宣传推广

招展宣传推广是为促进展览会更好地招展而有目的、有针对性地举行的一些宣传推广活动，是围绕展览会招展基本策略和目标而制定的，有很强的协调配合性。

（1）招展宣传的对象。中小型企业、边远地区的企业以及新获外贸经营权的企业，最需要外力的支持开拓市场，所以这些企业应该是招展宣传的主要对象。

（2）招展宣传推广的策略。要注重宣传推广的出发点、主题、亮点，突出展览会的个性化特色，从客户出发，处处体现客户利益。

（3）招展宣传推广的渠道。可以根据招展实际工作的需要，选择召开新闻发布会、在报纸杂志上做广告、向有关人员直接邮寄展览会资料、在国内外同类展览会上宣传推广、在网上宣传推广、通过有关协会和商会宣传推广、利用外国驻华机构和我国驻华机构做宣传等多种方式进行。

（4）招展宣传推广的时间和地域安排。要注意与招展实际工作紧密结合，宣传推广工作要走在招展实际工作的前面，为招展工作造声势、创知名度。宣传推广工作在时间上要连贯，要有统一的理念和策略作指导；在地域上要因地制宜，但又不彼此冲突。

（六）招展预算

招展预算是为保证招展各项工作的顺利进行而做的费用支出预算。展览会的直接招展费用主要包括：① 招展人员费用，如招展工作人员的工资、差旅费、办公费等；② 招展宣传推广费用；③ 代理费用；④ 招展资料的编印和邮寄费用；⑤ 招展公关费用；⑥ 其他不可预见的费用。

（七）招展进度计划

所谓招展进度计划，是指在招展工作开始实施之前，对招展工作及其要达到的效果进行统筹规划，就是对招展活动的时间、内容、招展措施、招展工作阶段及效果、任务等进行规划。一般而言，展览会招展进度计划如下：在展览会开幕前12个月，招展工作就要开始；前9个月，招展宣传推广活动大规模实施；前6个月，重点客户拜访工作基本结束；前3个月，展览会招展任务基本完成。

六、编制参展商手册

参展商手册是每位参展商都会拿到的一本引导性的手册，是办展机构将展览会筹备、开幕以及参展商参加展览会时应注意的其他问题汇编到一起，以方便参展商进行参展准备的一种小册子。参展商手册对参展商和观众有一定的指引作用，有助于办展机构做好展览会现场的管理工作。

（一）参展商手册的构成

一般来说，参展商手册主要包括以下几方面的内容：① 前言。前言主要是对参展商参加本届展览会表示欢迎，说明本手册编制的原则和目的。② 展览场地的基本情况。展览场地的基本情况包括展馆及展区平面图、展馆的交通图、展览场地的基本技术数据等。③ 展览会的信息。展览会的信息包括展览会的名称、举办地点、展览时间、办展机构，展览会指定的承建商、运输代理、旅游代理、接待酒店等。④ 展览会规则。展览会规则包括展览会有关证件的使用和管理的规定、展览会现场保安和保险的规定、展位清洁的规定、物品储藏的规定、现场使用水电的注意事项、现场展品销售的规定、消防规定、知识产权保护规定、现场展品演示的注意事项等。⑤ 展位搭建指南。展位搭建指南是对展览会展位搭装的一些基本要求和说明，主要包括标准展位说明和空地展位搭装说明等。⑥ 展品运输指南。展品运输指南对于帮助参展商及时安排展品等物品的运输有较大的作用，是对参展商将展品等物品运到展览现场所做的一些指引和说明，主要包括海外运输指南和国内运输指南等。⑦ 展览会旅游信息。展览会旅游信息主要是为了方便参展商及观众等的日常生活，是为满足参展商及观众等参加展览会期间的吃、住、行等需要和展览会前后的旅游需要等所做出的一些说明。⑧ 相关表格。相关表格是有关参展商在筹展和布展规程中需要使用的各种表格，主要包括展览表格和展位搭建表格两种。

（二）编制参展商手册的注意事项

编制参展商手册需要注意以下几个方面。

第一，实用。参展商手册所包含的内容必须对参展商进行筹展、布展、展览和撤展等有较大的指引作用，或者对办展机构对展览会筹展、布展、展览和撤展各环节进行管理有较大的帮助，或者对参展商邀请其老客户来展览会参观有辅助作用，否则，该内容就不能进入参展商手册。

第二，简洁明了。参展商手册对各方面内容的说明和叙述应该简洁，文字不要太多，篇幅不要太长，能说明问题就行。参展商手册对各方面内容的说明和叙述必须准确、具体，让人看得明明白白，不能让人看不懂，更不能产生歧义。否则，在展览会筹展、布展、展览和撤展等环节的具体执行中就会引起争议，既不利于参展商展出，也不利于办展机构对展览会现场进行管理。

第三，详细、全面。参展商手册提到的各项内容要尽量详细，如对布展和撤展加班时间的规定可以具体到小时、分钟，对各种表格的最后返回期限的规定可以具体到某月某日等，这样更有利于展会组织者对展览会的具体操作和管理。对于参展商手册应提到的各项内容要做到没有遗漏，如对展览场地基本情况的说明中，对展馆入口的高度和宽度、展馆的地面承重能力、消防注意事项等要一一列明，不能遗漏，否则，现场操作就会出现问题。比如，如果没有提到展馆入口的高度和宽度，就有可能会导致一些较大、较长的物品进不了展馆。

第四，美观。参展商手册的排版和制作要美观大方，印刷讲究，尽量不要出现错别字和其他印刷错误；参展商手册的制作和用纸与展览会的档次和办展机构的品牌与声誉相符，不能让人产生不好的感觉。

第五，专业。参展商手册的遣词造句要符合行业习惯和规范，要使用行业熟悉的语言，所涉及的术语要规范，不能想当然地使用一些行业比较陌生的词语；内容编排要符合参展商筹展的筹备程序，不能让他们翻来覆去地寻找自己需要了解的内容。

第六，国际化。如果展览会是国际性的，或者展览会有向国际化方向发展的打算，那么，参展商手册的内容编排和制作也要尽量做到符合国际参展商的需要，除了要有中文的文本外，还要有外文的文本。外文文本的参展商手册，其翻译一定要准确，因为海外参展商就是根据该手册来筹备各项参展事宜的，如果翻译不准确，将会给他们带来极大的不便。

随着信息技术的发展，越来越多的展览会主办方将参展商手册放在了展览会官网上，代替了传统的纸质手册，参展商凭借展商ID、密码可直接登录查看。

随着展览市场竞争的加剧，同类展览会层出不穷，在很大程度上造成了专业观众的分流。同时，由于展览会的质量参差不齐，有不少伪劣的展览会导致广大专业观众参观热情的降低。另外，展会组织者缺乏创新意识和有效的市场营销手段，也使展览会渐渐失去了行业影响力，对专业观众的吸引力大为减弱。由此引起的连锁反应就是参展商逐年流失，最终导致展览会停办。因此，展览会成功的关键在于观众组织逐渐被认同，只有万商云集展览会，才是吸引参展商的最主要因素。

第四节 展览会招商与宣传推广策划

一、展览会招商的对象

展览会招商是指邀请观众到展览会现场观展。展览会观众可以分为专业观众和普通观众，亦可以分为有效观众和无效观众。

专业观众是指从事展览会上所展出的商品的设计、开发、生产、销售或者提供相关服务的专业人士或者用户，又称为贸易观众。除此以外的其他观众是普通观众。专业观众的人数是考察展览会质量的一个关键因素。

有效观众是指到会参观的专业观众或参展商所期望到场的其他观众，这是具有一定水平的观众，对展览会来说不可或缺。无效观众是指展览会参展商不期望到场的那些观众。

展览会招商的最终目标是为参展商获取一定量的有效观众。从这个意义上来说，展览会的招商和招展相互影响，密不可分。

与上文提到的目标参展商数据库相对应，我们可用相似的原则和方法来建立目标观众数据库。目标观众是组展方期望来参观的观众，其中有相当一部分是专业观众，也就是从事展会所展示的某类产品或服务的设计、开发、生产、销售的专业人士以及这些产品和服务的用户。收集目标观众的信息，不但要收集其姓名、地址、联系方式、邮箱等基本信息，还要注意收集他们的产品需求倾向。

目前，会展公司已普遍意识到，应该借助合作伙伴和社会其他机构的资源优势开展观众邀请工作。常见的招商渠道有以下几种。

（1）专业媒体。在每个行业的专业报纸、杂志及主要行业网站上刊登广告，指定专业媒体进行特别报道、专题采访、评述等。

（2）各种大众媒体。与报纸、电视、网络等大众媒体结成同盟，投放大规模的广告宣传，及时发布展会相关信息。

（3）同类展会。同类展会的专业观众范围基本相同，因此可以在同类展会现场或会刊上推广自己的展会，甚至与同类展会开展合作营销、互为对方招商。例如，广州国际家具展在海外招商做得特别成功，主要是由于组委会根据展会国际化定位这一特点，多次派代表到海外展会招商，半年就与多个世界著名家具展合作，并设立广州展的招商推广位置。目前，广州国际家具展已成为国内首个在十大国际顶级的同类型家具展中设展位现场招商的展会。

（4）有关的行业协会和商会。行业协会和商会往往在行业内有较高的知名度，并掌握大量信息。一些行业协会或学会作为展览会的协办单位，可以充分发挥其在行业资源方面的优势，在展会期间组织高层专业论坛或者专业研讨会，参加论坛的人都是专业的优质观众。

（5）参展企业。事实上，每个参展企业都有不少自己的买家群体，他们也有意愿在展览会上向老客户展示自己的新产品。通过参展商的邀请来提高专业观众的出席率，比办展机构直接邀请的效果更好。

（6）各种招商代理。可以借助专门的招商代理机构的资源进行展览招商。

（7）国际组织及外国驻华机构。一般而言，国际组织及外国驻华机构比较熟悉中国以及展会举办地的情况，在对外招商中，由他们发出通知会更具说服力。

（8）政府主管部门。可以借助其在行业内的重大影响力以及巨大信息量进行招商。

招展过程中的拒绝型客户也可转换成专业观众。专业观众邀请的方式有很多种，除邀请资料寄发、传真、网络推广的渠道外，组织者还可以召开不同目的的新闻发布会，在展前、展中和展后与媒体保持密切联系，发布与展会相关的有价值的信息。在公司内部，进行行业客户细分，对重要行业客户开展个性化邀请和服务，为他们寄发个性化的邮件、电话跟踪确认、提供增值接待服务、进行商业配对等。

二、展览会宣传推广

宣传推广的目的是建立展会品牌和树立展会形象，同时为招展和招商服务。展会的宣传推广是会展营销的一个中心环节。从一定意义上可以说,展会的宣传推广服务决定了展会能否吸引更多的参展商和观众,同时也是提高展会知名度、提升企业形象的重要手段。现代会展操作越来越重视宣传推广的投入力度和宣传质量。

(一)宣传推广不同阶段的目标

在不同的阶段,展会宣传推广的目标和重点有所不同。筹备初期,目标是提高展会的知名度,发布信息,使受众全面深入了解展会,配合招展招商,进行的是认知型宣传推广;筹备中期,目标变为在短期内推动展位的销售、组织更多的专业观众,进行促销型宣传推广;展会期间,重点宣传展会的特色和亮点,同时开始下一届展会的招展招商工作;开幕前夕,则可以全面介绍展会的筹备和进展情况;展会结束后,主要宣传展会的成果,扩大社会影响,进行形象型宣传推广。需要注意的是,形象型宣传推广可能贯穿于展会筹备的各个阶段,如果展会有竞争对手的同类竞争,还需要进行竞争型宣传推广。

(二)展览会宣传推广的类型与内容

在会展筹备的不同阶段,会展宣传推广的目的和重点是不同的。按照不同的目的,会展的宣传推广可以分为以下五种类型。

1.竞争型宣传推广

竞争型宣传推广的主要目的是与竞争对手展开竞争或进行防御,采取与竞争对手针锋相对的措施,是一种针对性很强的宣传推广活动。这种宣传推广多在本会展受到竞争对手的威胁,或者本会展意欲与其他会展展开竞争时使用。

2.促销型宣传推广

促销型宣传推广的主要目的是在短期内推动展览会展位的销售或者招揽更多的观众到会参观,宣传推广的重点是参展商或者观众所关心的主要问题。这种宣传推广多在会展招展和招商时使用。

3.显露型宣传推广

显露型宣传推广以迅速提高会展的知名度为主要目的,宣传推广的重点是会展的名称、办展时间和办展地点等简单明了、便于记忆的会展信息。这种宣传推广多在会展创立的初期实施,或者是在会展已经有了一定的名气后作为对客户进行定期提醒之用。

4.形象型宣传推广

形象型宣传推广的主要目的是扩大会展的社会影响，建立会展的良好形象，宣传推广的重点是追求目标受众对本会展定位及形象的认同，积极与他们进行信息和情感的沟通，提高他们对会展的忠诚度和信任感。这种宣传推广几乎可以在会展筹备的任何阶段实施。

5.认知型宣传推广

认知型宣传推广的主要目的是使受众全面深入地了解会展，提高受众对会展的认知度，宣传推广的重点是会展的特点、优势等内容。这种宣传推广多在行业对本会展已经有了一些初步了解之后，做进一步的招展和招商时实施。

不管属于以上哪种类型，在进行会展宣传推广时，组展方都要根据实际需要规划好以下四个方面的内容。

第一，时间跨度。也就是宣传推广的时间范围，从何时起到何时止。

第二，地域范围。即宣传推广活动传播的区域。

第三，目标受众。也就是宣传推广活动主要针对哪些人。

第四，性质描述。即要明确宣传推广的主要目的和重点内容是什么，用什么方式将它们准确形象地表达出来并传递给目标受众。需要特别指出的是，展览会宣传推广的目标是为整个展览会服务，招商只是其中的任务之一，而且展览会招商的核心任务只是吸引更多的有效观众到会参观。

（三）展览会宣传推广的特点

（1）整体性。展览会宣传推广要服务于整个展览会，是一种整体的展览会宣传推广工作。

（2）层递性。展览会宣传推广要随着展览会工作的步步深入而做出相应调整，制订阶段性计划，明确每个阶段的宣传重点。

（3）时效性。组展方要抓住社会关注的热点，紧扣展览会主题，为展览会拓展更广阔的空间。

（四）宣传推广的方式

宣传推广要从客户需求出发，突出展会形象特色和服务宗旨，主要可分为两种策略：拉引策略和推动策略。拉引策略指的是用广告宣传等措施吸引客户，推动策略则是办展机构运用人员推广和其他手段，把产品推销给中间商，再推销给最终客户。

展会宣传推广的方式有很多，包括广告宣传、新闻工作、建立专门的网站、向相关人员直接邮寄资料、公共关系推广、人员推广、在国内外同类展会上推广、网络宣传推广、通过专业协会和商会进行推广、利用外国驻华机构和我国驻外机构进行宣传推广等。接下来，我们讨论其中的广告宣传、新闻工作以及公共关系推广三种方式。

1.广告宣传

广告宣传有两种途径，一种途径是外包给媒体广告公司，展会组织者向他们提出推广计划的总要求，由广告公司根据展会性质、涉及工业领域和相关媒体编制完整的媒体广告计划，并向组织者报价。主办单位提出修改和完善意见，以及进行预算调整，获得确认后，由广告公司负责广告设计、版面安排、时间投放，以及所有媒体广告样本的搜集、统计和编辑等工作，展览会结束后递交给组织者。一些有实力的展览公司和大型展览会会采用这种外包式的服务，以使展览会的宣传更加正规和专业，但是其营销成本较高。另一种途径是组织者与相关媒体直接发生联系，进行资源交换，即用展台、会刊广告等展览资源免费获得相关媒体的广告版面和时段，双方获益。这种方式简便，能节省成本，较适合于中小型展览公司。

广告是展会宣传的一种重要手段，既能传达展会信息，又能树立展会品牌形象。广告是覆盖面最广的宣传方式，分为媒体广告和户外广告两大类。媒体广告主要指报纸、杂志、电视、广播等，多数在招展之前和招展期间进行投放。户外广告主要是POP板❶、车身广告、道路两边条幅广告等，多数集中在展会之前一段时间及展会期间投放。媒体又分为专业媒体和大众媒体，前者包括展览题材相关行业的专业报纸、杂志、会展目录、会展会刊和网站等，后者包括各种大众报纸、大众杂志、电视、广播、门户网站等。宣传媒体的选择需结合展会所在行业的市场定位。例如，一个制药设备展览会是不适宜在电视或公众媒体上做广告的，在行业期刊和专业网站上发布展览信息和做广告的效果更佳。

关于广告投入的时间段，以4—6个月为例。一般的广告投入时间段为：项目开始（前两个月）为总宣传费用的10%—20%（在专业媒体上投入）；三个月左右，重点投入为总宣传费用的30%—40%（主要在专业媒体上投入，少量在大众媒体上投入）；开展前一个月，为总宣传费用的40%（主要在大众媒体上投入，其中20%为大众媒体，20%为专业媒体）。

有一点需要特别指出，就是要充分发挥互联网的作用。一是自建展会网站，由于网站具有时效性强、互动性高、信息量大等功能，展会组织者已将展会网站建设视为展览会的"形象工程"。目前，通过发达的多媒体技术手段，提供各种参展和参观信

---

❶ POP 板中的 POP 是 Point of Purchase 的缩写，POP 板意为卖点广告。

息、最新动态、相关服务，已经成为非常普及的手段。二是利用各种门户网站，如新浪、网易、搜狐、雅虎等。它们占有较多的访问受众，有较大的宣传覆盖面，是一个不错的宣传渠道。三是利用专业网站，一方面指展览题材所属行业的有关专业网站，另一方面指会展服务相关专业网站，如国内的中国会展网等，它们会对大量展会信息进行介绍，很多展会主办单位都愿意在这些网站上做宣传。

2.新闻工作

新闻工作也是宣传推广的一个重要环节，常用的新闻工作方式主要有举行记者招待会、编发系列新闻稿、提供照片、邀请主要媒体的记者参观展台、安排专访等。具体开展新闻工作应按照相应的计划进行，如表7-6所示。

表7-6　展览新闻工作计划表

时间	相关内容
8个月前	任命新闻负责人，开始联系委托代理；收集、整理、更新目标新闻媒体及人员
6个月前	制订新闻工作计划；准备、编印新闻材料
4个月前	开始新闻宣传，发新闻稿
2个月前	举办一次记者招待会，发布展会基本信息；将新产品信息提供给媒体；安排展会期间的记者招待会，包括时间、地点、发言人、内容、议程等
1个月前	准备新闻资料袋；向地方报纸提供展会有关情况、资料；邀请记者参加记者招待会、参观展台等
2个星期前	检查展期新闻准备工作；参与展会相关的新闻会
1个星期前	向展会新闻部门提供有新闻价值的项目、产品、重要会等；举办记者招待会
展会期间	继续向新闻部门提供有价值的新闻；举办记者招待会；邀请记者参观展台等
展会之后	收集媒体报道情况；如果在展会期间对记者做过承诺（比如提供信息、案例，安排采访等），一定要尽快予以办理，或告知何时办理；向未能参观展台的记者寄资料袋；向出席招待会、参观展台的记者寄感谢信

其中，新闻发布会是在社会上进行展会形象宣传推广的主要方式，是媒体获得新闻的重要途径。在招展初期和展前，展会组织者一般会在一些重要的政治、经济和产业发达的中心城市筹办新闻发布会。通过大众和专业媒体，对外通报展出目的和主题、展会的特点、招商招展的情况、展品范围、贵宾邀请等。对于一些政府主导型的大型博览会，也可以到其他国家的一些重要城市开展新闻发布会。

筹备新闻发布会，需要考虑下列因素。

（1）确定发布会的地点。新闻发布会可以在展会举办地举行，也可以不在展会举办地举行。

（2）确定出席发布会的媒体及相关人员。

（3）确定发布会的主持人。发布会的主持人可以是有关行业协会或商会的领导、办展机构的负责人、政府主管部门的官员等，也可以由上述人员共同来主持。

（4）确定发布会内容。发布会的内容应视发布会召开时间的不同而各有侧重。

（5）确定发布会的召开程序。召开新闻发布会的一般程序是：办展机构、行业协会或政府主管部门有关领导讲话，展览会信息发布和展示，记者提问。

（6）会后及时跟进。如有媒体需要更详细的资料，组展方要及时提供；如果一时提供不了，可安排有关媒体进行实地采访和拍摄。

3.公共关系推广

公共关系推广是组展方利用各种传播手段和社会公众沟通感情，建立良好社会形象和经营环境的方式，如加入国内外著名的行业协会、对外联络协调关系、参加行业会、举办专题会、赞助和支持公益事业等。

组展方举办的会议可归纳为：正式会，如主办方举办的开幕会、闭幕会等；主题会，如围绕展会主题进行的讨论会、论坛、产品发布会、评奖会等；娱乐会，如各种晚会、表演等。

第五节 编制展览会项目预算

展会项目的经济测算是组展方针对展会项目中的收支情况做出的预估，使会展策划人员对展会财务情况有定量认识，分析项目是否经济可行，同时对项目财务资源进行更加全面的把控，实现展会项目价值最大化。

一、展览会的预算

（一）展会定价策略

展会价格由三方面因素决定：一是展会组展方因素；二是展会参与方因素；三是展会竞争者因素。这三方面因素相互作用，最终决定了展会定价。

一般而言，展会项目定价方法包括成本导向定价法、需求导向定价法以及竞争导向定价法。

1.成本导向定价法

展会项目的成本导向定价法是以展会举办的各类成本为基础，加上项目预期利润作为展会定价依据，是展会项目最常用、最基本的定价方法。具体定价方式包括成本加成定价、目标收益定价以及边际成本定价三种。

（1）成本加成定价法。成本加成定价法是指在展会面积单位成本的基础上加上一定比例的利润作为展会盈利而制定价格的方法。在实际操作中，组展方一般以成本为基础，同时加成一定成本利润率作为展会价格，计算公式如下：

价格＝单位成本＋单位成本×成本利润率＝单位成本×（1＋成本利润率）

运用成本加成定价法制定展会价格，具有以下优点：① 计算方法简便易行，基准数据容易取得。② 根据完全成本定价，能够保证展会项目所耗费的成本完全得到补偿，并在正常情况下能够获得一定的利润。③ 有利于保持相对稳定的展会价格和利润收入。在成本加成定价法下，当展会服务需求量增大时，展位价格不会提高。同时，展会利润率按照固定比率加成，也能使展会项目获得较稳定的利润。④ 对于同样采取成本加成定价法定价的同类型展会，在展会成本支出接近的情况下，当组展方设置的加成比例与其他竞争者相近时，展会价格亦趋于相同，这将有效减少或避免同类展会的价格竞争。

尽管成本加成定价法具有一定的优势，但在实际操作过程中，也显现出部分缺点，需要组展方注意及克服：① 成本加成定价法忽视了展会需求弹性的变化。不同的展会在同一时期、同一展会在不同时期以及同一展会在不同的市场，其需求弹性都不尽相同。成本加成定价法完全脱离了展会的市场需求变化，将展会定价完全与展会成本及目标利润率挂钩，展会定价难以适应市场需求的变化，导致展会定价缺乏市场竞争力。② 成本加成定价法始终以展会成本投入为核心，缺乏对参展商个性需求的关注。不同的参展企业，参展需求不同，因此其服务盈利点也应有所不同。采用成本加成定价法进行展会定价，有可能导致组展方错过部分可盈利的增值服务需求，同时降低部分仅需提供基本服务、对价格较敏感的参展商的参展积极性。③ 采用成本加成定价法进行展会定价，组展方始终以展会成本为基础进行利润加成，对成本变化缺乏敏感性，不利于促进组展方对办展成本的控制，从而导致展会整体定价在同类型展会中缺乏竞争力。

（2）目标收益定价法。目标利润定价法，又称目标收益定价法、目标回报定价法，是根据展会项目预期的总销售量与总成本进行展会定价，使组展方实现预期目标利润率。与成本加成定价法不同，目标收益定价法的定价基础并非展会面积的单位成本，而是展会的总成本。

（3）边际成本定价法。边际成本是指展会每增加一个单位面积展位时，所需要增加的成本。边际成本定价法是指以展会增加展位所引起的追加成本为基础进行定价的方法。该方法以变动成本作为定价基础，只要展会定价高于变动成本，即可获得边际收益（边际贡献），用以抵补固定成本，剩余金额即为盈利。边际成本定价法的计算公式为：

$$P=(CV+M)/Q \qquad M=S-CV$$

其中，P表示展会服务或展位销售的单位价格；CV表示总变动成本；M表示边际贡献；Q表示预计销售量；S表示预计销售收入。

当边际贡献等于或超过固定成本时，该展会项目即可以保本或盈利。这种定价方法适用于展会服务供过于求、同类型展会竞争激烈的相关行业市场。运用边际成本定价法，有利于促进展位及相关展会服务销售，减少滞销，保持展会的销售活力和保证展会的顺利举行。

2.需求导向定价法

需求导向定价法是组展方在实践中经常运用的另一种重要的定价方法。它是指依据参展商的感知价值而不是办展成本来定价。运用这种方法的关键是组展方需要估计在不同价格水平上的需求量变化情况，并把注意力集中在与既定销售目标相关的价格上。一般情况下，市场对展会的需求与展会定价的高低呈负相关关系，即展会定价越高，其需求量越小。但是，不同行业的展会，其需求与价格之间的相关关系有所差异。因此，组展方需要针对展会特征决定相应的价格制定方法。

定价时，组展方需要重点考虑参展商对展会的价值感知以及参展商普遍的价格承受能力，以此作为定价依据，并以此为出发点，对展会各类办展成本支出进行严格把控，从而确保展会项目的盈利能力。需求导向定价法主要包括理解价值定价法和需求差异定价法两类。

（1）理解价值定价法。理解价值定价法又称觉察价值定价法，是以展会服务需求者对展会价值的感知及理解程度作为基本依据的定价方法。组展方可以通过市场调研对展会在参展商心目中的价值感知进行评估，并结合展会的规模，确定展位的单位价格，以此作为基础制定价格。

（2）需求差异定价法。需求差异定价法是以展会市场需求强度的不同实施差异性定价的方法。具体而言，组展方可根据参展商特征、展位区域以及参展时间的差异进行定价：① 以参展商特征为基础的差别定价，主要是指对于大型参展商，其展位需求面积大，因此相应的展位单位面积价格应相对较低，或在相关展会宣传回报方面给予一定价格优惠。对于一个展会的核心展示行业的参展商，由于组展方向其提供的服务、宣传往往都比其他参展商更多，所以对这部分参展商的展位售价比一般参展商高。② 以展位区域为基础的差别定价，主要是指根据参展商选择的展位区域进行差异化的定价，如"双开口"的标准展位一般比"单开口"展位定价高。③ 以参展商确定参展的时间为基础的差别定价，如组展方为促进展位销售，一般会为较早预订展位的参展商提供较大的价格折扣。

3.竞争导向定价法

竞争导向定价法是组展方通过研究竞争对手的办展条件、服务状况、价格水平等因素，依据自身的竞争实力、参考成本和供求状况来确定展会定价，具体包括随行就市定价以及产品差异定价两种方法。

（1）随行就市定价法。随行就市定价法是指组展方参照同类主题展会的定价标准来制定展会价格。值得指出的是，随行就市的定价方式并非意味着组展方完全按照行业中同类主题展会定价的平均价格进行定价。对于定位较高、自身展会品牌信誉度和忠诚度较高的展会，其定价水平可略高于同行的定价水平；相反，则可定价稍低。

（2）产品差异定价法。产品差异定价法是指组展方通过不同的营销努力，使自身展会项目在参展商心目中树立起不同的品牌形象，从而根据自身特点，选取低于或高于竞争者的价格作为展会定价。因此，产品差异定价法是一种进攻性的定价方法。

竞争导向定价法具有以下优点：① 对于没有独立特征的组展机构，往往可直接采用同类展会的价格进行定价，简化定价的过程。② 容易被参展企业接受。对于同档次的展会采用竞争导向定价法，能够有效削弱竞争者的价格优势，使展会容易被参展企业接受。③ 采取与同类竞争展会相同的定价能保证组展方获得一定的价格竞争优势，组展方的经营相对可靠、风险小。

但是在实际操作当中，某些组展方在进行行业竞争时注入了更多的感情色彩，忽视了展会整体营销策略，盲目地竞相降价，结果受到了更强烈的报复和反击，导致利润全部丧失。同时，以竞争为导向的定价方法必须反复探测竞争者的价格变化，进一步渲染了紧张的氛围。特别是竞争导向定价法并非意味着单纯的竞争降价，靠降价而取一时之利。

（二）展会收支预算

展会收支预算主要包括三个维度，即"1H2W"："多少"（How Much），即为实现展会目标而执行的各种工作的收入与支出数量；"为什么"（Why），即产生相关收入和支出费用的原因；"何时"（When），即实现这些收入及支出的时间。

一个展会从前期策划到后期执行，其中涉及大量现金流，形成收支项目。对展会的收支进行较为精确的判断，可以使项目在运营过程中更好地实现开源节流，达到最优效益，尽可能地满足展会各个利益相关方的需求。具体而言，展会的主要收入来源包括展位费收入、门票收入、赞助收入、广告收入以及其他收入。

（1）展位费收入。展位费收入是指组展方向参展商出售展位所取得的收入，是展会的主要收入来源。展位费收入的多少，主要取决于展位定价及销售数量。

（2）门票收入。门票收入主要是指向展会观众收取门票所获得的收入。它是动漫展、婚纱展、土特产品展等消费型展会的重要收入来源。一般的行业专业展会仅面向专业观众开放，不收取门票费用，但亦有部分国际性高端展会，为提高观众的准入门槛，准确定位有效客户，需要收取一定的会务费。

（3）赞助收入。赞助收入是指参展企业赞助展会及其他相关活动而为展会带来的资金收入。引入优质的赞助商，一方面能够为展会提供雄厚的经济支持；另一方面具有一定品牌价值的赞助商的加入，能够夯实展会品牌基础，吸引更多具有实力的企业参展，对于扩大展会规模具有重要意义。

（4）广告收入。广告收入是指组展方利用自有或协助方的媒介和渠道资源，向参展商销售广告所得的收入。可用于销售的广告资源包括展会会刊、观众门票、参展证、资料袋等印刷品。此外，展览会现场的户内外广告、展览会配套活动和展览会纪念品赞助、大会官网等资源，也可以为组展方带来广告收入。

（5）其他收入。其他收入是指展览会会刊销售、展会配套活动会务费、展会前后举行各类考察的活动费用、向参展客商推荐住宿酒店的佣金等方面的收入。

展会的主要支出包括展览场地租赁费用、营销推广费用、招展及招商费用、相关活动费用、税费及劳务费用以及其他不可预知的费用等。

对照表7-7，可从各项收入和成本费用来对利润进行核算，并根据金额以及所占的比例做出调整。

表7-7　展会成本收入预算表

项目		金额	占总收入的比例
收入	展位费收入		
	门票收入		
	广告和企业赞助		
	其他相关收入		
	总收入		

项目		金额	占总收入的比例
成本费用	展览场地费用		
	展会宣传推广费用		
	招展和招商的费用		
	相关会的费用		
	办公费用和人员费用		
	税收		
	其他不可预测的费用		
	总成本费用		
利润			

二、展会盈亏平衡分析

在展会策划实务中，会展策划人员往往希望能够知道：展会规模达到何种程度才能够确保展会不出现亏损？如何合理定价才能够在维持展会规模的同时达到财务平衡？为进一步验证展会项目的财务可行性，会展策划人员需要对项目投资利润率进行计算，并对展会盈亏平衡进行分析。

1.投资利润率的计算

投资利润率是指项目的年利润总额占总投资的比例。投资利润率的计算能够将展会可交付成果量化，以数量形式直观反映展会的完成效果。投资利润率的计算公式如下：

$$投资利润率＝年利润总额 / 投资总额 \times 100\%$$

投资利润率衡量的是展会项目单位资金投入能获取的利润。会展策划人员可将展会项目的投资利润率与同行业其他会展项目的投资利润率进行比较，若该项目的投资利润率大于或等于同行业指标，则表明该展会在行业中具有一定的竞争力，方案具有可行性。

2.盈亏平衡分析

盈亏平衡分析是通过计算某展会的盈亏平衡点对该展会的盈利能力以及投资可行

性进行分析的方法。盈亏平衡主要是指展会所得收入与支出相等，达到财务平衡的状态。盈亏平衡分析能够解决何种收入水平下才能保证项目盈利的问题。一般情况下，盈亏平衡点的计算公式为：

$$盈亏平衡点＝固定成本/（单位售价－单位变动成本）$$

在实际的展会项目中，展位的定价方式包括以标准展位单价定价以及以展位面积单价定价。相应地，展会的盈亏平衡规模亦有两种计算方法。

以单位标准展位定价的项目，其盈亏平衡规模计算公式如下：

$$盈亏平衡规模（标准展位数量）＝展会总成本/标准展位单价$$

以单位展览面积定价的项目，其盈亏平衡规模计算公式如下：

$$盈亏平衡规模（展览面积）＝展会总成本/展位面积单价$$

公式计算所得的展会盈亏平衡规模，即为展会实现财务收支平衡所需要销售的最低标准展位数量或展览面积大小。

在展会规模一定的情况下，组展方可通过调整展位定价，以实现项目收支平衡。

以单位标准展位定价的项目，其盈亏平衡价格计算公式如下：

$$盈亏平衡价格（标准展位单价）＝展会总成本/展位总数量$$

以单位展位面积定价的项目，其盈亏平衡价格计算公式如下：

$$盈亏平衡价格（展位面积单价）＝展会总成本/展览总面积$$

公式计算所得的展会盈亏平衡价格，即在展会规模一定的情况下，展位实现财务收支平衡的展位最低定价。

展会盈亏平衡分析对展会财务可行性评估具有极大的参考价值。特别地，从上述公式不难发现，展会总成本是影响展会盈亏平衡规模及价格的重要因素。在进行成本预算时，会展策划人员应做好成本管理工作，从而提高展会的竞争力。展会盈亏平衡分析对改进展会策划方案、提高展会经济效益具有积极意义。

 案例分析4

- -

首届链博会成果丰硕 签约涉及金额超1500亿元

2023年12月2日，首届中国国际供应链促进博览会（简称"链博会"）闭幕新闻发布会召开。中国国际贸易促进委员会副会长张少刚在发布会上介绍，首届链博会期间，有关各方共举办360多场配套对接、交流活动，15 000多人参与，发布研究报告、宣言、标准等23项成果。据不完全统计，共签署合作协议、意向协议200多项，涉及金额1500多亿元。

除了签约合作，中外经贸交流活动也取得了丰硕成果。参展企业和机构举办了大量交流、路演、对接洽谈等活动。比如，国家电网举办了新型电力系统现代产业链共链活动暨产业链开放合作倡议发布会，江苏天一航空举办了智慧民航整体解决方案发布会，晶澳太阳能与厦门国贸举行了战略合作协议签约仪式。

张少刚说，首届链博会既是专业展又是跨界展。其积极的外溢效应不断显现，广大参展商和观众收获满满。“大家都说，到链博会来不是‘掰手腕’抢客户而是‘手拉手’找伙伴，参展商之间不是竞争关系，更多是客户关系、合作关系和共赢关系。几天来，众多参展商用好用足链博会平台，组织对接洽谈、新品展示、项目签约、报告发布、产品推介等活动，所取得的成果看得见、摸得着、能落地，拓展了产业链朋友圈，延伸了供应链伙伴网，集聚了创新链驱动力。”

“参展商普遍表示，这次链博会虽是首届，但参展商和观众质量很高，成效远超预期。链博会是中国的，更是世界的。”张少刚提出，下一步，中国贸促会将与各方共同努力，把链博会年年办下去，办出特色、办出水平，越办越好。首届链博会期间，共有515家中外企业和机构参展，观展人数达到约13万人次。

思考：

1. 本届链博会有什么特点和亮点？

2. 查阅资料，了解链博会的展馆布置以及参展商情况，分析链博会用哪些创新方式展示了供应链的运行场景？

本章小结

一般来说，展览主题确定后，展览会策展人员就按策划流程开展策划工作。本章主要讲述了展览会策划的整体流程，详细分析了展览会市场调研和立项策划、招商招展策划、营销推广策划等具体事项，强调了策展和招展的实施，并给出了相关案例思考和项目实训，让学生进一步熟悉展览会策划的实际运用。

思考题

1.展览项目策划的主要内涵有哪些？

2.简述招展函的内容及制定原则。

3.在实践中可通过哪些渠道收集目标参展商信息、建立目标参展商数据库？

4.如何制定招展价格？

5.简述招展代理的种类及区别。

6.如何制定招展方案？

7.简述招商渠道和观众邀请函的基本内容。

8.主办方应该如何吸引参展商登录展览会官网填写参展商意向表并进行展览会报名？除此之外，展览会招展手段还有哪些？

9.一个展览会项目的收入和支出分别包括哪些方面？主办方举办一个展览会可以获得哪些收入？

📖 项目训练

1.选择一个自己感兴趣的知名展会作为研究对象，了解该展会的举办时间、地点、届数、受众人群以及举办目的，分析它对其所属行业及当地经济产生了怎样的影响。

2.结合所学知识和以上内容，查找一个案例，思考如果你是该展会的招展人员，应该如何向目标企业介绍该展会，引导其来参展呢？请以小组为单位，分工合作，模拟策划一个小型展览会，并撰写完整的策划方案。

3.查阅资料，分析2019国际（眉山）竹产业交易博览会组委会在专业观众邀请方式上的特点。

4.假定你们学校的设计学院计划3个月后在本校操场举办一个设计展，要求你们协助完成。现在请你们以小组为单位，为设计展撰写一个营销宣传方案（受众为校内师生）。

5.请在周边寻找一个展会，在展会期间到各个展位上观察分析各展位的设计布置、宣传效果，选择2—3个你认为最优和最差的展位拍照记录，并附上分析进行课堂汇报。

第八章
会议活动策划

 案例导引

2019夏季达沃斯论坛

2019年世界经济论坛新领军者年会（夏季达沃斯论坛）于7月1日在大连举行。世界经济论坛自2007年首次"牵手"中国，迄今为止，夏季达沃斯论坛与大连七次牵手，分别以"变化中的力量平衡""重振增长""关注增长质量，掌控经济格局""创新：势在必行""描绘增长新蓝图""在第四次工业革命中实现包容性增长""领导力4.0：全球化新时代的成功之道"为主题，架起了一座中国与全球精英对话交流的桥梁，也让大连一次次清晰触摸到世界经济变动的脉搏。此次论坛对举办地大连有以下影响。

（1）融入全球化，搭建同世界交流的平台。夏季达沃斯论坛为大连融入经济全球化、进一步提升对外开放水平创造了难得的机遇。借助这一与世界交流沟通的平台，企业家、政府官员培养了与国际社会对话的能力。十一年来，达沃斯论坛已成为大连永不落幕的"城市推介会"。大连通过夏季达沃斯论坛正追逐全球经济发展趋势，从技术革新和技术进步上正快速融入世界发展的洪流，其发展格局逐步朝着与世界接轨的方向迈进。

（2）"引凤来巢"，拓展外商投资新机遇。2019年夏季达沃斯论坛期间，大连市还举办了项目签约、高层会见、宣传推介、外企新政沙龙等活动，共有16个内外资项目确认签约。其中外资项目10个，内资项目6个，总投资额236亿元。

（3）打响品牌，秀出城市靓丽新名片。自2013年起，首届大连达沃斯"市民走进达沃斯"活动与民众见面，随后每两年定期举行，至今共有26名"市民代表"走进夏季达沃斯论坛。"市民走进达沃斯"活动已成为夏季达沃斯论坛的一

个亮点，成为大连生活文化的一大品牌，达沃斯这个"高大上"的国际经济论坛已走进寻常百姓家。

思考：

　　1.你认为什么样的会议可以称为论坛？

　　2.达沃斯论坛对全球经济有什么影响？

第一节　会议内涵和会议活动策划的基本内容

　　会议是人类文明与进步的产物。据记载，早在原始社会，部落首领召集部落成员议事、选举酋长等其实就是一种会议的形式。在中国，《论语》其实是孔子与学生之间的对话记录，也可以说是一种会议记录。司马迁在《史记·老子韩非列传》所记录的"孔子适周，将问礼于老子"，可以说是我国历史上的第一次"儒道高峰论坛"。

　　现代社会，日常的生活与工作更是离不开会议。据调查，部门经理以上的主管人员每周有超过25%的时间是参加各种会议。

一、会议的内涵

　　关于什么是会议，在2014年发布的国家标准《会议分类与术语》中，首次对会议有了规范的界定，即在特定的时间或空间，通过发言、讨论、演示、商议、表决等多种形式以达到议事协调、交流信息、传播知识、推介联络等目的的一定人数的群体活动。

　　除此之外，会议还有以下两种定义。

　　（1）会议是指三个以上的人为了研究问题、交流信息、获取知识、统一思想等而在特定的时间聚集在特定的地点，按照一定的规则进行发言、讲解、讨论、商议、交流等行为，从而集思广益、达成一定结论的活动。

　　（2）会议是人们为了解决某个共同的问题或出于不同的目的聚集在一起进行讨论、交流的活动，它往往伴随着一定规模的人员流动和消费。

（一）会议产品的内涵要素和外延要素

　　在会议运营和服务过程中，既要用到各种设施、设备等实物用品，又需要会议场所等空间和场地设施，还需要交通、食宿、娱乐、旅游、金融、通信等相关机构的有力配合。由此可见，会议是由有形产品和无形服务构成，制造出来以满足客户需求的综合型服务产品。

会议产品的内涵要素包括会议的主题和议题、会议特邀报告人、会议专业活动、学术访问安排、会议附设展览、社会活动（开幕会）。

会议产品的外延要素则包括餐饮活动、会议举办地、会议场地和会议室、住宿安排、会务安排、会议通知。

（二）会议产品的价值

我们可以将会议产品分为三个层次。首先是核心产品层次，即产品核心。在该层次上，会议组织者为参会者提供整个会议经历，包括会议活动策划、会议实体、会议内容，以及会议过程等。这是参会者在整个会议过程中得到的核心收益，也是参会者参加会议、会议组织者组织会议的首要目的。其次是有形产品层次，即产品形体。在该层次上，会议组织者为参会者提供举办会议的场所，各种会议设施，以及餐饮、住宿、交通设施等。同时，参会者通过以上有形产品设施来获得核心产品的价值体验。最后是附加产品层次。在该层次上，会议组织者为参会者提供娱乐、表演、休闲、旅游等各种配套服务，以使参会者得到更好的会议体验为目的，这是参会者通过参加会议得到的延伸收益。

会议产品具有三种价值。

（1）核心价值：会议提供信息交流平台，信息质量决定了会议产品的核心价值。会议的本质属性是信息的交流，会议策划的核心是能否找到人们最感兴趣的信息。会议的主题和议题、会议特邀报告人属于会议产品的核心价值。

（2）形式价值：有助于会议产品推向市场的价值，如会议品牌、检索系统和学分、会议专业活动、学术访问安排、会议附设展览、社会活动（开幕会）等就属于会议产品的形式价值。

（3）附加价值：有别于上两项价值之外的，如旅游资源、奖励评定等。

二、会议类型

会议的类型多种多样，依据不同的划分标准可以进行不同的分类。

（一）按照会议主办单位划分

在《中国会议统计分析报告》中，按主办单位划分，会议主要分为公司会议、协会会议。两者有一定的区别，如表8-1所示。

1.公司会议

公司会议即由企业主办的，以行政、管理、技术、营销等为内容，以促进企业的发展为主要目的的会议。公司会议的规模不一，小到几个人，大到上千人。公司管理者强调的是信息传递，而公司内部信息传递的最基本方式之一便是会议，因此公司会议的数量极其庞大。公司会议通常以管理、协调和技术等为主题，具体可分为销售会议、经销商会议、技术会议、管理者会议及股东会议等。

2.协会会议

协会会议即由协会、工会、妇联、学联、学会、商会、基金会、研究团体等各种社会团体主办的会议。目前，我国的协会会议以学术会议为主，其中医药、医学类会议占有绝对优势，协会会议在会议市场中同样占有相当重要的位置。

协会因人数和性质而互不相同，它们的规模从小型地区性组织、省市级协会到全国性协会乃至国际性协会不等。协会会议大致可以划分为行业协会会议、专业和科学协会会议、教育协会和技术协会会议等类型。其中，行业协会被认为是会议业最值得争取的市场之一，因为协会的成员多为业内成功管理人员。协会会议常常与展览结合举行，例如，我国定期举行的旅游交易会每次都会吸引大批来自全国各地乃至境外的旅游企业的参与。

表8-1　协会会议与公司会议特征的比较

项目	协会会议	公司会议
背景资料	容易收集	不易收集
会议选址	选择有吸引力的地方，以吸引会员参加	安全、方便、舒适、服务较好的地方
策划期	较长（1—4年）	较短（1—6个月，1年以内）
开会模式	周期性（春、秋季较多）	按需求（任何月份）
决策者与决策过程	分散，通常是委员会，有时会考虑是否由当地会员、分会邀请	一般由公司总部决定，决策过程直截了当，动作快捷
与会者	会员自行决定是否参加	员工必须出席
与会者费用	会员自付	由公司负责
会议举办地	多选择、地区轮换	符合公司需要的城市
会议规模	大多数超过100人	多数在100人以下
开会频率	固定	不固定、较频繁

续表

项目	协会会议	公司会议
会议期限	3—5天	1—3天（一般会议） 3—5天（培训和奖励旅游）
住宿	价格不等的酒店（与会者自选）	通常是星级酒店（公司决定）
会议场地及设施	会展中心、大学等	选择有良好设施的酒店
旅游部门参与	经常有	很少参与
价格	敏感	不太敏感
陪同人员	经常有	一般没有
展览	经常有	非常少

（二）按照会议规模划分

（1）小型会议，指100人以内的会议。日常工作处理的会议基本属于此类，尤其是几个人到十几个人的小型会议是最容易达成良好沟通、进行会议决策的会议规模。

（2）中型会议，指百人以上、千人以内的会议。这种会议规模已经不能保证双向沟通，参会者主要履行的是倾听的职责。

（3）大型会议，指千人以上、万人以内的会议。

（4）特大型会议，指万人以上的会议。

（三）按照会议活动特征划分

（1）政治性会议，即国际政治组织、国家和地方政府为解决某一政治议题召开的各种会议。

（2）商务型会议，即公司、企业因其业务和管理工作发展的需要召开的商务会议。

（3）专业学术会议，即是某一领域具有一定专业技术的专家学者参加的会议，各种专题研究会、专家评审会等都属于此类。

（四）按照会议的内容和形式划分

根据会议的内容和形式不同，会议又可以划分为以下几种类型。

1.年会（annual meeting）

年会是就某一特定主题展开讨论的聚会，议题涉及政治、经贸、科学、教育或者技术等领域。年会通常包括一次全体会议和几个小组会议。年会可以单独召开，也可以附带展示会，多数年会是周期性的，最常见的周期是一年一次。参加年会全体会议的人员通常比较多，一般要租用大型宴会厅或者会议厅。小组会议上讨论的是具体问题，一般租用的是小会议室。

2.代表会议（congress）

顾名思义，代表会议是指由代表某一利益群体的参会者参加的会议。代表会议的规模和出席人数差别很大。代表会议这个词在英文里的对等词是congress，最常在欧洲和国际活动中使用。从本质上讲，它与另一个英文词conference（会议）大致相同，但是在美国，congress这个词用来指立法机构，所以美国指代表会议时经常用conference或convention。

3.论坛（forum）

论坛是指围绕一个主题，由两个或两个以上的发言人向听众而非对方发表自己的观点并进行阐述的会议，通常由听众提出问题，由主持人引导发言和讨论并总结各方意见。其特点是讨论反复深入，发言人和听众之间的互动性强。主持人主持讨论会并总结双方观点，允许听众提问。

4.座谈会、专题讨论会（conversazione）

座谈会是由特定的组织或个人出面就某个或某些问题召集有关人员征询或交流意见，氛围相对轻松、自由的会议。座谈会的方式比较灵活，会议的参加人员、发言方式、时间、地点等都无硬性规定。座谈会的召集者和参会人之间既可以有隶属关系，也可以无隶属关系。会议以谈为主，不做任何决定，允许参会人畅所欲言，允许有多种意见和不同意见。

座谈会并非漫无边际，而是有一个较为明确的主题或议题，如"挽救失足青年座谈会""对××地区实施再开发座谈会"等。

座谈会和专题讨论会比论坛要正式和严谨一些，由主持人或演讲人进行一种陈述讲演，有一些预定好的听众参加。与论坛相比，在座谈会和专题讨论会中，参会者平等交换意见的气氛和特征要弱一些。

5.讲座（lecture，symposium）

讲座是采用专家演讲的方式，旨在传授某方面的知识、技巧，或改善某种能力、心态的一种会议组织形式。讲座结束后，通常设有问答环节。

6.研讨会、专家讨论会、讨论会（seminar，symposium）

这类会议是由行业内的专业人士参加，专门针对某一主题进行研究、讨论、交流的会议。研讨会通常以演讲人陈述为主，讨论议题集中，参会者较多，可以平等交换意见、分享知识和经验。这类会议一般在一定的范围内进行，规模较小，当规模变大时，就演变成了论坛、讨论会或专题讨论会。

7.专题讨论会（workshop）

专题讨论会是指为处理专门问题或特殊分配任务而进行的小组会议，参会者就某一议题进行学习和讨论，分享知识、技能和对问题的看法，如表8-2所示。

表8-2 用友2023全球商业创新大会论坛名称及论坛主题（节选）

论坛名称	论坛主题
采购及供应链数智化专题论坛	合规采购 韧性供应
数据服务专题论坛	大数据 大模型 大商业
项目＆资产数智化专题论坛	数智资产 精智核算 项目资产一体化
地产行业数智化专题论坛	数据驱动 智能运营 赋能地产行业高质量发展
制药与医药流通行业专题论坛	成为数智药企 迈向高质量发展
现代服务行业数智化专题论坛	数智赋能 推动现代服务行业高质量发展

8.培训会议（training meeting）

培训会议即用一个会期对某类专业人员进行的有关业务知识方面的技能训练或新观念、新知识方面的理论培训。培训会议可采用讲座、讨论、演示等形式进行，一般至少要用一天的时间，多则几周。这类培训会议需要有特定场所，培训内容高度集中，由某个领域的专业培训人员教授。

9.奖励会议（incentive meeting）

奖励会议是企业或公司为了表彰、奖励工作出色的员工、分销商或客户而举行的会议，是企业或公司一种重要的激励手段。

10.卫星会议（satellite meeting，satellite conference）

卫星会议是在正式的学术会议开始前、会议的午餐时间或正式的学术议程结束后由公司赞助的或社团举办的小型学术会议，通常有讲座、研讨会、非商业研讨会等形式。卫星会议是大型学术会议的一个组成部分，但一般不属于大会议程。

11.圆桌会议（round table meeting，roundtable conference，roundtable）

圆桌会议即参会者围圆桌而坐，旨在体现平等原则和协商精神的一种会议形式。

12.鸡尾酒会（cocktail party）

鸡尾酒会就是以鸡尾酒（由两种以上的酒或用酒掺入鲜果汁勾兑而成）和其他饮料招待宾客的酒会。在酒会之上，备有各类酒、饮料和点心。参加酒会者一般都站立进食，并可随意走动，以便于交谈。鸡尾酒会举行的时间比较灵活，中午、下午和晚上均可（请柬上需注明酒会开始和结束的时间），客人可在其间随时到达和退席，来去自由。

13.新闻发布会（press conference）

新闻发布会是某组织向新闻界发布有关该组织或该组织举办的会议的信息、解释该组织的重大决定或为某一特定事件而举办的会议。参会人员以新闻记者为主，通常设有"答记者问"环节。新闻发布会通常分定期和不定期两种。

 案例分析1

认识中国会议产业大会

中国会议产业大会，英文为 China Meetings Industry Convention（CMIC），由《会议》杂志于2009年发起举办，是当前中国会议与奖励旅游行业的年度盛会。大会于每年12月在北京举行，经过十多年的发展，已经成了集会议、展览、洽谈等为一体的综合性行业活动，是国际国内会议与奖励旅游从业者学习新知、交流思想、对接业务、开展商务社交不可或缺的重要平台。

大会主要设置与会议及奖励旅游行业、会议场馆、会议酒店、特色会奖资源、会奖服务等相关议题，同期举办"会议及奖励旅游展览会"及洽谈会，以会带展，每届大会参加人数都超过了1500人，成为业界最具规模和影响力的活动。

1.理念

只为美好会奖世界：通过召集会议及奖励旅游行业从业者的方式，希望把更好的行业知识、信息和资源分享给会议及奖励旅游业的每一位从业者，不断为行业发展、进步和升级换代做出应有的贡献，最终的目的是帮助中国的会议及奖励旅游业蓬勃向上，创造更加美好的会奖世界！

2.目标

中国会议产业大会主要有两个基本目标：一是为从业者带来更多符合行业发展需求的会议内容，引领行业发展潮流；二是创造更多供需对接，为企业及个人提供实际的业务机会。

3.特点

高端对话：一年一度，会议及奖励旅游业精英们欢聚一堂，针对特点话题进行现场互动和交流，以获得更多信息和交流经验。

对接洽谈：邀请供需双方在会场进行精准对接和洽谈，针对具体业务或项目进行实际性接洽，是业内首个应用精准匹配、高效对接的行业活动。

营销推广：为会议及奖励旅游资源和企业提供营销推广平台，帮助企业建立品牌，树立形象，提升行业影响力。

发布数据：综合调研业界发展现实及趋势，发布业内权威数据报告，为从业者带来专业解析。

4.参会人群

文化和旅游局、会展办、商务局、贸促会等政府机构；企业会议组织者；会奖旅游公司；公关公司；社团会议组织者；会议酒店；会议会展中心；会议服务公司与目的地管理公司（DMC）；会议技术企业；会议展览行业协会；行业媒体。

思考：

1.结合以上资料，谈谈你对第十四届中国会议产业大会业务的了解。

2.结合所学知识和以上案例，分析中国会议产业大会的品牌影响力及优势。

三、会议活动策划的基本任务

会议活动策划指的是围绕会议活动的目标，在全面、深入分析会议信息的基础上，运用科学的决策方法，制定会议活动最佳方案的创造性思维活动的过程。

（一）会议活动策划的任务内容

会议活动策划的内容包含确定会议目标和主题（Why），确定会议规模（Who），确定会议形式（What），确定会议时间（When），确定会议地点（Where），确定会议议程（How），确定会议预算（Budget），确定会务工作（Others），以上可以总结为5W、1H、1B、1O。会议活动策划的基本任务就是根据以上内容展开策划工作。

1.确定会议的目标和主题

（1）确定会议总体目标

会议活动策划的第一步就是要分析会议的主办方所面临的总体形势、社会热点以及会议成员的急切期待等，对会议召开的时机进行客观、具体的分析，从而提出会议的总体目标，阐明会议召开的实际意义、效果以及必须遵循的指导思想。对于策划者来说，明确会议的总体目标是要找出会议项目的问题、思考如何解决问题、献计献策、收集或组织信息、进行决策以及筹划实施等。

在确定会议目标时，首先要考虑参会者参加的动因是什么？参会者希望通过会议获得什么？本次会议可以满足参会者什么样的兴趣或愿望？参会者参加会议需要具体解决什么问题？本次会议能够为他们提供什么样的解决办法？会议目标与会议主题是否紧密结合？

（2）确定会议的主题

会议主题（theme）是对会议主要内容和实质问题的高度概括，会议潜在参与者通过它可以了解会议的大体内容。一般情况下，大中型会议才确定会议主题，且一个会议只能有一个主题，而小型会议或日常会议只需确定会议议题。为了使参会者对会议主题有更深入的了解，主办方会围绕会议主题，精心设置多个具体讨论的话题，这些拟讨论的话题即会议议题，是对会议主题的具体化。2017年G20杭州峰会的主题"构建创新、活力、联动、包容的世界经济"，即希望推动各方共同构建创新（innovative）、活力（invigorated）、联动（interconnected）、包容（inclusive）的世界经济。

会议主题的确定，有助于增强会议的号召力，引人注目，是会前策划的一项重要任务。例如，2008年北京奥运会的主题"绿色奥运、科技奥运、人文奥运"，该主题突出体现了中国人民建设和谐社会、实现和谐发展的梦想和追求。2022年北京冬奥会主题"一起向未来"，呼吁世界各国在团结的基础下，共同面对未来，追求世界统一、和平与进步。确定主题后，一般来说，还需要策划出响亮的口号，以扩大宣传，提高知名度。例如，2008年北京奥运会的口号为"One World，One Dream"。

（3）会议主题与议题的关系

会议主题不等于会议议题（topic），也不能等同于会议的名称或者会标，三者不能等同，即会议主题≠会议议题≠会议名称。会议主题包含会议议题。会议议题是围绕会议主题而设立的一个个拟讨论的问题，是会议主题的具体化，即会议期间每个时间段具体讨论什么内容。会议议题是对会议的进一步阐释，是围绕会议主题来确定的，每一个议题都是主题的构成要素。在会议中，会议主题只能有一个，而会议议题可以有多个。

2.确定会议规模

确定会议目标和主题后，就要确定参会者。参会者是会议策划的重要内容，包括"谁来开会""多少人参加"，参会者数量决定了会议规模。根据会议内容，考虑是否邀请不同类型的嘉宾，如政府官员、行业主管或中外专家学者等，这些人员的参加有助于提升会议的级别和层次。对参会人员发出邀请，一般情况下，会议邀请函的主要内容包括：① 会议名称和主题。② 会议举行的日期和地点。③ 会议的相关组织信息，如主办单位、承办单位、协办单位、赞助单位、支持单位等。④ 主要议程以及其他相关活动安排。⑤ 费用与支付方式。⑥ 会议回执。

阅读拓展

第二十三届中国经济学年会 会议邀请函

尊敬的×××

　　您好！

　　本届年会由中南财经政法大学经济学院与中国经济学年会秘书处联合主办，将于2023年12月1—3日在湖北武汉（中南财经政法大学南湖校区）隆重举行。我们在此诚挚地邀请您参加这次经济学的盛会。为了更好地安排落实会议的各项事宜，为您和其他参会者呈现一届精彩丰富的年会，请关注年会联系方式：与会务（报销相关）有关的信息，请联系中南财经政法大学经济学院年会专用邮箱：×××@163.com；办公电话：027-8838××××。与会议论文有关的安排，请联系大会秘书处：010-6275××××。

　　附件为初步的会议日程简表（附表1），正式日程安排，以年会官方网站——经济金融网和微信公众号"中国经济学教育科研网"发布的最新消息为准。

　　期待您的光临！

中国经济学年会秘书处

2023年11月

3.确定会议形式

一般来讲，各种形式的会议有自己的模式和程序。会议性质、会议目的以及参会人员身份决定了会议的形式。首先，不同性质的会议，应采取不同的会议形式，如法定性会议、决策性会议。如果会议严肃而庄重，一般采取程序严格、场面庄重的会议形式。其次，会议形式取决于会议目的。作出决策的会议，要采取便于议决事项的方式；征询研讨的会议，要采用便于发表意见、可以充分讨论、开放的形式；宣传教育的会议，考虑采用增强宣传效果的方式。最后，参会人员身份不同，可以采取不同的会议方式。较高层级的领导人会议，可以采取便于集中、就地召开的形式；不同单位、不同系统人员参加的会议，可以采取座谈会的形式进行。

4.确定会议时间

会议时间主要包括会议召开时间及会期长短两方面。会议时间依照会议类型有所不同，一般情况下，2—3天的会议最为常见，极少数会议会期为1天或5天以上。一般情况下，8:30—11:30，15:00—17:30是人们精力最旺盛、思维能力及记忆力最佳的时机。要注意将全体会议安排在上午、下午，晚上则安排一些文娱活动。

同时，会期确定也同样重要。会期确定原则包括：依实际需要定，要考虑议程能否完成；参会者能否充分表达意见；是否留机动时间；在满足需要的前提下，合理压缩会议时间。

5.确定会议地点

会议地点的重要性不容置疑。一般情况下，会议组织者会直接参与会议选址工作，也可以交由第三方会务公司完成。会议地点的确立，主要包括会议空间策划，即在何地开会，并按会议主题、规模等要素选择合适的地方和场所。寻找会议场地，需要明确会议的时间、地点、规模，有几种常用的会议摆台形式，然后在所确认的地点附近查找符合要求的会议场地，与会议场地的提供商联系，查询档期及报价，根据会议场地的布置方案对会议场地提出进一步的要求。最后，为场地做预定并支付一定的定金，签订会议场地租赁合同并完善服务信息及会议场地配备要求。

会议选址要根据会议规模、档次、参会人员身份，并结合会议内容来考虑，还要考虑会议对周边环境的要求。比如对交通是否有要求，这取决于来参会的嘉宾，如果是公司内部同事参与，那就选择离公司近的酒店；如果是全国各地客户来参会，可以选择机场或火车站附近的酒店。也可以按照商圈来选择，如北京地区的大望路国贸商圈、望京商圈、建国门东单商圈、西单金融街商圈、中关村商圈、亮马桥/三元桥商圈等。对会场的挑高、面积、装修风格、新旧程度等的要求，取决于活动类型，挑高为3米及以下的只适合普通的会议。如果是启动仪式、发布会之类的，建议选择挑高6米左右的厅，这样现场才可以出效果。

在预定前除了需要了解清楚以上因素外，会场场馆的很多细节，也需要提前和各方沟通好。以发布会为例，表8-3为场地方需要沟通和确认的具体事项。

表8-3　场地方需要沟通和确认的具体事项（以发布会为例）

1	座位	总共座位数	4	保安配合	保安打招呼，开会人员礼貌进入
		每排几个位置			安全维护
		一共多少排			现场保安
2	茶点	咖啡准备	5	可播放画面的地方	一楼面包房门口电视
		小吃	6	其他	一楼是否铺地毯
		水果			一楼大展板前展示板（已答应、确认）
		鲜花			停车场 B1/B2 到 T1 电梯处展架引导
3	停车	停车位			物料进场安装时间
		停车区域			仪器进场时间
					彩排时间
					现场几个麦克风

6.确定会议议程

会议议程是会议议题性活动顺序的总体安排，它是针对议题性活动而设定的程序。议程也是会议项目策划最核心的内容。会议议程一般不包括会议期间的仪式性、辅助性的活动。会议议程与会议日程有所不同。会议日程是将各项会议活动（包括仪式性、辅助性活动）落实到单位时间，通常，会期满1天（即两个单位时间）的会议项目都应当制定会议日程。

对于会议项目来说，凡事先设定议题并以讨论、交流、发布、表决、磋商、谈判等为主要方式的会议内容，都必须进行议程的策划。会议议程一般由议题和围绕议题的相关活动组成，反映的是每项议题及其相关活动在会议中的地位、次序及相互之间的逻辑关系。法定性会议的程序安排还应当符合相关的法律、法规和规则的要求。如联合国大会的每一项议程都有相应的规范要求。

一般来说，会议项目策划总是要先确定议题以及与之相应的活动，再考虑议程的先后顺序。议程顺序的安排要以会议的性质、议题和相关的规则为依据。通常，不同形式的会议，议程不一样，要根据具体会议而定。例如，工作研讨会的议程大致可以包括：① 会议主持人开场白，介绍会议的目的；② 主要领导发言；③ 参会者自由发言、讨论问题等。一些大型会议的议程通常可以包括：① 开幕会，致欢迎辞；② 领导讲话；③ 嘉宾演讲；④ 闭幕会。

会议程序是一次单元性会议活动或单独的仪式性活动等的详细顺序和步骤。大型或者专业性较强的会议项目会设计会议的程序。程序是将会议中各项活动的具体环节合理地组合连接起来并确定先后顺序。会议的程序安排一定要与议程安排保持一致。

7. 确定会议预算

会议的成本预算策划，一般包括以下两个部分。

（1）显性成本。显性成本即会议明显的耗费，如场地费、设备租赁费、住宿费、餐饮费、服务费、杂费等。

（2）隐性成本。隐性成本即参会者因参加会议而损失的劳动价值，一般是不为人所关注的成本，如会议服务人员筹备时间、参会人员在路途花费的时间等。

8. 确定会务工作

会议项目策划在明确目标、确定会议日程以及主要议程等内容之后，还需要落实会议的具体实施方案以及会议的公关和宣传、会议的现场管理与服务、会议的效果评估等方案。

通常，在会前要成立会议筹备组，具体处理会务工作。会务工作分为会前准备、会中协调、会后结束等。会前工作包括设计并安排好会场、会场布置、调试音响设备、准备所需文件材料、做好参会者的接洽工作等；会中工作包括会议签到、会议记录、会议服务等；会后工作包括整理会议资料、检查会场等。

我们以三日会议策划方案（表8-4）为例，分析会议策划方案的具体落实问题。

表8-4　三日会议策划方案

时间	事项编号	周二	事项编号	周三	事项编号	周四	事项编号	周五
7:30			4	早餐	12	早餐	20	早餐
9:00			5	全体大会	13	全体大会	21	全体大会
10:00			6	茶歇	14	休息	22	茶歇
10:30			7	分散会议和并行会议	15	分散会议和并行会议	23	分散会议和并行会议
12:00			8	午餐	16	午餐	24	午餐
14:00	1	注册登记	9	并行会议	17	并行会议		
16:00			10	自由活动	18	自由活动		
18:00	2	宴会开幕						
20:00	3	会议介绍	11	晚餐及文艺晚会	19	招待会		

表8-4是为600—1000人参加的三日会议策划的方案。这是一个较大规模的由国际协会组织主办的会议。会议项目策划必须对每一事项进行落实。

事项1：开始会议注册。

事项2：对于国际会议来说，开幕会有时也会采取宴会的形式。主办方以及协会组织的主席可以在宴会上发表简短的演说。晚宴期间，可以由一位具有国际声望的人做主题发言。

事项3：正式会议一般是在事件2结束后才真正开始。会议介绍是那些错过了先前介绍的与会者提供了机会，只是获取信息的方式有所不同。一般会单独准备一间公共休息室，与会者和发言人可以在这里进行非正式会面。这时，公共休息室里会安排足够的会议秘书处的工作人员、志愿者等代表。与会者可以在这里领取关于举办地的介绍材料，秘书处的工作人员（当地人）回答与会者提出的关于会议策划和活动的一些问题。与会者还可以借此机会与熟人聚一聚。

事项4：每天的早餐时间，也是与会者和发言人之间彼此交流的时间。

事项5：全体大会是国际会议最隆重的一项议程。每一次全体大会所讨论的主题都有所侧重，可以由三四位发言人进行演讲，从几个不同的角度讨论一个主题。每天的全体大会需要更换主持人，以表现与会者来自不同的国家。

事项6：在这段休息时间里，会议的主办方为参会者提供咖啡和茶以及一些点心和水果等。会议的主办方应考虑茶歇的人数、空间、配备等问题。

事项7：在会议安排上，分散会议和并行会议是同时进行的。虽然是分散会议，但讨论的话题仍是围绕全体大会的主题展开的。在全体大会上发表演讲的几名发言人各自主持一个分散会议，与那些对其演讲感兴趣的与会者做进一步讨论。同时，进行的并行会议还可以讨论全体大会中没有涉及的主题。

事项8：午餐是会议的一部分，要考虑到用餐人数、空间、秩序等，一般是采用自助的形式提供各种各样的食物。需要注意的是，会议需要满足不同民族和不同口味的与会者。

事项9：这一时段的并行会议与事件7中的并行会议的主题有所不同，需要进行整体策划。

事项10：在这段自由活动时间里，可以安排与会者参观文化类展馆和其他晚上开放的名胜景点。与会者也可以趁此机会为家人和朋友购买礼物等。给与会者充分的自由活动时间，以免他们占用其他时间来做这些事。这样做很有效，能保证其他会议时段的出席情况。

事项11：一般在年会中，文艺晚会是主办者组织的一项传统活动。文艺晚会以晚餐开始，晚会应尽量满足不同国家与会者的品位。

事项12—18：会议第二天的事件安排与第一天（事件4—11）相同，只是会议内容会有所不同。

事项19：招待会可以邀请与会者和设在会议举办地的各个国际组织的代表一同出席。

事项20—23：会议第三天的事件安排与前两天一样。

事项24：午餐结束后，参会者安排自己的行程。

会议的公关和宣传是会议组织工作的有机组成部分，也是会议取得成功的重要保证。需要注意的是，国际会议会需要提前一年进行会议发布，提出会议的主题、论文提交、参会要求等。

会议现场管理与服务包括礼仪接待、现场布置等。礼仪接待又包括嘉宾的接站、接机、食宿、观光等方面的安排，这也是会议策划的重要内容。

在会议策划中，相关会议评估标准的具体内容可依据会议活动的性质和目的来确定，总的要求是应当具有科学性、系统性和可操作性。

（二）会议活动策划的卖点

会议要经过详细的策划，要注意突出其产生吸引力的要素，也可以说是"卖点"。会议活动策划的卖点如下。

1.会议的主题、议程及其他活动项目

会议的主题是体现会议目标的实质性要素，主题要鲜明、独特、富有吸引力。会议议程在内容、方式和期限上因会议而异。总的来说，议程要安排得妥当、丰富、衔接自然，紧紧围绕主题进行。据《国际专业会议组织者协会通讯》报道，对于国际性协会组织的科学会议，会议内容是使参加会议人数增加的一个最为重要的决定性因素。

2.会议举办地

在挑选会议场所时，较之其他方面的单项标准，会议组织者更为重视会议的所在地。会议在哪个国家的哪座城市举办？地理位置和交通状况如何？气候怎样？城市环境和基础设施如何？有什么著名景点？这都是影响整个会议吸引力的重要因素。

3.会议地点

会议地点是指会议的具体举办地点。会议地点主要包括酒店、专门的会议中心、学术机构的会议地点以及市政会议地点等。会议地点的吸引力要素比较复杂，既包括会议室条件、客房条件、视听设备等硬件要素，也包括服务质量、会议接待经验等软件要素。

4.演讲人和嘉宾

演讲人的专业水平和嘉宾的档次在很大程度上决定了会议信息交流的质量和会议的影响力。选择好演讲人和分组或讨论的主持人，是活动成功的重要影响因素。一般为政府相关要员、行业协会人员、行业杂志的编辑、大学教授等。

5.人际交流氛围

参会者选择参会，不仅仅是因为在会议中能够学习到有用的东西，还因为会议能够为参会人员提供非正式的人际关系网络和做生意以及社会交往的机会，因此，会议要给参会者留下难忘的记忆。

6.各项专业活动

专业活动一般包括大会特邀报告、分组会报告会和张贴报告。

特邀报告人一般是该学科领域较著名的学者，主持人一般也是由该领域有声望的前辈学者担任。通常报告时间是25分钟，回答问题时间是5分钟。

分组会报告会具有灵活的特点，参会者可以选择自己感兴趣的报告去听。报告时间一般是10—15分钟，主持人一般也是要有一定学术地位的。

张贴报告一般是展示论文质量相较而言低一些或者不愿口头发言的人的论文。

7.住宿和餐饮安排

住宿和餐饮是决定会议能否成功的重要因素之一。

住宿安排的基本原则是把参会者尽可能地安排在一起，或者是距离会议地点较近，尽可能地安排在一家宾馆。一般要求参会者预付押金，并建立个人账户。另外，在安排住房时要准备住房表，便于查找参会者房间号码或传递信息。

餐饮安排也很重要。尤其是国际会议，很多人对中国的饮食感兴趣，同时这也是一个很好的相互交流的机会。

餐饮的种类主要包括早餐、茶歇、午餐、晚宴。早餐多由宾馆免费提供，茶歇可提供茶或咖啡，有时还提供点心，这取决于会议的经费。午餐一般统一安排，不提供含酒精的饮料。如果晚宴是主题宴会，最好每次安排不同主题的宴会。

餐饮活动安排要遵循一些基本原则：一是要严格预算。因为餐饮在经费开支上最具伸缩性，一不留神，就会超支。二是责任要明确。由谁负责哪一项具体工作，要明确分工，责任到人。三是落实每个细节。例如，日程、时间、场地、形式、价格、菜单、酒水、预订人数、主桌、音响设备、付款方式、签字负责人等，一个都不能少。

8.会议附设展览

此类展览往往是专业性会议的有机组成部分，而且是一种多赢的举措，对主办者有好处,主要是能增加收入;对参会者有好处,主要是能享受到丰富多彩的会议内容。例如,看到很多新产品,能够货比三家,为今后购买同类产品提供参考;对参展商有好处,主要是能直接接触目标市场,潜在地增加客户,为参展企业的发展与调整提供决策的依据。

会议附设展览的主题务必与会议的主题相一致,不可喧宾夺主。规模可大可小,不可一味贪大。事实上,很多会议附设展览是规模不大,但影响大,这与会议本身的规格、会议主办者在该领域的地位和身份是分不开的。

作为会议主办者,如果会议要附设展览,在没有经验的前提下,最好将展览工作交由专业展览公司(Professional Exhibition Company,PEO)去办理,自己专注做好会议工作。不要一味地贪大求全,什么事情都自己去做,俗话说"贪多嚼不烂",与其如此,还不如专注做好一件事。

第二节 会议活动设计与会场布置

会议活动策划方案是会议活动各项策划意图的书面形态,是会务工作机构根据领导者的意图和指示制定的详细、周密的书面方案。它是会议筹备工作的依据,是会议筹备工作有序进行的保障。会议策划方案经领导者审核,由会务工作者具体实施。会议活动策划过程按照工作内容及安排流程进行详细设计,如表8-5所示的发布会工作安排,要清楚每部分活动安排的目的,一一通过表格列出清单。

表8-5 发布会工作安排表

发布会工作安排		
序号	表格名称	表格目的
1	场地方需要沟通确认事项	发布会场地方确认执行细节,确保现场执行
2	物料清单	明确所有物料的明细
3	流程表	确定整个发布会的流程、时间节点
4	工作分工表	具体的工作安排分工明细
5	座次安排表	场地的座位安排
6	座位更新	根据执行情况更新座位安排表
7	费用预算表	整个发布会的投入预算
8	人员安排	发布会的人员整体安排计划

一、会议活动设计

结合会议活动策划的任务内容，以及在前文提到的"会议的基本要素"，本部分只说明三方面的内容：会议签到、餐饮和出行。

（一）会议签到

参加会议人员在进入会场时一般要签到。会议签到是为了及时、准确地统计到会人数，便于安排会议工作。有些会议只有达到一定人数才能召开，否则会议通过的决议无效，因此，会议签到是一项重要的会前工作。

1.常见的签到方式

（1）簿式签到。与会人员在会议工作人员预先备好的签到簿上按要求签署自己的姓名，表示到会。签到簿上的内容一般包括姓名、职务、所代表的单位等，与会人员必须逐项填写，不得遗漏。簿式签到的优点是有利于保存，便于查找；缺点是这种方法只适用于小型会议，一些大型会议参加会议的人数很多，采用簿式签到就不太方便。

（2）证卡签到。会议工作人员将印好的签到卡事先发给每位与会人员，签到卡上一般印有会议的名称、日期、座次号、编号等，与会人员在签到卡上写好自己的姓名，进入会场时，将签到卡交给会议工作人员，表示到会。其优点是比较方便，避免临开会时签到造成拥挤；缺点是不便保存查找。证卡签到多用于大中型会议。

（3）会议工作人员代为签到。会议工作人员事先制定好参加本次会议的花名册，开会时，来一人就在该人名后画上记号，表示到会，缺席和请假人员也要用规定的记号表示。例如："√"表示到会，"×"表示缺席，"○"表示请假等。这种会议签到方法比较简便易行，但要求会议工作人员必须认识绝大部分与会人员，所以这种方法只适宜于小型会议和一些常规性会议。对于一些大型会议，与会人员很多，会议工作人员不能认识大部分人，逐个询问到会人员的姓名很麻烦，所以大型会议不适宜采用这种方法。

（4）座次表签到。会议工作人员按照会议模型，事先制定好座次表，座次表上每个座位按要求填上与会人员的姓名和座位号码。参加会议的人员到会时，就在座次表上销号，表示出席。印制座次表，与会人员座次安排要求有一定规律，如从×号到×号是某部门代表座位，将同一部门的与会人员集中一起，便于与会者查找自己的座次号。采用座次表签到，参加会议的人员在签到时就知道了自己座位的排数和座号，能起到引导的作用。

（5）电脑签到。电脑签到快速、准确、简便，参加会议的人员进入会场时，只要把特制的卡片放到签到机内，签到机就会将与会人员的姓名、号码传到中心，与会者的签到手续在几秒钟内就能办完,将签到卡退还本人,参加会议人员到会结果由计算机准确、迅速地显示出来。电脑签到是一种先进的签到手段,一些大型会议都是采用电脑签到。

 案例分析2

人脸识别,让会议签到更轻松! 会议会展中的人脸识别签到!

随着人工智能的盛行,各个行业都面临着前所未有的技术革新,尤其是在极具科技创新性的会务领域。会议会展作为创新科技对外展示的第一个窗口,尖端技术首次应用到会议会展领域屡见不鲜,从全息投影的虚拟讲解员、发言实时转换成双语字幕的语音交互到活动会场提供服务的机器人,无不向我们展示着会议活动产业中科技应用的进步。在会议会展活动中,往往第一关就是签到环节,一种巧妙、专业的签到安排往往比会议本身更能给参会嘉宾留下深刻的印象。

在会议会展签到服务中,积极融入人工智能、大数据等技术,提供完整的参会人员邀约、注册、现场刷脸签到、数据统计服务,并根据会议会展场景需求,提供多样化的人脸识别解决方案,支持手机或PAD人脸识别、大屏人脸识别、闸机人脸识别签到,让参会者在会议活动中拥有更加优质的体验。以下是智慧会务人脸识别在会议场景中的应用。

1.会议注册/报名一站式管理

● 会议活动发布、报名、注册、推广、签到、数据统计一站式管理;

● 可视化表单编辑,报名成功短信通知,如图8-1所示。

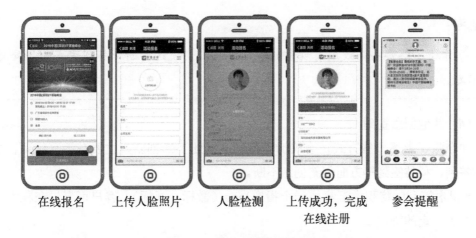

在线报名　上传人脸照片　人脸检测　上传成功,完成　参会提醒
　　　　　　　　　　　　　　　　　　在线注册

图8-1　线上人脸会议注册

2.报名管理一手掌控

● 报名数据可视化动态展示

● 参会人员信息随时查阅修改

● 订单详情一目了然

● 报名状态实时追踪

● 审核管理清晰、高效

3.会议报到，使用人脸识别签到打印证件

● 人脸识别签到（图8-2）

● 大屏幕人脸识别签到

图8-2　人脸识别签到

4.参会入场，使用人脸识别开启门禁系统

● 人脸识别闸机门禁

● 通过人脸识别签到限制目标嘉宾入场

思考：

你还了解哪些高效或有创意的签到方式？谈谈这些新奇签到方式的好处与不足。

（6）其他创意签到

如今除了上述一些方式，会议活动签到方式还不断创新，主要在手写签到、装置艺术签到、科技签到等方面创新创意不断。

● 积木签到：将积木汇集成一个指定logo（徽标、商标），客户可事先在积木上签名，具备一定的辨识度。

● 3D签到：嘉宾扫码签到后，头像出现在3D互动墙上，可以实时互动，发言上墙。头像组成形状可定制成各种各样的样式。

• 手环芯片签到：系统自动匹配信息至后台并传输至手环制作设备，参会人员拿到手环后，将其靠近签到机感应签到（如图8-3）。

图8-3 手环芯片签到

• 机器人签到：将参会者的基本信息提前录入机器人系统，来宾可以通过人脸识别或按指纹等形式完成签到。

• 触摸大屏签到：由到场来宾在比较大的屏幕上签上自己的姓名完成签到。

2.签到工作注意事项

（1）在签到处的工作人员是第一个和与会者接触的人，第一印象十分重要，这就要求签到处的工作人员精神饱满，热情高效，着装统一非常有必要。

（2）通常在与会者签到时就要求其交齐会务费等各种费用并开具收据，否则会增加收费难度。

（3）会议接待人员一定要注意重要嘉宾的接待，避免他们到场后无人理睬。签到处工作人员如果发现有行为障碍者参加会议，一定要予以充分照料。

（二）餐饮

1.茶歇

茶歇（tea break），是指工作和会议进程的休息时段。在这期间，会为与会者提供一些热饮、甜品和水果等，使得与会者在休息期间可以品尝美食，自由交流、讨论，放松身心。茶歇准备时，要看清预订单的茶点要求。要确认会场名称、人数、茶点时间和次数及茶点品种，确认主办方有无自带茶点（如小食或水果，接收时应该核对好品种和数量，尽可能让主办方把自带的茶点提前拿来，可询问销售跟单人，方便安排工作）。然后，根据相关要求准备好茶点物品，如茶点碟、点心盘和水果盘、奶盅、咖啡杯、咖啡糖、咖啡杯底碟，足够的矿泉水、食物夹和相关装饰物，咖啡机、茶点台（要擦干净）、食物叉、垃圾桶、下栏盆、餐具回收台，同时检查相关物品的卫生情况和是否有破损，要确保用具卫生和食品安全。另外，茶歇台应该提前布置。次日上午的茶歇应该当天下班前布置好，下午的应该在当日中午前布置好，同时用席巾将准备好的相关用具盖好防尘。

专业的茶歇物品摆放能为其增值，因此茶歇物品的造型也很有讲究。茶点应装入茶歇台上的专用盘中，不要放在大盘中，摆放要求卫生、美观、简洁。注意色调搭配合理，错落有致，以获得良好的视觉效果，让与会者体验超值的服务；重视茶歇装饰，摆放好茶歇台卡。在会议中场休息时，由于与会者参会时间过长，身体在不同程度上有一定的疲劳，所以在茶歇的装饰上要凸显活跃及放松的气氛，使与会者既可以享受美味可口的点心和咖啡，又可放松身心，如可用鲜花和绿植及花瓶、仿水晶珠及玻璃球等作为装饰。在茶歇服务过程中，服务人员及时添加茶歇食品及用品，及时清理垃圾和收好用过的茶歇用具。

2.正餐

一些会议的参会者对会议期间的餐饮服务非常重视，会议期间的工作用餐和宴会不仅是享用美食的场所，还是重要的交流场所，所以良好的餐饮服务能给参会者留下深刻印象。

大多数会议都统一安排用餐，其费用从会务费支出。通常参会者在所住酒店用早餐，中餐和晚餐由会议主办方集中提供，许多会议采用发放餐券的方式进行管理，也有会议是由参会者凭代表证进入餐厅。用餐形式主要有自助餐和围桌餐两种。通常采用较多的安排方式，是会议期间采用自助餐，会议结束时采用围桌宴会的形式。举办宴会通常是为了引导或者延伸会议精神，是向与会者做出的一种增进友谊的姿态。举办宴会前，首先要确定宴会的性质，然后根据性质来安排座次。宴会当天需提前候席，并安排专人负责引导宾客入座，甚至可以特别安排一些服务生，负责观察并满足宾客的特殊需要。

（三）出行

1.接站服务

多数情况下，会议参加者来到会议所在地，都会因人生地不熟而需要帮助，会议组织者应重视接站工作。会议组织者可视会议的具体情况安排迎接参会者的工作。了解参会者到达的大致时间，提前到达等候；竖立明显标志，让参会者一出站就能顺利找到接站处；及时掌握各工作小组通报的参会者到达情况，以便接待；重要的参会者还必须安排专人迎接，及时帮助国际参会者办理相关手续；必要时，组织欢迎队伍，安排献花。

2.迎送交通工具与陪车

各种会议都需要使用一定的交通工具，大型会议对交通工具安排的要求更高。会议组织者必须制订详尽的用车计划并及时调度以满足会议需求。在交通工具的容量方面要留有余地，避免因人员过多或行李较多而导致用车紧张。重要的大型会议，一定要有预备用车以防车辆故障。对于重要参会者，应单独安排用车，并视情况安排陪同人员以随时提供服务。

对于重要的国际性会议，为保证道路通畅及安全，需要获得交通管理部门的支持与配合，以保证会议顺利进行。

3.返离服务

要使参会者在会议结束后按计划顺利返回，为参会者代订返程机、车、船票的工作要在会议报到时就开始。为保证订票工作高效、有序，会议组织者要设计好订票需求单，内容应包括姓名、会议期间所住酒店及房间号、乘用的交通工具（飞机、火车、轮船）、返程日期、航班或车次、座卧等级、抵达地点、回程票数、特别要求等；如果是订机票，还需要身份证号等信息。由于种种原因，参会者有可能改变行期，因此会务工作人员应在会议结束前再次核实相关信息，以保证订票工作顺利进行。一些会议组织者则要求会议酒店为参会者代订返程票，这种方式可以减轻会议组织者的工作量，是可以考虑采用的方式。

会议结束后，如果送行工作做不好，参会者会对会议组织产生负面评价。交通方便的情况下，许多会议在结束时不安排送站车辆，由参会者自行解决。但如果会议酒店离机场、车站、码头距离较远或交通不便，就要安排交通工具送站，并将时间及时准确地通知参会者。对于重要参会者，则一定要安排送站，必要时由具备一定职务的人员进行送站，以示尊重。

二、会场布置

（一）会场背景板布置

背景板主要由会议名称、主办单位、会议时间、会标、展现主题的图画背景等组成。背景板要考虑高度合理、简洁大方、突出主题、渲染效果。随着高科技的发展，出现了利用新科技设计的新的会场背景布置方式，以下是几种常用布置方案。

（1）会场主背景采用一块会议主背景板与两块会议侧背景板的组合表现形式，整体风格简单、大气。配备灯光、舞台特效，表现相应的活动主题，适用于500人以上的大型论坛、开幕会等活动。

（2）会场主背景采用木质背板嵌一块或多块LED显示屏（或投影幕）的组合形式，配以灯光、舞台特效，烘托活动氛围，适用于各种论坛、研讨会、年会等活动。

（3）会议主背景板采用异形或弧线型设计，针对具体活动主题定制而成，适用于要求较高或需要整体突出活动主题的会场布置，造价较高。

（4）采用一块会议主背景板与两块LED的组合表现形式，两侧加灯光及舞台特效，适用于年会、演出活动、发布会等。

（5）采用一块会议主背景板，配以木质舞台、洽谈桌椅、灯光等，简单、大气，主要适用于各种学术论坛。

（二）会议场地的布置方式

常用的会议台型主要有剧院式、课桌式、回型、鱼骨式、U形。

1.剧院式

剧院式，即在会议厅内面向讲台摆放一排排座椅，中间留有较宽的过道。其特点是在留有过道的情况下，最大限度地摆放座椅，在有限的空间里可以容纳更多人，但参会者没有地方放资料，也没有桌子可用来记笔记。这种形式适用于新闻发布会、论坛、辩论会、启动仪式等，可作为在参会人员比较多的情况下会议场地布置的首选。

会场台型布置可根据会场大小进行方阵分列，在空间足够的情况下，方阵之间主通道间距至少保留100cm，两侧通道至少保留70cm。布置做到整场台型横平竖直，保证整体台型方正，排与排的间距为50cm，椅子与桌沿间距为10cm，如图8-4、图8-5所示。

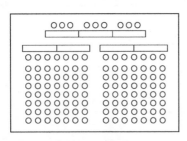

图8-4　剧院式1

图8-5　剧院式2

2.课桌式

课桌式，即将桌椅安排端正摆放或呈"V"形摆放，按教室式布置会议室，每个座位的空间根据桌子大小而有所不同。此种桌型摆设可在安排布置上有一定的灵活性；参会者可以有放置资料及记笔记的桌子，还可以容纳更多人。这种形式适用于论坛、新闻发布会、研讨会、培训等，便于听众做记录，如图8-6、图8-7所示。

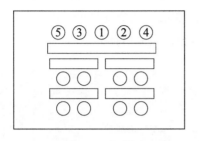

图8-6　课桌式1

图8-7　课桌式2

3.回型

回型台一般由会议条桌和宴会椅摆放组成。适用于研讨会、董事会或座谈会等，也适用于中式宴会，如答谢会、招待会、茶话会等，如图8-8、图8-9所示。

图8-8　回型1

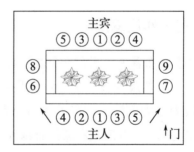

图8-9　回型2

4.鱼骨式

鱼骨式会议台型形似鱼骨。鱼骨式摆台如图8-10、图8-11所示。在台型布置中，排与排之间成"八"字形，两张会议条桌斜放成45°并在一起摆放为一组。

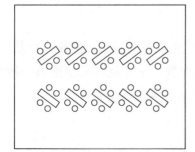

图8-10　鱼骨式1

图8-11　鱼骨式2

5.U形

U形,即将桌子连接在一起,摆放成长方形,在长方形的前方开口,椅子摆在桌子外围,通常开口处会摆放放置投影仪的桌子,中间会放置绿色植物以作装饰;一般不设会议主持人的位置,以营造比较轻松的氛围;多摆设几个麦克风,以便自由发言;如果椅子套上椅套,会显示出较高的档次,如图8-12、图8-13所示。

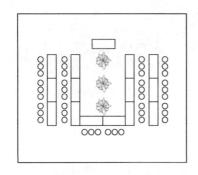

图8-12　U形1

图8-13　U形2

（三）座位编排

在会场布置中,还有一个重要的问题需要考虑,那就是座位的编排。

在一个严肃的会议上,座位是身份和地位的象征,不可随意乱坐。按国际惯例,右手边为上为主为大,左手边为下为次为小;距离主位越近,其席次和席位就越高;距离主位越远,其席次和席位就越低。常见的座位安排方式有以下几种。

1.环绕式的座位安排

在会场中不设立主席台,把座椅、沙发、茶几摆放在会场的四周,不明确座次的具体尊卑,参会者在入场后自由就座。这样的座次安排比较人性化,没有明显的地位区分,大家也能够畅所欲言,不致过分拘谨。这与茶话会的主题最相符,也最流行,但不适合一些主题严肃的会议。

2.散座式的座位安排

散座式的座位安排大多适合在户外举行的联欢会或是联谊会,座椅、沙发自由地安放组合,甚至可由参会者根据个人要求而随意安置,这样就容易创造出一种宽松、惬意的社交环境,适合私下的沟通和交流,但其只适合主题轻松的会议。

3.圆桌式的座位安排

圆桌式的座位安排,即在会场上摆放一张圆桌,请参会者在周围自由就座。在圆桌会议中，可以不用拘泥诸多的礼节，主要记住以门作为基准点，靠里面的位置是主座。面门为上、以里为尊，这就是圆桌式座位安排的基本原则。

4.方桌式的座位安排

在方桌会议中，要特别注意座次的安排。若只有一位领导，那么他一般坐在长方形桌子的短边，或者是比较靠里的位置。以会议室的门为基准点，里侧是主宾的位置。如果是由主客双方参加的会议，一般分两侧来就座，主人坐在会议桌的右边，而客人坐在会议桌的左边。

5.主席台式的座位安排

在会场上，主持人、主人和主宾会被有意识地安排在一起就座，这在安排座位时有明确的规则。首先主席台必须排座次、放座次牌，以便领导对号入座，避免上台之后互相谦让。主席台座次的排列如下：领导人数为单数时，主要领导居中，2号领导在1号领导左手位置，3号领导在1号领导右手位置；领导人数为偶数时，1号、2号领导同时居中，2号领导依然在1号领导左手位置，3号领导依然在1号领导右手位置。

三、会场注意事项及突发事件对策

（一）注意事项

执行会议接待工作时，有以下事项需要特别注意：① 设置迎宾区和来宾休息区，落实重点接待对象；② 安排专人负责记录到会的领导人，领导人的信息一定要记录准确，为此事先应尽可能地掌握可能到会的领导人的背景资料；③ 必要时，要为主持会议的人员配备专人作为助手；④ 对于准备在大会上讲话的领导人或在大会上发言的参会代表，要有专人负责提醒其做好准备，必要时应安排他们在指定座位就座。

（二）保密管理

一些会议涉及保密工作，因此会议保密管理就是要确保会议期间各项秘密的安全，主要涉及内部会议的内容不能外传，涉及经济、军事方面的数字和人事问题；重要会议召开的时间地点和出席人员等。要做好会议保密工作，应注意做到：① 严格执行保密法规，严格执行保密纪律，制定一整套的保密措施，如对于会议的文件，要准确划分保密等级，必要时可以规定只能在会场内阅读；注意检查会场的扩录音设备及通信线路，防止泄密；对参会者尤其是现场服务人员严格控制，加强保密纪律和保密观念教育；复印机、印刷机等印废的会议文件和底稿应妥善保存，在会后指定专人销毁。

（三）会场常见突发事件及其应对

会议活动的一个关键就是出现突发问题时不要方寸大乱。事实上，即便您会议组织者做到了运筹帷幄，突发事件也有可能发生，只要及早策划和预测，直面问题，进行理性的判断，很多问题是能够化解的。根据经验，突发事件主要有以下几种。

1.主要发言人因为各种各样的原因缺席

对于发言人无法完成指定任务的情况，有两种应对方法：若发言不太重要，可安排休息；若发言十分重要，就考虑安排替代发言或是取消。

2.登记代表数量不足

一般初次举办某个会议，若没有十分把握，不要过早考虑细节，如签订会场租赁合同等。假如已签订相关合同，那对于一些规模较小的如专家研讨会等活动，坚持召开会议比直接取消的损失要小。

3.发言人或某参会代表言行不当

对于这种情况，有的可以私下解决，有的则要采取强制性措施。需要注意的是，该处理对其他参会代表的影响，让他们觉得处理方式既严肃又不过分。

4.会议召开前夕出现意外问题

会议召开前夕，若不幸出现火灾、装修工程延期等问题，要立刻转移到一个短时间内可以布置好的备用会场。

5.出现重大健康事故

这要求在会议过程中会议组织者要与专业健康专家保持紧密联系，在出现饮食方面的疾病或传染病时可以及时获得帮助。

6.出现交通问题

交通问题主要是指影响参会者到会和离会的问题，比如天气等问题也有可能影响到参会者。对此最好提前购买针对性的保险。

7.IT系统或设备出现问题

针对这一问题，会议组织者有必要在会前核实当地最快能租到设备的渠道和途径。如果笔记本电脑丢失，也属于设备出现问题，但不单纯是设备自身的问题，还涉及工作人员看守防盗的问题。针对盗窃问题，应注重防范，加强员工教育、内部管理和配备安全设施。

四、会议日程安排设计

会议日程表的设计主要涉及以下因素。

（1）在一个对大部分目标听众来说比较方便的时间开始。

（2）预留充足的登记时间。

（3）会议主席做简要介绍和致辞。

（4）会议时间长短要适中。

（5）会议间歇休息时间要充分。

（6）确保充足的茶点供应。

（7）安排一次总结性的全体会议。

（8）避免以混乱收场。

比如，第二十三届中国经济学年会会议日程如表8-6所示。

表8-6　第二十三届中国经济学年会会议日程简表

2023年12月1—3日，中南财经政法大学（南湖校区），湖北 武汉

时间	日程安排
12月1日	
15:00—16:00	新闻发布会
17:30—19:30	理事会、经济学院院长（主任）晚宴
20:00—21:30	经济学院院长（主任）联席会议
12月2日	
08:30—09:00	开幕会
09:00—09:50	主旨演讲：易君健
10:00—10:50	海闻讲座
11:00—12:00	圆桌论坛
13:30—18:00	分会场一、二
14:00—16:00	理事单位会议
15:00—17:00	学术期刊论坛
18:00—19:30	晚餐
19:30—21:00	数据培训专场
12月3日	
8:30—10:30	分会场三
11:00—11:30	年会闭幕会（理事长、本届主办方负责人、下届主办方负责人致辞）
12:00—14:00	午餐
14:00	会议结束

第三节　会议活动策划的相关事务

与会议相关的事件和活动有许多，其中一些应出现在主体日程安排中，如主要的宴会等。其他则只是为参会者提供可选项，不必列在主体日程安排中，但会议活动的策划者必须事先周密考虑，否则会影响到会议活动的整体效果。

一、会议相关材料

策划会议执行方案前，要确定会议活动中需要用到哪些信息或材料。比如要提供一些关于本公司的材料，如产品及财务信息等，还有就是安排各种活动时需要的物料，如表8-7所示。

表8-7　会议活动所需物料（根据要求不同会有所不同）

种类	事项
前期	电子邀请函、创意邀请函（如图8-14）
活动现场物料	会议说明物料、产品介绍物料
	会议活动背景板、签到墙等
	现场展板包装
	路旗、吊旗等
	横幅、条幅、指引路标等
	工作证、嘉宾证、胸花等
	创意礼品（如图8-15）、手提袋
	红地毯、指引牌、鲜花、签到笔等

图8-14　创意邀请函——字卷

图8-15　创意礼品——指尖陀螺

二、文化体验活动

文化体验活动是针对会议主题和参会者的心理，在会议各阶段运用文化造势，让参会者在参会的同时，还能获得一种文化感受和精神上的满足。

会议的文化体验，是为参会者提供一个与他人相互观察、聆听和交流的机会，并因此收获更高层次的知识或技能，着重在于文化与会议体验相结合。会议文化体验可以理解为参会者通过感官、情感甚至心灵感悟，对会议主体活动及子活动进行由表及里、由浅入深的体验和理解。构成文化体验的要素有两大类，分别是会议所传递出的文化内涵一定要丰富与深刻，参会者感受深层次文化的途径是参与和互动，以达到欣赏、学习、交流的目的。

文化活动包括看戏剧、芭蕾舞演出、音乐会、歌剧，以及参观博物馆和展览等。会议活动的策划者需要考虑的是，是否应该安排一些文化活动作为会议的一部分，会议地点或附近地区是否能够提供文化活动，会议承办者是否需要为参会者参与文化活动购买门票等。大型会议活动一般都将相关文化活动列入会议的策划方案或者作为自由活动时间的可选项目。国际性会议举行的文化活动通常有名胜实地旅游、参观当地手工艺品展或观看民间歌舞等。值得注意的是，文化活动的安排要以方便参会者为宗旨，尽量在离会议地点不远的地方安排活动。

（一）常见的表现形式

1.民俗风情体验

民风民俗是特定社会文化区域内历代人共同遵守的行为模式或规范。人们往往将由自然条件的不同而造成的行为规范差异称为"风"，而将由社会文化的差异所造成的行为规则差异称为"俗"。所谓"百里不同风，千里不同俗"正恰当地反映了风俗因地而异的特点。比如，2013年1月17—19日，第九届中国会展经济国际合作论坛（2013CEFCO）在重庆隆重举行。刚刚落成的西部最大展馆——重庆国际博览中心在本届CEFCO论坛上成功亮相，给所有嘉宾留下了深刻印象。在18日下午的"悦来之行-巴渝风情体验之旅"环节中，近400名中外嘉宾前往重庆国际博览中心，在展馆里体验了火锅、剪纸、面人、糖人等充满巴渝风情的春节习俗，并对展馆的各项基础设施有了更深入的了解。各位嘉宾对重庆国际博览中心给予了高度评价，并表示将帮助重庆国际博览中心引入展会，提高展馆的使用率。

2.自然景观体验

广义的自然景观是指只受到人类间接、轻微或偶尔影响，自然面貌未发生明显变化的天然景观，如高山、极地、热带雨林及某些自然保护区等。狭义的自然景观是指由自然要素，如山川、水域、动物、植物构成的景观。自然景观资源可以分为山岳风景、水域景观、海滨风景、森林风景、草原风景、地质风景、气候风景等。第五十三届世界风景园林师联合会大会（IFLA）在美丽的意大利都灵举行。这次大会的形式丰富多样，收录了来自世界各地学者的342篇论文，邀请了12位建筑师/风景园林师做主旨报告。在大会开幕会上，颁布了风景园林学界最高荣誉杰里夫杰里科奖，在欢迎晚宴上颁布了大学生设计竞赛奖。会后，组委会还组织了都灵市区历史公园和现当代公园的技术考察，以及会后的米兰世博考察，参会者可自行选择。

3. 人文景观体验

人文景观，又称文化景观，是指旅游资源所特有的地方特色、民族风情和历史、文化等价值，是人们在日常生活中为了满足一些物质和精神等方面的需要，在自然景观的基础上叠加了文化特质而构成的景观。人文景观包括的范围很广，类型多样，主要包括历史古迹、古典园林、宗教文化、文学与艺术、城镇与产业观光等类型。

（二）文化体验活动策划的具体内容

（1）设计线路和拟定时间。

（2）确定活动参加人数。一般而言，文化体验活动作为会议的子活动，多在会议间歇或会后举行，并非所有的参会者都能如期参加。因此，在举行文化体验活动之前，会议组织者应提前做好人数统计工作，根据报名人数提前安排好场地、车辆、票证、餐饮等服务。

（3）安排陪同人员。根据文化体验活动的内容、形式安排陪同人员。陪同人员一般包括与参会者身份、职位相当的对等领导、解说员、摄影摄像人员、引导员或导游人员、随车人员等。如果有外宾参加，还应包括现场翻译人员。在出发之前，各陪同人员应做好相应的准备，以应对各种可能出现的问题。

（三）组织文化体验活动应考虑的因素

1. 地方城市、合作单位的承受能力和诉求

主办方一般负责会议当天的策划组织，文化体验活动多通过与地方政府、组织合作或完全委托的形式进行，需要考虑到地方城市或者单位的承受能力。同时，文化体验活动应与会议的主旨内容一致，以体现会议主办方、参会者的利益诉求。

2.体验时间应合理

通常文化体验活动的持续时间多为半天或一天，会议组织者在进行安排时要严格根据时间来调整行程，并考虑到道路拥堵可能花费的时间，至少做出一套备选方案，尽量避免走马观花式的体验。

3.考虑交通因素

如果文化体验活动举办地或者路线不在嘉宾、参会者住宿的酒店举行，那么则要考虑交通问题。

（1）交通方式应方便快捷。根据嘉宾住宿地与文化体验活动的具体地点或路线，选择最方便快捷的交通方式。同时，尽量选择便于组织管理的交通工具，如大中型客车。

（2）要交通时间控制。会议组织者应该提前与当地有经验的司机咨询活动当天各时段道路拥堵情况，争取制定最为准确的时间表。

4.考虑住宿

若文化体验活动持续一天以上且活动举办地离嘉宾所住酒店较远，应提前考虑住宿安排。根据文化体验活动安排进度表，在举办地或者路线景点周围联系合适的酒店宾馆，提前预约，务必使参会者在一天的体验结束之后就能尽快休息。

5.考虑天气

对于在室外举行的文化体验活动，应考虑到天气情况。若活动当天有雨，应提前告知参会者注意保暖，且备足雨衣或雨伞。

6.考虑多条线路选择

由于每位参会者的喜好不同，关注点也不一致，如果有可能，应事先准备多条参观路线，以供参会者选择。在制定到达路线时，尽量不要只考虑一条路线，特别是城市道路交通易堵塞路段，应考虑多条备选路线。

知识拓展 ▶▶▶

第十三届中国国际会展文化节文化体验活动线路

由山东省临沂市人民政府与中国会展杂志社联合主办的第十三届中国国际会展文化节于2017年8月16—19日在临沂市隆重举办。本届活动主题为"一带一路"合作参会展文化。在8月19日安排的考察中，主办方策划了以下两条线路供参会者选择。

　　路线一：早7点酒店集合→乘坐豪华大巴→天蒙山景区东门→搭乘索道上山→天蒙山西门下山→午餐→酒店。费用：300元/位（包含：上行索道、景点门票、来回路费、全程导游、旅游保险、午餐）。

　　银座天蒙景区简介：地处沂蒙山山脉东段，是沂蒙山旅游、临沂旅游的核心体验地，沂蒙山旅游区天蒙山总面积约240平方千米，核心片区96平方千米，旅游资源丰富，集山岳景观、森林景观、瀑布景观、人文景观于一体。

　　路线二：早7点酒店集合→豪华大巴→竹泉村→红石寨→午餐→酒店。

　　费用：200元/位（包含：上行索道、景点门票、来回路费、全程导游、旅游保险、午餐）。

　　竹泉村/红石寨景区简介：竹泉村背倚玉皇山，中有石龙山，左有凤凰岭，右有香山河，前有千顷良田。因村中有一清泉，泉边多竹，得名竹泉村。竹泉村的竹林、泉水、古村落的自然形态和各种民俗项目的展示保护是当下中国美丽乡村建设的典范。

三、纪念礼品

　　如何给参会者送出满意的会议礼品，是令会议举办方越来越头疼的一个问题。会议礼品的选择要因会而异、因人而异，不能千篇一律，更不能几年一贯制。礼品选好了，能为会议增光添彩；选不好，不仅达不到主办方的初衷，甚至还会让参会人员心中不痛快。

　　会议礼品要综合考虑三个因素：会议主办方的角色定位、会议内容和会议礼品的受赠对象。

　　礼品的分类方法主要有两种，最受大家认同的是按用途的分类方法，有六类，包括国务政务类、商务促销类、节庆纪念类、休闲园艺类、装饰饰品类、票币收藏类。另外，也可以按原料分为水晶制品、水晶胶制品、塑胶制品、亚克力制品、竹木制品、金属制品、金银制品、陶瓷制品、电子产品、园艺工艺制品、皮革制品、玻璃制品、纸制品、针纺刺绣织品、羽绒制品等。

　　为参会者赠送适当的礼品，是现代会议常常采用的一种做法。以何种方式赠送、赠送什么礼品，可因会议的不同而灵活设计。针对公司重要客户的会议，在选择会议礼品的时候，要考虑礼品的价值、纪念意义和宣传效果。针对这样的会议，可以选择高档品牌礼品、具有纪念意义的文化礼品。例如，对于外事会议，可以选择具有中国特色的礼品，如真丝织锦等。会议礼品应体积小、重量轻、便于携带，实用、有特色，融合企业文化内涵。对于以纪念为主要目的的庆典会议和表彰会议，礼品选择的最佳标准是要有纪念价值和收藏价值，保存时间长，适合在办公桌或墙上进行陈列，有一定的观赏价值或使用价值，最好有一定的象征与关联意义。对于这类会议，可以选择有象征意义的奖杯或奖台、有一定象征意义适合在桌子上摆设的工艺品，如具有吸附室内甲醛功能的炭雕摆件、金箔画等。

选择会议礼品的注意事项如下。

1.以与众不同的特点吸引受赠者的注意力

目前，政府、企业纷纷采取行动倡导"低碳会议"。会议组织者如果能选用符合低碳环保理念的会议礼品，既能体现企业的环保理念，又可以受到受礼者的青睐。

2.强调礼品的实际使用功能和性价比

礼品不仅可以促进情感上的沟通，也是公司的形象和价值观念的体现。除特殊的一些纪念性质的收藏类定制礼品外，更多的单位开始考虑礼品的实际使用价值和性价比。这里的观念差异在于，礼品的发放单位在更加现实地考虑了自身形象和品牌传播之外，强化了对接受方的礼品认同感的重视，希望礼品可以在日常生活中切实用得上，而不是收到之后就被束之高阁了。

3.关注细节

既然礼品体现了公司的形象和价值观念，那么礼品的选择、包装、发放方式也都被打上了公司的印记，是否做到了为受众考虑，是否关注了礼品之外的细节，都需要引起礼品使用单位的重视。例如，如果是送给外地客人的礼品，就要考虑礼品的体积和重量是否便于携带，要避免品种、色彩、图案、形状、数目、包装方面的禁忌；如果是送给外国客人的礼品，就要考虑礼品的文化差异和包装颜色的禁忌，体积稍大一些的礼品，还要考虑是否为客人提供手提礼品袋等；禁送现金、有价证券、天然珠宝、贵重首饰、药品、营养品、涉及国家机密和商业秘密的物品。

四、影像记录

会议记录是指在会议过程中由专门的记录人员将会议情况和会议内容如实笔录而形成的一种书面材料。

现代会议一般都比较注重媒体报道，重要的会议往往还进行现场直播或网上直播。

作为宣传，影像记录资料是十分必要的，因而选择合适的摄影师也是要考虑的问题。会议拍摄就是在用摄影机和照相机将一个会议或是活动进行声光影像的数字记录，在片型的划分中属于纪录片的范畴。它不仅是集体交流过程的一个见证和记录，也是对主题活动的一种升级记忆，是企业文化整理备案的一个重要组成部分。

❈ 本章小结

本章讨论了会议的概念以及会议项目的构成要素、种类、目标和议程等。所谓会议，通常是指有一定数量的人参加，围绕特定的目的、在某个地点定期或不定期进行的持续一段时间的思想、观点和信息交流活动。会议有不同种类，可以根据会议的目的、内容和与会者的不同进行分类。

会议项目的策划需要明确会议的具体目标、会议形式，选择会议的时间、举办地点，明确会议的参加对象，确定会议的规模等。

👥 思考题

1.什么是会议？会议的种类有哪些？

2.会议的构成要素主要有哪些？

3.会议策划主要包含哪些方面的内容？

4.确定会议目标，要考虑哪几方面的问题？

5.国际大会及会议协会（ICCA）对国际会议的统计标准是怎样的？

6.会议前期的管理重点有几方面？

📖 项目训练

学生选择一个自己感兴趣的知名会议作为研究对象，用思维导图整理出该大会的基本要素，并分析它对其所属行业及当地经济产生了怎样的影响。

第九章
演艺活动策划

 案例导引

天猫跨年电音节：打造年轻人跨年新潮流

2020年12月31日，天猫海岛跨年电音节在具有"中国马尔代夫"之称的蜈支洲岛举行。此次天猫海岛跨年电音节由天猫Club和天猫消费电子主办，联合3C数码、智能影音、智能家电、天猫国际、大快消、服饰等多个品类，与海南省三亚市海棠区政府共同打造了这场引领"95后"跨年新风潮的跨年活动。

极限海浪+极致音浪+潮趣体验，掀起后浪跨年情绪。此次电音节的主题为"海浪与电音的邂逅"，旨在将海岛的自然元素与电音相结合，为参与者带来一种沉浸式体验。主题的设计理念是希望通过音乐的力量，将年轻人聚集在一起，在海浪的声音中尽情狂欢，迎接新年的到来。

迎新甩丧的跨年氛围充斥着电音节现场，以JBL、漫步者、Sony、Casio、Nintendo Switch、小度、teufel、sennheiser、峰米、AfterShokz、GoPro、LIBRATONE、海信、Marshall、ninebot为代表的众多国际一线品牌，携极限发烧友、黑科技达人、潮玩尝鲜派等不同兴趣圈层的"95后"挚爱潮品，为体验者打造了一系列丰富多彩的潮玩体验；火爆全网的"舞力全开""打靶射击""唱吧小巨蛋挑战赛"等"95后"挚爱游戏，为活动现场营造了满满电力。此外，具有浓浓的热带海岛风情的海上飞人表演、外籍快闪秀等表演，也深受现场"95后"的喜爱。

值得一提的是，数码音频类的JBL、漫步者、Sony；数码互娱类的Nintendo Switch；智能家电类的海信激光电视等潮电品牌产品表现抢眼，强势吸引了年轻一族的眼球。这也充分体现了天猫提出的"玩出新鲜""美不设限""以懒为荣""自带潮感""养即正义"五大潮电趋势。

夜间的电音舞台，由"原创青春系"乐队VOGUE5等潮流音乐人点燃，活力满满、电量十足的音浪现场，完全对焦"95后"潇洒自由的夜生活口味。与此同时，8小时不间断直播狂欢，同步点燃线上观众的热情。

零点时刻，伴随着DJ倒计时，海面燃起定制猫头形状烟花，呈现了一出精彩绝伦的烟花秀，代表希望的红色曙光，寓意新的一年充满未知与无限可能。

此次天猫海岛跨年电音节并不是天猫第一次举办跨年活动了。据悉，该活动是天猫消费电子计划打造的年度IP活动，2019年，选址崇礼太舞小镇，举办雪地跨年电音节，并与当地政府合作落地滑雪体验中心；这次的2020年跨年活动则来到极具热带风情、浪漫又不失活力的三亚，并在活动现场举行了潜水体验中心的发布仪式。

不难看出，每次天猫跨年音乐节的活动选址，都与"95后"钟爱挑战、尝鲜刺激的极致需求紧密相关，体现了天猫"联动本地政府，注入95后潮玩新文化，打造城市新名片"的目标，也预示着未来天猫消费电子将为更多城市带来更多可能性。

思考：

1. 演艺活动的举办，对主办单位和举办地起什么作用？

2. 根据以上资料分析，与以往的其他演出活动相比，这样的演出活动有什么特点和创新之处？

第一节　演艺活动策划概述

一、演艺活动概念及演艺产业发展现状

（一）演艺活动概念

演艺活动是与音乐、舞蹈紧密结合的歌舞表演活动。通常，人们把演出艺术活动简称为演艺活动。与演艺活动密切相关的还有表演艺术活动等。从广义上来说，演艺作为一种新的经济形态，是以视听出版、影视传媒、演艺娱乐为依托的文化产业，包括通常所说的各类创意节目演出、音乐节、彩车巡游活动、艺术体操与卡通乐队表演

以及荧光舞、影子舞、互动激光舞等各类舞蹈表演。也可以说，凡是涉及演出艺术与技术的产业活动都属于演艺的范畴。

（二）演艺产业发展现状

演艺产业又是从事表演艺术方面的机构与团体所形成的集合体，涉及电影、电视、歌唱、实景演出、交响乐、歌剧、芭蕾、现代舞蹈、音乐剧、民族戏剧、民间歌舞、杂技、曲艺、皮影等行业。

在我国，演艺产业同旅游业、科技产业结合紧密。最早出现的是旅游演艺，比较有代表性的案例是20世纪80年代西安推出的《仿唐乐舞》；90年代，杭州宋城景区推出的《宋城千古情》。2004年，由梅帅元总策划、张艺谋导演完成的大型山水实景演出《印象·刘三姐》在桂林阳朔推出，由此引发了国内大型实景演出以及演艺产业的发展热潮，陆续出现《印象·丽江》《印象·西湖》《禅宗少林·音乐大典》《大宋·东京梦华》等。演艺产业是基础性文化产业，也是文化产业体系中的核心产业之一。目前，演艺产业已经出现了如实景演出模式、主题公园模式、各地音乐节模式、旅游舞台表演模式等多种相对成熟的产业模式。

从产业链的角度来看，演艺产业包括文艺表演团体、演出场所、演出中介机构和演出票务等各要素。演艺产业是一个创意与劳动密集型的产业，因其能耗低，具有可持续发展的后劲，因而也被称为低碳产业，具有经济辐射和拉动作用。

目前，演艺活动的发展已呈现出以下特点。

（1）多元文化融合。演艺活动是文化传播的重要载体，也是多元文化融合的平台。这种多元文化的融合不仅有助于提升演艺作品的创新性，也有利于增强世界文化的多样性和包容性。例如，中国的京剧表演在融入现代元素后，吸引了更多的年轻观众。

（2）技术创新。近年来，随着科技的不断进步，演艺活动在技术方面实现了诸多创新。数字化、智能化、自动化等技术的应用，为演艺活动的制作、呈现和观赏带来了革命性的变革。例如，数字多媒体技术的运用使得舞台布景更加逼真；人工智能和大数据分析则有助于优化演出营销策略；虚拟现实（VR）技术为观众提供了沉浸式的观演体验。

（3）跨界合作。演艺活动在发展过程中，逐渐打破了行业界限，实现了与其他领域的跨界合作。时尚、艺术、娱乐等产业的融合，为演艺活动带来了更多的创意和可能性。例如，时装秀与戏剧演出的结合，让观众在欣赏表演的同时，也能感受到时尚元素的魅力；艺术展览与音乐会的跨界合作，让观众在视觉和听觉上得到双重享受。2018年草莓音乐节的主题是"ME（我）"，它不仅仅是音乐节了，更像是一个集合青年潮流文化的大型嘉年华，一年吸引了超过62万人来到现场。艺术作品包括艺术装置

《太空度》、Paul Smith展览等。承载主题"ME"的爆款宣传页面出现了"宇航员"形象，以宇航员为主角形象的设计原型，贯穿全年的草莓音乐节现场。2019年草莓音乐节主题——"循环世界Circular World"，是一个以环保理念为核心又颇具哲学思考色彩的主题。现场还呈现了合作艺术家的视觉艺术作品，多维度丰富了音乐节的整体呈现效果。

二、演艺活动策划的定义及特点

（一）演艺活动策划的定义

随着演艺产业的发展，各种晚会、企业、公司年会以及企事业单位的庆典、产品发布、开张、礼仪活动等都会有演出，各类演出项目的活动计划、程序安排以及整体规划等都需要专业的策划运营管理人才。通常，在演艺活动过程中，涉及申请、报告、协议、计划等各种文件的撰写与制定。从专业的演艺公司来说，演艺资源的客户推广方案以及开展演职人员的招募、设备供应、场景信息、经纪服务、器材租赁、影视培训、宣传策划等工作也都需要专业人员来完成。

演艺活动策划是指为了完成演艺活动的目标，借助一定的科学方法和艺术表现手段，为演艺活动进行决策、计划中的构思、设计、制作等策划的过程。它是通过策划人员精心组织的演艺大纲与执行方案，对演艺活动的启动、筹划与发展具有指导作用。

演艺活动策划也可以说是一种设计，好的演艺策划是对演艺活动的一种过程与行动安排，或者说是一幅有创意的规划蓝图。从执行层面来说，演艺活动策划就是有效地组织各种表演资源与方法来实现演出战略的一个系统工程。

可以说，演艺活动策划就是制定演出规划系统程序，在本质上也是一种智慧的理性行为。好的策划能通过现有的资源编排出最好的舞台节目，它的实施可以让观众在观赏演艺活动时沉浸其中，甚至忘了自己的客人身份，使观众和舞台真正达到零距离亲密接触。

（二）演艺活动策划的特点

准确地把握演艺活动策划的特点，有助于更准确地做好演艺项目策划工作。演艺活动策划的主要特点如下。

1.主题性

演艺活动都有一定的主题，想表达出什么效果是必须清晰明确的。一台晚会或者大型综合性演艺活动是不能缺少主题的，主题是进行演艺活动项目策划需要明确的首要问题。

演艺活动策划的主题性是指在策划中需要不断体现与展现出的一种理念或价值观念，主要表现在两个方面：其一，主题是演艺活动策划的灵魂，也是演艺活动独特性的集中体现；其二，主题是演艺活动策划的主线，演艺活动的子系统要围绕主线进行，离开了策划的主题，各个子系统便失去了中心。只有正确把握好策划的主题，才能使得演艺活动的整体策划独具风格与特色。

2.娱乐性

娱乐性是演艺活动的生命，没有娱乐性，演艺活动就失去了根本。一般来说，人们会将演出的效果作为评判演艺活动成败的标准，如果不具有娱乐性，观众就很难认可，也就不能说是好的演艺活动。

演艺活动是一种能为人们提供休闲娱乐的精神文化产品，因而，在保证演艺活动艺术性的前提下，需要特别注意策划它的娱乐性内容。例如，舞蹈、歌曲、杂技、武术等演艺形式，策划表现出欢快、热闹氛围以及欢快的视听效果，则更能激发观众的兴趣，使观众获得更好的体验。

3.创新性

创新是一项活动，目的是解决实践问题。创新的本质在于突破传统、突破常规。创新就是要在一定范围内具有领先水平，在解决社会问题方面发挥着积极的作用。

演艺活动的策划需要具有首创性或者独创性。策划创新的要求既不是沿袭老的套路，也不是模仿别人；或是有好的概念提出，或是勇于突破常规，标新立异，与众不同。例如，明星演唱会、周年庆典晚会、新年晚会、春节晚会、音乐会、慈善晚会、舞蹈表演等，与好的演艺活动相匹配的策划方案一定是具有创新性的。

4.互动性

现代演艺活动中，观众既是观看者，也是演出的参与者。在演艺活动策划中，策划者经常设计出某些悬念，如采用手机、网络、微博、现场有奖问答等手段能够吸引观众参与，构成了演艺活动的互动性。

5.国际性

随着全球文化的深入交融，现代演艺活动方面的中外合作频繁，因而演艺活动的策划也越来越呈现出国际性的特点。比如说世界博览会，平均每天有超过100场的演艺活动，汇集全球众多的演艺团体前来献艺，具有很强的国际性。

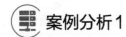

案例分析1

2023年嘉兴乌镇戏剧节活动内容

　　乌镇戏剧节以繁荣戏剧事业、培养戏剧创作人才、提升戏剧作品的艺术水准、拓展戏剧市场为目的，旨在加强国际戏剧交流，发展和繁荣国内戏剧文化，进而实现江南小镇的文艺复兴。乌镇戏剧节由特邀剧目、青年竞演、古镇嘉年华、小镇对话（论坛、峰会、工作坊、朗读会、展览）等单元组成。乌镇戏剧节以拥有1300年历史的乌镇为舞台，共邀全球戏剧爱好者和生活梦想家来到美丽的乌镇体验心灵的狂欢。

　　一、特邀剧目

　　此届特邀剧目票价将贯彻均价400元以内低价惠民政策（乌镇戏剧节演出票不包含乌镇西栅景区门票，但除特价票或预约免费票外，其余邀请剧目演出票可凭票免费于演出当日进入乌镇西栅景区一次）。

　　二、青年竞演

　　乌镇戏剧节作为一个多元包容的国际文化交流平台，致力于为青年戏剧人提供更多学习、创作、交流的机会。青年竞演作为乌镇戏剧节的核心单元，以扶持青年创作梦想、重塑原创戏剧价值为使命。十届戏剧节上，共有8100多人报名青年竞演，经乌镇戏剧节评委会的慎重评选，从蚌湾剧场走出了近600位优秀的青年戏剧创作者，创作了143部原创戏剧作品，为中国戏剧注入了源源不断的生命力，这次青年竞演也将再次扬帆，以热爱为旗帜，以青春为起点，书写下一部十年的戏剧回忆录。

　　2023年乌镇戏剧节青年竞演以"火车票、世界名画、马"为创作三元素，参赛者可使用由组委会提供的简单桌椅，但不得自行制作或携带其他大型道具；参赛者必须有创意地使用这三个元素进行舞台戏剧作品创作，且演出时间不超过30分钟。

　　本届乌镇戏剧节依然设立最佳戏剧奖一部（奖金人民币20万元）、最佳个人表现奖一名（奖金人民币6万元）及特别关注奖若干。

　　三、古镇嘉年华

　　在乌镇，能随时随地遇见美好。古镇嘉年华作为乌镇戏剧节一道独特的人文风景线，十天里，上百个表演团体进行了2000余场古镇嘉年华表演，即兴喜剧、戏曲、装置艺术、多媒体、传统舞剧、偶剧、数字化表演、杂耍魔术、肢体剧、实验诗乐舞短剧等表演形式轮番上演，丰富了乌镇西栅的30多处户外表演空间，在石桥、码头、巷陌、广场、坊市、摇橹船，甚至水面、天空之间搭建起观众与艺术沟通的桥梁。

开放包容的表演方式，多元融合的艺术理念，还有来自全国各地的藏戏、昆曲、傩戏、木偶戏、川剧、赣剧、独竹漂等非遗节目强势登场。十年来，海内外数以千万计的观众慕名而来，感受古镇嘉年华的沉浸氛围。此届乌镇戏剧节欢迎更加丰富多元的艺术表演，百花齐放，繁荣剧场之外的每个舞台。

古镇嘉年华单元敞开怀抱欢迎传统表演技艺、当代前卫戏剧、多媒体科技影像、空间装置艺术、音乐、舞蹈、跨界创意等一切具有美学震撼力和感染力的艺术形式，全国各地的戏剧团体、艺术创作家、表演艺术爱好者均有参与。乌镇戏剧节组委会也为其提供了创作、表演和生活上的帮助。

四、小镇对话

从第一届乌镇戏剧节开始，"小镇对话"就是整个戏剧节的基础板块之一。在乌镇中心的评书场，戏剧爱好者可以与世界各国的剧场艺术家共聚一堂，享受一杯热茶，畅谈戏剧、艺术、人生、世界。

五、戏剧集市

在乌镇戏剧节的诸多戏剧演出与对话之外，还有另外一场奇妙的文艺集会，那就是戏剧集市。戏剧集市，这可能是中国最潮的集市，这里有音乐、电影、舞蹈、潮玩、阅读、快闪、美食……吸引着来自世界各地的剧院、演员和观众。

思考：

1. 乌镇戏剧节的策划思路是什么？包含哪些具体活动内容？

2. 查找资料，结合2023年乌镇戏剧节活动内容，分析乌镇戏剧节的活动内容创新创意之处。

第二节　演艺活动策划的主要内容

演艺活动策划之初，往往需要召开专题筹备会议，由筹备组成员共同协商，对演艺活动进行宏观的总体策划。

一、演艺活动策划的基本流程

一般来说，演艺活动策划包含项目立项、调查研究、策划创意、项目论证和决策与评价等阶段。从程序上说，大型演艺活动的策划和实施通常要经过以下流程。

（一）项目立项

立项是演艺活动策划的第一步。所谓立项就是要把某个演艺活动作为一个项目确定下来，这个演艺活动要不要做？为什么做？重要的演艺活动往往提前一年甚至更早就要立项了。特别是大型或系列演艺项目，在立项过程中，有的还需要报请上级有关部门批准。

（二）需求调研

在演艺活动的需求调研阶段，主要是收集和项目有关的各种资料，然后对素材进行分类编排、结集归档，为可行性研究分析做准备。

（三）可行性研究

可行性研究是演艺活动策划的一个十分重要的工作步骤。研究范围既包括演艺活动的适应性，也包括演艺环境和活动范围的适应性，该活动在物力、财力上的适应性及效益的可行性等。从演艺活动效益的角度考虑，演艺活动在宣传方面如何节省费用？如户外演艺活动还要考虑天气的情况、安全设施问题等，这些都是在进行演艺活动策划时要开展的可行性研究。

（四）明确策划目标

在对演艺活动的市场调查过程中，要确定该项目策划目标，选择该项目的目标市场和进行活动定位。确立与提炼演艺活动的主题，是演艺活动策划的重要环节。不管演艺活动的宗旨是政治的、经济的、公益的还是娱乐的，只有主题确定了，后续的工作才能开始。

（五）收集策划信息

成功的策划离不开科学合理的策划思维与策划信息。策划者在这一环节所收集的信息将直接为演艺项目初步方案的拟定提供指导。

（六）激发策划创意

演艺活动需要引人注目，必须在策划阶段就对活动的亮点以及主题表达氛围、场地的设计等进行周密的设计。策划者在这一环节所进行的设计也将直接为演艺项目初步方案的拟定提供支撑。

（七）拟定初步方案

初步方案至少要包含以下内容：选定活动开展的日期、活动地点、活动的大致规模、参加活动的人群、活动费用等。

（八）优选策划方案

演艺活动初步方案形成之后，要依据活动的目的、意义，进一步精心设计活动的形式、内容以及独特的创意，依据这些原则进一步优选合理化的演艺活动方案，确保其具有独特性。选定好策划方案后，还要根据举办方的要求对策划方案进行进一步的调整与修正，直到符合要求。

（九）实施方案

演艺活动的实施方案是根据策划方案中所提出的具体任务来进一步细化的方案。特别是在演艺活动的现场管理中，实施方案要具体、可量化。

（十）后续工作

演艺活动的后续工作包括项目收尾、项目总结、归档等。

（十一）评估总结

演艺活动的评估是后期管理工作的核心，能为项目总结提供依据。对于演艺活动的策划而言，要不断总结、反思，做到既有一定的模式，又有突破。好的策划要解放思想，在实践中摸索，与时俱进，开拓创新。

二、活动场地的落实与管理

（一）活动场地落实

演艺活动对场地的要求比较严格。在管理时，不仅需要考虑空间上的要求，还有必要考虑时间上的要求。例如，舞台、视听和灯光设备的搬运、安装，音响测试，排演，设备拆卸的时间等都要考虑在内。另外，乐手是否需要更衣室和休息室？是否需要划出一定的区域来存放物品？这些都要考虑周到。另外，需要落实的细节如表9-1所示。

表9-1　活动场地落实的细节事项

1. 布置场地的时间与团队是否落实？	12. 演出活动是否需要使用多种语言？
2. 室内举办场地的天花板高度是多少？	13. 视听服务商对舞台布置有何要求？
3. 在不同时段，场地的视线是否足够好？	14. 留出彩排的时间是多少？
4. 现场是只需要一个舞台还是多个舞台？	15. 演员如何上下舞台？
5. 舞台具体需要多大、多高？	16. 楼梯上是否需要灯光？
6. 活动场地本身是否有固定舞台？	17. 舞台、视听设备的搬入搬出、安排装卸需要多长时间？
7. 场地如何提供特效？	18. 舞台、视听设备的卸车和安装还需要什么特殊的辅助设备？
8. 舞台方面还需要包括哪些预算？	19. 在现场布置、节目彩排、正式演出活动和设备拆卸过程中，饮食和休息应该如何安排？
9. 活动现场是否需要装饰物？	20. 灯光设备的搬运、拆卸需要多长时间？
10. 舞台区域是否需要挂布帘？	21. 灯光设备的卸车和安装有没有特殊要求？
11. 观众是否需要使用视听设备？	22. 娱乐表演队活动安排和设施有哪些要求？

（二）现场交通管理

要使演艺活动的开展安全、平稳、有序，现场交通管理十分重要。一般需要考虑表9-2中的问题。

表9-2　活动交通管理的细节事项

1. 大多数的观众与客人是从哪里来的？	7. 停车场最多能容纳多少辆车？
2. 该演艺活动是否需要在市中心举办？	8. 停车收费问题
3. 预计的汽车数量有多少？	9. 申办停车证的问题
4. 是否考虑到了交通拥堵的问题？	10. 考虑到交通流量的因素了吗？
5. 场地周围最近的停车场在哪里？	11. 代客泊车的问题
6. 停车场的工作时间多长？	

（三）观众与嘉宾抵达的管理

除了一般观众之外，演艺活动中往往还会邀请很多嘉宾。组织者应充分考虑到嘉宾抵达现场的舒适度，需要做好相关预案，例如天气情况，因为在任何地方天气都有可能对活动产生影响。此外，如防雨设备、物品存放区域、休息区域等也都应该提前考虑周到。

（四）餐饮管理

演艺活动中的餐饮安排是不可缺少的。组织者需要事先确定有哪些人参加正餐。同时，员工、负责舞台和照明工作的人员、娱乐工作者、摄影师和作为嘉宾的媒体人士需要怎样安排，也必须考虑在内。

（五）其他需要注意的管理事项

演艺活动组织者必须要制定一个详细的管理计划表，内容包括舞台上可能涉及的所有事情，如麦克风、音响、灯光及大屏幕上显示的内容等，与演艺活动配套的摄影、特效等也都必须考虑到。通常需要注意的问题包括以下几项。

（1）演出活动什么时候正式开始？

（2）演出活动什么时候结束？

（3）演出节目达到高潮时的现场秩序管理。

（4）演员在膳食上有无特殊要求？

（5）演出有什么服装上的要求？

（6）总共需要多少位摄影师？摄影师什么时候到？收费情况如何？

（7）管理者了解特效的安全规则吗？需要花费多长时间？费用怎样？

（8）在成本估算方面有没有遗漏？如邀请函印制、住宿环节、交通方面、会场租金、布置费用、食品和饮料购买、摆花与装饰、音乐方面、邀请发言人、视听设备、灯光与特殊效果、座席卡、保险、保安、劳务费、电费、宣传材料费、公关材料费、翻译费以及邮寄和手续费、工作人员工资、各种杂费等。

三、演艺活动节目策划的亮点

（一）根据不同需求策划活动节目

演艺活动节目的推荐也是策划方案中的重要亮点呈现。节目策划有两个要点：第一是根据活动项目的特点策划演艺活动，例如，在高端酒会上会推荐乐器演奏，在热闹的年会上会推荐容易带动气氛的精彩节目；第二是根据客户的喜好意向推荐节目，面对较为传统的企业客户，推荐传统热门的节目，面对能介绍新潮事物的客户，就多推荐潮流新颖的节目。

外聘演艺节目主要分为以下几种类型。

（1）舞蹈类：歌伴舞、现代舞、拉丁舞、爵士舞、肚皮舞、街舞、机械舞、快闪舞、民族舞、芭蕾舞等单纯的舞蹈，同时也包括结合了特殊道具的舞蹈，如光影舞、星光芭蕾、视频互动舞等。

（2）歌唱类：现代流行演唱、明星模仿秀、民歌演唱、乐队摇滚演唱、口技类。

（3）新潮类：多指当下最新流行的演艺，如在歌舞杂技中结合了科技成分的投影、视频互动，以及使用特殊道具和具有创新性的演出。

（4）乐器类：乐器五花八门，主要参与演出的有：钢琴、竖琴、大提琴、小提琴、打击乐鼓类、萨克斯风等。同样也包括结合道具的演出，如激光小提琴、荧光水鼓、水墨古韵等。

（5）技艺类：魔术项、杂技项、武术项、道具项（如沙画、川剧变脸）、仪式项（如舞狮等）。

（6）其他类：如模特走秀类的主题性节目等。

（二）品牌化和专业化

演艺活动的举办目的，可能是娱乐、庆祝，也可能是市场营销。现代大型演艺活动在发展趋势上更加综合、多样化和国际化，这也就要求其在策划与管理上要更注重品牌化与专业化。可以说，在演艺活动的策划与管理上，贴近市场需求、打造精品、不断创新仍是需要不断探索的课题。

大多数音乐节通常会每隔一段时间在同一地点举行。有的音乐节主要是为了纪念某位音乐家而举办，如"巴赫音乐节""贝多芬音乐节""梅纽因音乐节""聂耳音乐节"；有的音乐节转为当代音乐作品举行，如"多瑙厄申根音乐节"；有的音乐节包括多种艺术项目，如"萨尔茨堡音乐节"（歌剧、音乐剧、芭蕾舞、戏剧）。如今，国际上有许多音乐节的动机已不完全是从纯音乐的角度举办，而是结合旅游与经济效益等方面综合考虑，力求精神与物质双丰收。世界著名的音乐节有萨尔茨堡音乐节、拜鲁伊特音乐节、爱丁堡音乐节、北京国际音乐节等。

草莓音乐节是中国较大的独立音乐节品牌之一，由摩登天空主办，通常在每年的5月中旬到6月中旬举行。草莓音乐节起源于2009年，当时摩登天空在北京市朝阳区举办了第一届草莓音乐节，其主题是"城市和青年人的关系"。自那时以来，草莓音乐节已经在全国多个城市举办了数百场活动，吸引了数以百万计的音乐爱好者参加。每年草莓音乐节的主题和时间安排都会有所不同，但通常都会包括音乐舞台、街头表演、艺术展览、音乐讲座等多个环节。每个舞台都会有不同的音乐风格和类型，包括摇滚、民谣、电子、说唱等，让观众可以根据自己的喜好选择不同的表演观看。此外，草莓音乐节还会为观众提供各种美食、饮料、购物等服务和设施，让人们在欣赏音乐的同时，也能享受到美食和购物的乐趣。草莓音乐节的发展迅速，已经成为中国音乐文化的重要组成部分。其成功之处在于独特的品牌形象和创意，以及高品质的音乐表演和服务。此外，草莓音乐节的举办也促进了当地经济的发展和旅游业的繁荣，也为推广独立音乐和青年文化提供了重要的平台。

 案例分析2

十年长沙草莓音乐节打造新文化消费样板

2014年7月，首届长沙草莓音乐节在橘洲沙滩乐园举办。那年夏天的声光交错雕琢了湘江畔音乐启蒙的痕迹。

2023年5月27—28日，第十届长沙草莓音乐节如期在长沙国际会展中心与乐迷见面。十年来，长沙草莓音乐节每年吸引近5万乐迷到场欣赏，话题关注度突破10亿，为长沙打造了超级城市IP。十年草莓音乐节，用悠长的回味时光吟唱，诠释星城长沙对城市音乐节的定义！

草莓星正如此届草莓长沙音乐节的主题所诠释的那样：初心不改，乐悠悠。依旧——依旧与你，在长沙草莓音乐节的盛典上，我们与热爱音乐的朋友们碰杯，向每一个用音乐坚持初心的人致敬。球与星城长沙再相聚。

据统计，自2014年以来，已成功举办了十届的长沙草莓音乐节，吸引了超过几十万名观众到场参与，带动长沙市文化消费和旅游收入近百亿元。草莓音乐节的品牌号召力和"绿色与力量"吸引了一大批具有消费力和传播力的优质年轻客群，也瞄准了注重"年轻化"品牌理念的客群。众多汽车、美妆、零食、餐饮品牌入局。2023年的草莓音乐节吸引了麻辣王子、宁记、盛香亭等湖南本土品牌。各大品牌纷纷借助草莓音乐节这一线下消费流量"引力场"，助力线上传播，塑造品牌形象，进军全国市场。

作为华中地区最大的户外音乐节，长沙草莓音乐节也是长沙在中国成功申报全球首个"媒体艺术之都"的经典案例。多年来，长沙草莓音乐节阵容一经正式公布，便登上各大社交媒体热搜榜，不但增加了长沙话题度，传播了城市形象，也成为一种新的文化模式。

为爱好买单是当今年轻人消费的新方向。全国各地的年轻人来到长沙参加音乐节。据长沙草莓音乐节主办方历年统计，外地观众占现场观众总数的比例往往超过65%。以2022年长沙草莓音乐节为例，活动吸引了新疆、黑龙江乃至千里之外的乐迷。他们抵达长沙后，就被长沙这座城市的年轻、热情、浪漫、快乐所感染，并自发推动，为"网红长沙"的"度假经济""夜经济"添砖加瓦，带动了长沙乃至整个湖南的文化消费和旅游。

草莓MeMe广场是通过互动游戏等形式，补充了音乐之外的必要现场体验，由此成为草莓音乐节上最大的派对广场。2018年，MeMe广场先后在北京、成都、西安、长沙、重庆、深圳、广州等10个城市的草莓音乐节亮相，深受年轻人的喜爱。

思考：

1.草莓音乐节是怎样的一项演艺活动项目？

2.你还了解有哪些类似的音乐节？与草莓音乐节进行比较分析。

本章小结

演艺活动的举办目的，可能是娱乐、庆祝，也可能是教育、市场宣传等，更多的是承载着文化交流、传承以及带动旅游业的发展，提高举办城市知名度等功能。现代大型演艺活动在发展趋势上已经更加综合、多样化和国际化。本模块主要阐述了演艺活动的基本内涵与分类，演艺活动策划的具体流程要素及内容，并详细地从演出活动具体实施的角度出发，针对大型演出活动策划与管理的重要因素进行了具体论述。

思考题

1.演艺活动策划的基本要素有哪些？

2.简述演艺活动策划的流程。

3.演艺活动策划方案主要由哪些内容构成？

项目训练

1.学生在网上搜索历届亚运会开幕式的盛况资料，比较分析其开幕式演出主题、内容、形式、地点等方面的创新点。

2.请策划一场学校的夏季毕业生音乐节。

第十章
节事活动策划

 案例导引

2022年（第二十三届）海南国际旅游岛欢乐节开幕

海南国际旅游岛欢乐节致力于推进文化和旅游深度融合。它作为海南省旅游文化特色节事品牌，经过20多年的进步和沉淀，已经成为具有国际影响力的旅游节事品牌活动。它既是全民同乐的欢乐盛宴，也是吸引游客的旅游名片，更是海南宣传旅游新业态、推出旅游新路线的大平台。

2022年12月23日晚，第二十三届海南国际旅游岛欢乐节在海口骑楼老街正式开幕。

此届欢乐节以贯彻落实党的二十大精神为核心进行了内容与形式的升级。欢乐节将国际风情和海南本土文化艺术特色相结合，展示海南自贸港国际风范，体现海南独特的本土文化艺术，展现海南丰富的特色旅游资源与文化。为扩大活动范围，海南各市县也配合举办了旅游、文化、体育、会展等丰富多彩的活动，全面展现海南旅游文化的新时尚、新魅力，力争在国内外树立起"热带海岛欢乐假日"的新品牌形象，展现美好新海南的崭新风貌，让更多人走进海南、爱上海南，共享海南的优质旅游资源。

欢乐节包括开幕会及闭幕会、海口主会场活动、市县分会场活动、九大主题旅游线路等四大板块。各市县也配合这一节事活动举办了旅游、文化、体育、会展等10项精彩活动，进一步丰富市民和游客的旅游生活体验，以拉动海南旅游旺季消费，促进消费回流，将进入旅游旺季的海南岛打造成为一个欢乐旅游岛。

欢乐节开幕会现场还打造了海南离岛免税、海南礼物、海南厨房、嗨游海南、坐着飞机来吃鸡五大直播间，涵盖本地生活、旅游商品、海南鸡、低价机票、海南免税、线路酒店、经典景区等产品，为大家带来实实在在的旅行购物优惠。

系列活动安排：海口推出的5项精彩配套活动，文化味浓郁又不失趣味性。其中包括首届海南鸡饭节、水巷口美食嘉年华、海口城市文化印记成果展、"团圆海口·温情节"活动、"双城之恋·2023我爱你"活动等。其中，首届海南鸡饭节是海口主会场活动的一部重头戏。该活动将深度挖掘"海南鸡饭"这一享誉全球的美食符号，于12月23—25日在海口骑楼老街举办，推出沉浸式风味市集、线上海南鸡饭节、欢乐海南购gogo、国风主题游园等四大主题活动，邀请"全岛吃鸡"，感受海南的美食文化。

作为国际旅游度假胜地，三亚分会场举办的3项活动时尚感和国际范满满，包括2023三亚·南山非遗跨年嘉年华、2022第七届三亚国际文博会和槟榔河热夜狂欢节。

儋州分会场举办了一场音乐盛典——2022融合嘻哈盛典，人气嘻哈明星齐聚盛典，共同打造了一场年度说唱视听盛宴。

文昌分会场做足"椰子"文章，2022年（第二十三届）海南国际旅游岛欢乐节文昌分会场开幕式暨文昌市旅游协会揭牌仪式、"点亮文昌"光影艺术表演、椰子文创市集、"畅游文昌，乐购椰子王国"等4项活动分别登场。

万宁分会场则擦亮"体育"招牌，举办了2022年万宁市篮球公开赛和中国沙滩足球巡回赛（海南万宁站）2项精彩活动。

九大线路畅游"欢乐海岛"

围绕海南全省精品旅游景区、乡村旅游、购物旅游等多方面资源，海南省旅游和文化广电体育厅还针对海南冬春旺季市场特点及需求，创新推出九条主题旅游线路，涵盖红色、购物、乡村、康养、会展、海洋、研学、雨林、体育等九大主题，让游客畅享美景，欢乐玩岛。

思考：

1. 节事活动可以有哪些活动形式和活动内容？

2. 海南国际旅游岛欢乐节有什么特点？如何策划好一项节事活动？

第一节　节事活动概述

从古到今，中国的节事活动有传统的、民族的、民间的、宗教的、法定的，数以千计，影响甚大。改革开放以来，冰雪节、美食节、登山节、啤酒节、旅游文化节等现代节事活动如雨后春笋般出现在祖国大地上，演绎出中国文化的无穷魅力。

一、节事的内涵

节日与庆典简称为节事，是通过特定的主题活动将公众聚集起来，分享和庆祝在社会生活中发生的事件。也可以说节事活动是在固定或不固定的日期内，以特定主题活动方式举办的约定俗成、世代相传的一种社会活动。

广义的节事活动等同于节事，不仅包括现代旅游节事，还包括传统节事、政治节事、商业庆典等，具体有民族节事、农丰节、专题节事、音乐节、艺术节、社团节、运动会、展示活动、竞技表演、艺术和手工展览等，持续时间从一天到数月不等。

狭义的节事活动单指某节事活动中的单项活动，每一个节事期间都有很多项节事活动。如今，还有创造出来的新的节事活动。如2023年8月28日至9月3在重庆市举办的"重庆遛遛节"。该遛遛节是"夜淘宝"线上线下联动的重要活动，由50多场别具特色的活动组成，包含"山城夜景hang out""干饭人逛吃逛吃""时髦精专属爬梯""山城遛弯儿好巴适"等7条创意主题路线。

节事已经成为一种文化现象，节事文化已经与一个国家、一个城市的品牌紧密相连，会影响一个国家、一个地区的经济发展，成为国家、地区招商引资的重要手段和途径。当人们提到慕尼黑，就会联想到盛大的啤酒节；提到戛纳，就会联想到电影节的盛典；提到奥斯卡，就会联想到美国的洛杉矶；提到哈尔滨，就会联想到冰雪节；提到江西赣州，就会联想到脐橙节……

 案例分析1

暑假最后一周，淘宝在重庆举办了一场Citywalk

暑期最后一周，跟着淘宝一起去重庆遛个"巴适"的弯儿！

2023年8月28日至9月3日，在重庆市商务委员会、重庆市文化和旅游发展委员会的支持下，淘宝联合商家共同举办了一场别具特色的"重庆遛遛节"。据悉，此次遛遛节是"夜淘宝"线上线下联动的重要活动，由50多场别具特色的活动组成，包含"山城夜景hang out""干饭人逛吃逛吃""时髦精专属爬梯""山城遛弯儿好巴适"等7条创意主题路线，用野趣十足的遛街打卡之旅串起山城浪漫，也为这个夏天刻画了一场不一样的城市Citywalk（图10-1）。

图10-1 夜淘宝重庆首届城市遛街计划——"重庆遛遛节"宣传海报

在重庆人气最高、最具特色的景点洪崖洞旁，"防空洞洞鞋乐园"人气爆棚，这是重庆遛遛节"休闲路线"中的一站。戴家巷的一个防空洞变成了一只巨型洞洞鞋，"乐园"里面有各种脑洞大开的互动游戏免费开放，不少洞门人在洞洞鞋大展前合影留念。"诗仙李白"也正在小波茶馆上演"李白的开学第一课"，学生党热情排队和他挑战对诗词，还有迷你麻将局、牛油火锅足疗点、交通茶馆掏耳朵等7个舒适歇脚点，保准游客从头到脚体验舒适。

融合了山城美妙夜晚的"夜景路线"，主打将街头偶遇浪漫进行到底。枇杷山彩虹天梯铺满鲜花，寓意着9月走花路的美好祝福。磁器口后街藏着一颗巨型"月亮"，还能顺便在这里偶遇鲜花电话亭和香水电话亭，挑战不花钱一大勺吃遍磁器口的特色小吃。放风夜游，逛吃逛吃，越遛越嗨。此外，沿着"萌宠路线"走到江北区握爪联盟宠物公园，人宠齐聚举办夏日Party狂欢，趁着夏天结束前再实现一次玩水自由。

遛遛节开展期间，重庆鹅岭贰厂文创公园里则艺术氛围格外浓烈，朱敬一泼墨现场、潮鞋涂鸦公开课、人体涂鸦彩绘、快递箱艺术展、淘宝十大手艺人现场手作选修课包圆了重庆遛遛节的这条"艺术路线"。

据了解，"重庆遛遛节"活动时间持续了一周，辐射重庆6个热门片区，涵盖20多个地标景点，超500万重庆市民及游客打卡。

思考：

1.结合网上资料，分析淘宝联合商家举办"重庆遛遛节"的目的是什么？

2. "重庆溜溜节"有什么特点？这种新型节事活动与传统节事活动有什么区别？其他地方有没有类似活动？

二、节事活动的特点

节事活动具有时间性与周期性、综合性、地方性、变异性、娱乐性和参与性的特点。

（1）时间性与周期性。"节"的原意包含周期性，节事的突出特点就是时间性和周期性，它总是在一定的时间内举办，或者一年一次，或者两三年一次，时间不固定。也正是节事的实践性和周期性，打破了人们的正常生活秩序，给民众带来新鲜和刺激。节事的时间性和周期性是由其主题和载体所决定的，相当一部分节事沿用了原来的农时节令，或在形成中就包含了季节性的因素，如云南罗平的油菜花节、河南洛阳的牡丹花节等。有的则与特定时间的神话传说和纪念活动有关，如岳阳的龙舟节与屈原传说等。

（2）综合性。一个地区的节事活动尤其是综合性的大型节事活动，能够全面、集中地展现区域、自然、民俗、饮食、文化、历史等特色，体现文化的多元性。另外，就一次节事活动的组织部门而言，也具有综合性。大型节事活动的举办，涉及交通、卫生、医疗、安全、城管、文化、旅游等诸多部门，具有旅游功能、经济功能、文化功能、庆典功能等。

（3）地方性。地方性是节事活动策划的精髓。特别是具有地方垄断地位的自然、经济、文化、历史特色的资源，若能妥善开发，市场潜力巨大。

（4）变异性。节事从社会生活中来，又反馈给社会生活，为社会生活所取舍，同时在变异中作为一种文化意识陈陈相因，承袭流传，逐步形成一种文化形态。随着人类社会的发展变化，与社会息息相关的节事文化也必然因时而动，因需而变。对于每年都重复举办的节事活动而言，有一定的主题至关重要，但每年的活动形式和内容的改变同样重要。

（5）娱乐性和参与性。健康休闲活动建立在大众广泛参与和体验的基础之上。例如，世界上不少国家都有的狂欢节，尤其是巴西的狂欢节最为著名。节日期间，男女老少浓妆艳抹，载歌载舞。除了生活必需的药店、医院和酒吧之外，工厂停工，商店关门，学校放假。也正因为节事活动具有这些特征，节事策划活动日益火爆，产生了一些新兴的节事活动。2020年，淘宝通过大力扶持原创商家，以"创造力"为核心鼓励内容孵化与创意生产，提出"淘宝造物节，年轻就要造"，如图10-2所示。淘宝造物节活动期间,各方"神店""宝物"等汇集于线下市集,各界创业新秀纷纷出招。观众可以近距离感受脑洞大开的未来科技理念、精灵古怪的创意商家、令人惊叹的潮流设计等"造"艺非凡的线下体验。

图10-2 2020年淘宝造物节宣传口号

从2016年开始的淘宝造物节,是面向年轻消费群体推出的创意市集活动,定位为"中国青年创造力大展",已举办多届。每届活动都是推陈出新,主题创意十足,如表10-1所示。

表10-1 历届淘宝造物节举办主题和城市

序号	年份	举办日期	主题	城市
第一届	2016	7.22—7.24	每个人都是造物者	上海
第二届	2017	7.8—7.12	奇市江湖	杭州
第三届	2018	9.13—9.16	奇市西湖	杭州
第四届	2019	9.12—9.25	1000+新物种来袭	杭州
第五届	2020	7.31—8.2	造唤新生	杭州
		8.8—8.9		西安
		8.15—8.16		成都
		8.22—8.23		武汉
第六届	2021	7.17—7.25	遗失的宝藏	上海
第七届	2022	8.24—8.30	明日之境	广州

三、节事活动的类别

可以根据举办的历史由来、内容属性以及规模影响等对节事活动进行分类。

（一）按照举办的历史由来分类

1.传统节事活动

从历史由来看，传统节事活动是对传统历史的追溯，也是对民族传统文化的继承。例如，端午节的赛龙舟活动、元宵节的逛庙会活动等。在对古代传统历史文化的弘扬上，有中国鹿邑国际老子文化节、山东曲阜的国际孔子文化节等。近年来，国潮盛行，传统文化复兴，以北京、上海、广州为先，全国各地城市都开始流行起"国潮"的概念。无论是以李宁、安踏等为代表的企业品牌，还是淘宝造物节等项目，都在用心打好这张牌。随着区域城市的消费升级，品牌营销重点的市场下沉，三、四线城市也开始涌现很多这样"国潮"概念的大型项目和品牌活动，如郯国古城国潮汉服文化节等。

2.现代节事活动

现代节事活动有与大自然产物相关的，如花节、油菜花节等；也有与人们的生活紧密联系的，如哈尔滨的冰雪节、大连的服装节、重庆的火锅美食文化节以及各种影视文化和旅游节事活动等。

（二）按照举办的内容属性来分类

1.自然景观型

这种类型是以自然景观为依托而形成的节事活动，如蒙顶山登山节。据民国《象山县志》记载："天峰者，蒙顶之第一峰也。游人于十月朔，鸡初鸣，观扶桑日月并出。须臾，日光如丹砂，月隐不可见，海天璀璨一色，光芒万道，闪闪刺目不能视，奇观也。"每年的十月初一，蒙顶山上都会汇聚来自全国各地的登山爱好者，登蒙顶山观赏"日月并出"奇景，这是大自然赐予人们的美好礼物。

2.历史文化型

这种类型的节事活动主要是源于历史文化。例如，由甘肃省兰州市人民政府主办的中国丝绸之路节。兰州在中国丝绸之路中占有重要位置，公元2世纪，中国同中亚、西亚和欧洲进行交往，这里是必经之地。

3.民俗风情型

这种类型的节事活动主要是来源于地方民俗风情，如上海浦东的民俗文化节。节日期间，在三林老街，包含圣堂庙会、非遗展示、民俗展演、艺术展览、行街表演、花船巡游等文化板块的节事活动，深受当地老百姓的喜爱。

4.物产餐饮型

这种类型的节事活动主要是起源于当地的特色物产或餐饮，如重庆大足的枇杷节。每年5月，包含乡村美食十坝坝宴、黑山羊篝火烧烤露营、汉服巡游表演、情景剧以及"枇杷王"评选等在内的节事活动吸引着四方的宾朋与来客。

5.运动休闲型

这种节事活动以运动或休闲为主，例如，中国郑州国际少林武术节。该项节事活动集武术、旅游、文化交流于一体，自1991年举办以来，已逐渐形成品牌。

6.娱乐休憩型

举办这种节事活动的主要目的在于娱乐休憩，例如，合肥的娱乐文化节。每年的5—7月，来自国内外各地的人在合肥都可以感受到节日的热闹气氛。近年来，在原有的娱乐文化节目的基础上又增添了消遣摇滚音乐节，风格多姿多彩的摇滚音乐带给广大消费者极大的娱乐体验。

（三）按举办的规模影响来分类

1.重大节事

重大节事是指举办规模大、影响深远的节事活动，例如，中国上海国际艺术节。

2.特殊节事

特殊节事是源于某一特殊的事件或节日等所举办的节事活动，例如，农历二月初二的龙抬头节是汉族的传统节日。民间认为，这一天是龙欲升天的日子，称为龙抬头。这一天，各地的人会到田野里采野菜，包饺子，煎煎饼，炒黄豆，煎腊肉，蒸枣馍等，后来逐渐发展成为人们改善生活的一项节日活动。

3.标志性节事

标志性节事一般是指在同一地方重复举办的节事活动，对于举办地来说，具有传统性、吸引力、形象或名声等方面的重要性，例如，中国国际钱江（海宁）观潮节。海宁观潮始于汉盛于唐宋，被誉为"天下奇观"。海宁以潮高、多变、凶猛、惊险堪称一绝，观潮之事已名扬海内外，成为地方的标志性节事。

4.社区节事

社区节事主要是结合社区实际、依托社区特色而举办的以社区居民需求为导向的节事活动，如各地举办的社区邻里节。它主要是通过社区群众喜闻乐见的节日活动形式，逐步提升居民对社区的归属感、认同感以及居民之间的凝聚力。

第二节　节事活动策划流程

每一场活动都有它的目的和动机，活动策划的意义就像一艘船按照指定的方向前行，因此需要制定活动预期，最大限度地吸引人们参加，竭尽所能地完成活动的各种目标，并传达出活动背后所隐含的深远意义。

一、节事活动策划的原则

一般来说，在进行节事活动项目的策划时需要遵循以下几项原则。

（一）凝练特色

所谓特色指的是"人无我有，人有我特"。在节事活动的发展过程中，有特色十分重要。可以说，特色是节事活动的独特卖点，也是现代节事活动进行差异化竞争的要求。因而，在节事活动的策划中，要注重凝练特色，体现在节事活动的主题凝练、节事举办形式的创新，以及节事活动的组织与体制的创新等方面。

（二）广泛参与

历史上传统的节日活动是人们自发参与的，其策划主体在民间。民间蕴藏着巨大的想象力，那种充满热情的、经久不衰的节日充满了反约束、反现实的文化味道，如狂欢节、西红柿节等。自然的宣泄和放松给人们带来了欢乐，集体活动的参与性快乐可以消除人与人之间的隔阂和冷漠，如傣族的泼水节，人们互相泼洒的是一种寄托、一种祝愿。因此，要想把活动办得深入人心，还要多汲取民间的力量。民间有很多好的建议，但是要达到政府决策者的耳里会经过道道关卡，即存在很大的"信息损耗"或"信息畸变"。节事活动的主要策划者和组织者应多听取民间的意见，更广泛地接触群众，只有这样才能获得更广泛的支持。

现代节事活动更要注重全民性的参与，它不仅需要业内人员的参与，更需要社区大众以及外来游客的广泛参与。节事活动的策划应该把吸纳当地社区居民参与活动以及参与节事消费作为重要目标。策划者在策划时要注意充分开发社区资源、调动社区居民参与的热情。必要时，还可以组织社区居民作为节事活动的志愿者参加组织和运作。节事活动想要对外部的旅游者和赞助商等构成强大的吸引力，离不开社区公众的参与和支持。因而，成功的节事活动一定需要吸引当地社区大众参与决策策划、组织和消费，满足当地人的基本利益。

（三）凸显优势

节事活动的资源可能是自然的、人文的，也可能是历史的或者是现代的。策划的关键就是要能够发现节事活动的优势和亮点，通过节事策划使得优势更加突出，把亮点发扬光大。

有些传统的节日庆典可能已经存在多年，策划者在策划时需要重新梳理其优势。也有以优势产业为基础的节事活动，如在旅游产业、服装产业等当地优势产业发展基础上所策划的旅游节、服装节等，都可以进一步强化当地的产业优势来进行策划。

（四）高效节俭

建设"节约型"社会是未来的发展趋势。政府对节事活动大包大揽的方式显然已经不适应现代节事活动策划的要求了。在节事活动的策划设计中，需要提高效率、节俭办事，避免在节事运作过程中盲目攀比。在对节事主题项目进行策划时，需要摒弃那些耗资巨大，社会、经济、文化等效果并不显著的活动项目和策划内容，认真做好前期的投资－收益分析和成本－效益分析，力避节事活动举办过程中的铺张浪费现象。

（五）市场准则

一个节日往往是一种综合了文化、经济等诸多因素的大型社会活动，因此节日策划要考虑市场需求，主要是人们的文化、休闲和健康需求，还包括人们对商家节日促销活动产生预期的物质需求。市场化是举办节事活动的准则，主要包含以下三点：首先，参加节事活动的目标客户要市场化，目标观众和参与者要靠市场来调节；其次，节事活动所需要的资金不能只依靠政府来扶持，要有多元化的市场筹措渠道；最后，节事活动的运作要融入市场。市场准则要求节事活动的举办从主题的定位到方案策划、内容的编排、赞助商的确定以及最后的效果评估等要形成一整套的评价标准。

一般来说，节事活动的策划可以委托专门的策划机构或者特定的策划团队来完成。在这种情况下，需要对参与节事策划和组织的机构采取必要的约束机制。在实际策划中，有时也会通过头脑风暴等形式听取多方意见，以保证节事利益相关者等都能够参与到节事的策划中，确保节事策划的方案具有可行性。

二、节事活动策划运作流程

节事活动策划一般包括以下几个环节：策划问题的界定和策划人员的选择、计划制订和组织分工、相关调查和分析、主题创意和开发设计、策划方案的制定、策划方案效果测定与评估。任何节事活动的举行，都需要人力、物力、财力的投入。

（一）策划问题的界定和策划人员的选择

节事活动的具体策划，依据的是策划活动内容的分类。不同的策划活动要解决的问题不一样，要根据节事活动的内容进行相关问题的界定。如与旅游有关的地方节事活动策划要解决的是当地旅游发展与形象宣传的问题，要依据当地的旅游规划进行相关问题的界定，而开业庆典、结婚庆典等一些具体的微观的典礼类策划就要围绕具体要解决的相关问题进行。对于节事活动策划的具体人员的选择，要根据具体情况做相关分析，具体的工作人员应该具有活动策划的相关经验，并能将经验性和创新性相结合。

（二）计划制订和组织分工

成功的节事必须制订科学、有效的计划。在制订计划时，策划者首先要了解节事策划的目标。目标可能是单一的也可能是成体系的。策划者要明确哪个目标是战略性的，哪个目标是战术性的，以做到在具体实施过程中区别对待，分阶段、分层次地实施。其次是确定活动定位，通过对组织者和旅游者进行分析来确定活动定位。

策划工作是一项复杂的系统工程，计划制订好之后，需要对策划工作人员进行组织分工。根据节事策划的内容不同，分成各个工作小组，各自负责相关策划工作，以保证策划活动的顺利进行。

（三）相关调查和分析

策划的相关调查包括对相关资源的调查、市场环境的调查、消费者的调查、具体设施以及其他类似节事活动的调查。每一类节事活动的策划都要考虑到以上各要素，要在分清具体资源的基础上进行相关活动策划，以保证策划活动每一个步骤的具体落实。

（四）主题创意和开发设计

节事活动策划，首先要明确的就是其主题，节事活动的类别就已经对主题进行了限制，如开业典礼或啤酒节等。但这仅仅是形式上的主题，节事活动策划要在明确活动主题的前提下，根据组织的目标和公众的需要进行精心设计，最好有意识地做一些调查，了解组织及公众的兴趣，这样可以使节事活动始终有一条主线贯穿。

在活动主题确定下来之后，要围绕主题确定相关的活动内容和活动形式。古代节事活动的目的基本上就是庆贺和纪念，而如今节事活动的目的多不仅于此。比如说一个公司的开业庆典，不仅要达到庆祝效果，更重要的是要借以扩大公司的社会影响，在开业的第一天就给公众留下深刻的印象。

（五）策划方案的制定

在对策划信息进行合理组合并产生了创意之后，策划者一般可以形成概念性的策划方案，并在此基础上制定策划方案，编写策划书。在确定了节事的主题、内容和形式之后，要想使盛大的活动有条不紊，忙而不乱，就要合理安排节事活动的程序。节事无论大小，都要明确进行的先后次序。节事活动的安排因节事的具体内容的不同而有所差别。现在以"开业庆典"的活动策划程序为例进行说明，如图10-3所示。

节事活动策划的具体流程如下。

（1）制订活动实施计划（包括活动任务推进表、活动物料项目推进表、前期广告宣传计划），依据市场部组织开业庆典活动策划。

（2）确定活动、庆典方案（包括备选方案）。

（3）与各大媒体谈判，包括软硬新闻、商品广告、有偿新闻、媒体支持等。主要洽谈对象包括当地各大报纸和期刊、广播电台、电视台、广告公司等（视相关活动而定）。

（4）组织采购部与供应商谈判，对象包括与公司业务需求紧密相关的其他个人或单位。谈判内容包括商品价格、商品供货数量、供货条件、赞助费用、文艺活动、供应商独立活动、广告赞助等。

（5）由市场部提出相关广告策划方案、活动方案及费用预算，内容包括时间、场地、开业活动形式、宣传媒体、广告和宣传品设计方案、公司配合部门、单项费用预算和总额等。

（6）由市场部组织通信公司主管总经理、销售部（批发零售）及相关部门对广告策划方案、费用预算、广告及宣传品设计方案进行评审，形成"业务评审表"。

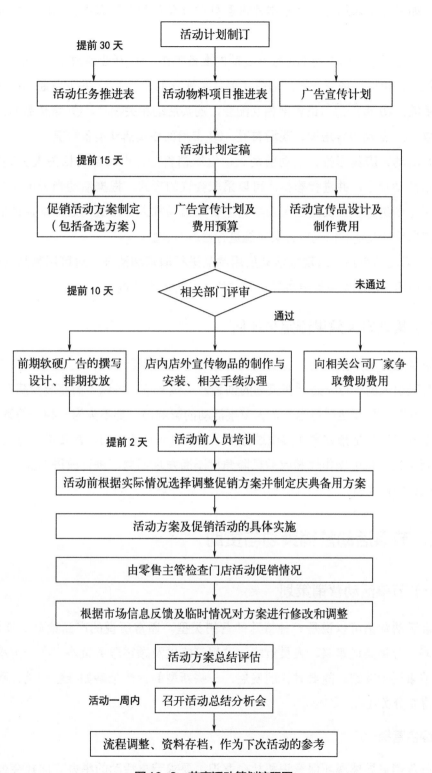

图10-3 节事活动策划流程图

（7）如果评审未通过，则根据评审意见对方案及费用预算进行修改，并再次组织新的评审。

（8）通过评审，由市场部进行开业前的准备工作。① 开业前软硬广告的撰写设计、排期投放；由市场部依据方案，形成"项目实施分工责任表"，并下发通知；办理活动的相关手续。② 市场部与销售部相互配合，购买活动相关物品。③ 宣传品的设计、制作与发放。④ 活动内容培训、现场布置。⑤ 市场部核实活动准备情况。

（9）活动、庆典彩排。活动前两天，组织销售部、市场部的相关人员进行培训，熟悉现场活动程序，并进行彩排，可以采取会议的形式。根据活动当天可能发生的临时情况制定备选方案。实施当天由零售主管和市场部人员检查门店活动促销情况，根据市场信息反馈及临时情况对方案实施进行修改与调整。

（10）活动结束后，对现场活动所用物品进行清点和清理。对可用物品妥善保存，以便重复使用。活动结束后要进行总结评估，及时反思改进。

（六）策划方案效果测定与评估

所谓策划方案效果测定，主要是指对策划方案的创新性和可行性进行评定。节事活动若想吸引人的眼球，必须在策划的创新性上做文章。可以"旧瓶装新药"，也可以"新瓶装旧药"，只要运用得当，扩大节事活动的影响力，都不失为一种好的策划方案。策划方案效果评估是指方案在实施过程中，从构思到行动终结，都要不断检查与总结，逐步落到实处，从可操作性和收益风险角度不断发现问题，进行改进与深入，为下次的方案策划提供经验。

三、节事活动营销策划与赞助

（一）节事活动营销策划

节事活动营销可以说是一种特殊的营销类型。通常所说的产品策略、价格策略、促销策略、分销渠道策略、人员策略、过程策略以及顾客服务策略等在一定程度上也适合于节事活动营销。随着时代的发展，一些新型的营销策略如绿色营销、网络营销等更值得充分关注。

1.绿色营销

绿色营销倡导体现环保意识和社会意识，要求节事活动的举办方向社会公众提供绿色的、有利于节约资源和保持生态平衡的节事活动项目。

在策划绿色节事营销时,需要注意以下几点。

(1)秉持绿色理念。"绿水青山就是金山银山。"节事营销需要牢固树立绿色营销的理念。在节事活动的策划、设计、营销过程中,必须将这一理念一以贯之。

(2)打造绿色形象。在节事经营的整个过程中,要加强保护当地的水土资源,使用可再生资源,大力宣传绿色环保形象。

(3)提倡绿色设计。在进行节事项目的开发和主题设计时,从节事场所的选用与布置到所有环节的设计与安装,都要做到有利于能源的使用、资源的节约以及废液和固体垃圾的限制和处理等,确保为节事活动提供绿色场所与空间。

(4)倡导绿色消费。节事活动的组办者通过生产经营绿色产品、宣传绿色产品等方式倡导节事活动参与者的绿色消费行为,不仅有助于节约能源、保护环境,而且能达到经济效益、社会效益和环境效益的统一。

2.网络营销

在节事活动项目策划运作中,网络营销就是将文字、图片、声音、动画等在网上予以发布,并辅以在其他媒介上宣传。网络营销将传统的商务流程电子化、数字化,降低了成本、提高了效率,有着鲜明的特性,深受网民的喜爱。

对于节事产业来说,互联网正日益成为全球信息交流、技术进步和商品交易的重要载体,节事产业与信息通信、交通运输、城市建设、旅游休闲、宾馆餐饮、广告印刷等的关联度极高。在营销策略上,需要有效拓展节事营销的渠道,利用现代化的交流沟通工具为节事活动服务,并在有效控制成本的基础上,实施营销计划,达到吸引更多观众的目的。

网络营销主要有以下几种形式。

(1)主页式。申请域名并制作主页,在这个主页上发布节事活动的有关信息。

(2)网页嵌入式。可以在门户网站上嵌插广告条,向公众发布活动的动态信息。

(3)电子邮件。向目标观众发送电子邮件,针对性强、成本低、效果好。

(二)节事赞助

从公益角度来说,赞助是赞助者以提供资金、产品、设备、设施或者免费服务等形式无偿赞助社会事业或社会活动的一种公关专题活动。不过,在现实生活中,更多的赞助者从事的是通过赞助获得冠名、广告、专利或促销权利作为回报的商业活动。

节事赞助是整个节事营销战略的重要组成部分。一方面,节事活动的组办方通过赞助获得必要的资金或者实物,从而提高节事活动的效益。另一方面,赞助者可以将赞助活动作为企业广告宣传的载体,在公众获益的同时获得"冠名权",增强广告的效果，提升社会公众对企业或者产品的认知度。

在节事赞助组织策划上，需要做好以下工作。

1.认真研究赞助问题

进行赞助研究是节事赞助工作的第一步。节事活动的组织者首先应该熟知活动的目的、组织机构以及相关材料；其次，要深入了解赞助企业的情况，包括其规模、效益、信用度以及以往的赞助案例等；最后，还要研究赞助项目的可行性、有效性以及要求与流程等。

2.制定详细的赞助方案

在深入进行研究的基础上，组织方需要制定详细的赞助方案与计划，这是顺利完成赞助工作的关键环节。

赞助方案的制定要把握一定的技巧，在内容上要具体、翔实，包括对赞助的目的、对象、形式、促销方案的描述上，以及在文字、美工设计、费用预算、回报条款、具体实施方案等方面都应该比较详细。

3.审核与评价赞助项目

对每一项具体的赞助项目，组织机构都应慎重研究，进行质和量的评价。要有高层的领导或专门负责部门对其方案和计划进行逐项审核评定，论证与评价赞助方式、款额以及赞助时机等的可行性。

4.组织实施赞助方案

在赞助方案的实施过程中，要精心地组织，并且要有专门的公共关系人员与赞助商联系、接触。第一步，对于重点赞助商，需要送专函，公关人员还要掌握一定的技巧，采取各种方式充分展示节事活动的卖点，给赞助商留下良好的印象。其次，面谈签约，确认赞助。所签订的赞助协议是法律文书，是对双方权利与义务的认定，必须认真对待。最后，项目赞助的实施过程其实就是双方对合同的履行过程，也是赞助商权力的实现过程。

在整个赞助过程中，也可以充分利用广告和新闻传播等手段，为赞助活动造势，加强宣传，使赞助活动的效益达到最大化，以使赞助项目获得成功。

5.赞助效果测定

赞助效果是整个赞助工作的最后一个环节，也是赞助活动不可缺少的一个环节。赞助活动结束后，节事活动的主办方应该对照原计划方案，对实际效果进行评估测定。

四、节事活动的风险控制

"风险"是指可能发生的危险。在节事活动中，人群相聚而至，各种变量因素积累变化，可能发生的风险有很多，必须严加防控。

在节事活动的危机管理和预防方面，组织者通常会策划并做出以下预案。

（1）进行节事活动的风险预测分析。

（2）制定节事活动风险的应急预案。

（3）成立节事活动风险管理委员会。

（4）印制节事活动风险管理手册。

（5）确定节事活动风险管理的组织发言人。

（6）事先同传播媒介建立联系。

知识拓展 ≫

大型群众性活动安全管理条例
中华人民共和国国务院令第505号

《大型群众性活动安全管理条例》已经2007年8月29日国务院第190次常务会议通过，自2007年10月1日起施行。

第一章　总则

第一条　为了加强对大型群众性活动的安全管理，保护公民生命和财产安全，维护社会治安秩序和公共安全，制定本条例。

第二条　本条例所称大型群众性活动，是指法人或者其他组织面向社会公众举办的每场次预计参加人数达到1000人以上的下列活动：

（一）体育比赛活动；

（二）演唱会、音乐会等文艺演出活动；

（三）展览、展销等活动；

（四）游园、灯会、庙会、花会、焰火晚会等活动；

（五）人才招聘会、现场开奖的彩票销售等活动。

影剧院、音乐厅、公园、娱乐场所等在其日常业务范围内举办的活动，不适用本条例的规定。

第三条　大型群众性活动的安全管理应当遵循安全第一、预防为主的方针，坚持承办者负责、政府监管的原则。

第四条　县级以上人民政府公安机关负责大型群众性活动的安全管理工作。

县级以上人民政府及有关主管部门按照各自职责，负责大型群众性活动的有关安全工作。

第二章　安全责任

第五条　大型群众性活动的承办者（以下简称承办者）对其承办活动的安全负责，承办者的主要负责人为大型群众性活动的安全责任人。

第六条　举办大型群众性活动，承办者应当制订大型群众性活动安全工作方案。

大型群众性活动安全工作方案包括下列内容：

（一）活动的时间、地点、内容及组织方式；

（二）安全工作人员的数量、任务分配和识别标志；

（三）活动场所消防安全措施；

（四）活动场所可容纳的人员数量以及活动预计参加人数；

（五）治安缓冲区域的设定及其标识；

（六）入场人员的票证查验和安全检查措施；

（七）车辆停放、疏导措施；

（八）现场秩序维护、人员疏导措施；

（九）应急救援预案。

第七条　承办者具体负责下列安全事项：

（一）落实大型群众性活动安全工作方案和安全责任制度，明确安全措施、安全工作人员岗位职责，开展大型群众性活动安全宣传教育；

（二）保障临时搭建的设施、建筑物的安全，消除安全隐患；

（三）按照负责许可的公安机关的要求，配备必要的安全检查设备，对参加大型群众性活动的人员进行安全检查，对拒不接受安全检查的，承办者有权拒绝其进入；

（四）按照核准的活动场所容纳人员数量、划定的区域发放或者出售门票；

（五）落实医疗救护、灭火、应急疏散等应急救援措施并组织演练；

（六）对妨碍大型群众性活动安全的行为及时予以制止，发现违法犯罪行为及时向公安机关报告；

（七）配备与大型群众性活动安全工作需要相适应的专业保安人员以及其他

安全工作人员；

（八）为大型群众性活动的安全工作提供必要的保障。

第八条 大型群众性活动的场所管理者具体负责下列安全事项：

（一）保障活动场所、设施符合国家安全标准和安全规定；

（二）保障疏散通道、安全出口、消防车通道、应急广播、应急照明、疏散指示标志符合法律、法规、技术标准的规定；

（三）保障监控设备和消防设施、器材配置齐全、完好有效；

（四）提供必要的停车场地，并维护安全秩序。

第九条 参加大型群众性活动的人员应当遵守下列规定：

（一）遵守法律、法规和社会公德，不得妨碍社会治安、影响社会秩序；

（二）遵守大型群众性活动场所治安、消防等管理制度，接受安全检查，不得携带爆炸性、易燃性、放射性、毒害性、腐蚀性等危险物质或者非法携带枪支、弹药、管制器具；

（三）服从安全管理，不得展示侮辱性标语、条幅等物品，不得围攻裁判员、运动员或者其他工作人员，不得投掷杂物。

第十条 公安机关应当履行下列职责：

（一）审核承办者提交的大型群众性活动申请材料，实施安全许可；

（二）制订大型群众性活动安全监督方案和突发事件处置预案；

（三）指导对安全工作人员的教育培训；

（四）在大型群众性活动举办前，对活动场所组织安全检查，发现安全隐患及时责令改正；

（五）在大型群众性活动举办过程中，对安全工作的落实情况实施监督检查，发现安全隐患及时责令改正；

（六）依法查处大型群众性活动中的违法犯罪行为，处置危害公共安全的突发事件。

第三章 安全管理

第十一条 公安机关对大型群众性活动实行安全许可制度。《营业性演出管理条例》对演出活动的安全管理另有规定的，从其规定。

举办大型群众性活动应当符合下列条件：

（一）承办者是依照法定程序成立的法人或者其他组织；

（二）大型群众性活动的内容不得违反宪法、法律、法规的规定，不得违反社会公德；

（三）具有符合本条例规定的安全工作方案，安全责任明确、措施有效；

（四）活动场所、设施符合安全要求。

第十二条　大型群众性活动的预计参加人数在1000人以上5000人以下的，由活动所在地县级人民政府公安机关实施安全许可；预计参加人数在5000人以上的，由活动所在地设区的市级人民政府公安机关或者直辖市人民政府公安机关实施安全许可；跨省、自治区、直辖市举办大型群众性活动的，由国务院公安部门实施安全许可。

第十三条　承办者应当在活动举办日的20日前提出安全许可申请，申请时，应当提交下列材料：

（一）承办者合法成立的证明以及安全责任人的身份证明；

（二）大型群众性活动方案及其说明，2个或者2个以上承办者共同承办大型群众性活动的，还应当提交联合承办的协议；

（三）大型群众性活动安全工作方案；

（四）活动场所管理者同意提供活动场所的证明。

依照法律、行政法规的规定，有关主管部门对大型群众性活动的承办者有资质、资格要求的，还应当提交有关资质、资格证明。

第十四条　公安机关收到申请材料应当依法做出受理或者不予受理的决定。对受理的申请，应当自受理之日起7日内进行审查，对活动场所进行查验，对符合安全条件的，做出许可的决定；对不符合安全条件的，做出不予许可的决定，并书面说明理由。

第十五条　对经安全许可的大型群众性活动，承办者不得擅自变更活动的时间、地点、内容或者扩大大型群众性活动的举办规模。

承办者变更大型群众性活动时间的，应当在原定举办活动时间之前向做出许可决定的公安机关申请变更，经公安机关同意方可变更。

承办者变更大型群众性活动地点、内容以及扩大大型群众性活动举办规模的，应当依照本条例的规定重新申请安全许可。

承办者取消举办大型群众性活动的，应当在原定举办活动时间之前书面告知做出安全许可决定的公安机关，并交回公安机关颁发的准予举办大型群众性活动的安全许可证件。

第十六条　对经安全许可的大型群众性活动，公安机关根据安全需要组织相应警力，维持活动现场周边的治安、交通秩序，预防和处置突发治安事件，查处违法犯罪活动。

第十七条　在大型群众性活动现场负责执行安全管理任务的公安机关工作人员，凭值勤证件进入大型群众性活动现场，依法履行安全管理职责。

公安机关和其他有关主管部门及其工作人员不得向承办者索取门票。

第十八条　承办者发现进入活动场所的人员达到核准数量时，应当立即停止验票；发现持有划定区域以外的门票或者持假票的人员，应当拒绝其入场并向活动现场的公安机关工作人员报告。

第十九条　在大型群众性活动举办过程中发生公共安全事故、治安案件的，安全责任人应当立即启动应急救援预案，并立即报告公安机关。

第四章　法律责任

第二十条　承办者擅自变更大型群众性活动的时间、地点、内容或者擅自扩大大型群众性活动的举办规模的，由公安机关处1万元以上5万元以下罚款；有违法所得的，没收违法所得。

未经公安机关安全许可的大型群众性活动由公安机关予以取缔，对承办者处10万元以上30万元以下罚款。

第二十一条　承办者或者大型群众性活动场所管理者违反本条例规定致使发生重大伤亡事故、治安案件或者造成其他严重后果构成犯罪的，依法追究刑事责任；尚不构成犯罪的，对安全责任人和其他直接责任人员依法给予处分、治安管理处罚，对单位处1万元以上5万元以下罚款。

第二十二条　在大型群众性活动举办过程中发生公共安全事故，安全责任人不立即启动应急救援预案或者不立即向公安机关报告的，由公安机关对安全责任人和其他直接责任人员处5000元以上5万元以下罚款。

第二十三条　参加大型群众性活动的人员有违反本条例第九条规定行为的，由公安机关给予批评教育；有危害社会治安秩序、威胁公共安全行为的，公安机关可以将其强行带离现场，依法给予治安管理处罚；构成犯罪的，依法追究刑事责任。

第二十四条　有关主管部门的工作人员和直接负责的主管人员在履行大型群众性活动安全管理职责中，有滥用职权、玩忽职守、徇私舞弊行为的，依法给予处分；构成犯罪的，依法追究刑事责任。

第五章　附则

第二十五条　县级以上各级人民政府、国务院部门直接举办的大型群众性活动的安全保卫工作，由举办活动的人民政府、国务院部门负责，不实行安全许可制度，但应当按照本条例的有关规定，责成或者会同有关公安机关制订更加严格的安全保卫工作方案，并组织实施。

第二十六条　本条例自2007年10月1日起施行。

（资料来源：国家法规数据库）

第三节　节事活动策划的技巧

节事活动策划是一项复杂的活动，需要耗费大量的人力、物力、财力。策划得好，可以取得良好的社会效益、经济效益。节事活动策划也需要诸多技巧。

一、节事活动策划时机的选择技巧

节事活动的成功需要天时、地利、人和三方面的条件，其中天时最为关键。所谓天时，指的是节事活动的时机。在一般人看来，是日复一日、年复一年的流逝光阴，其实是天天有新意、年年有气象，是大有文章可做。世界上每一天都有特殊的事件可供纪念，所以举办节事活动的时机是很多的。时机选择得当，可以取得事半功倍的效果。

首先，一个组织的节事活动不宜过于频繁。对于过于频繁的节事活动，不仅仅是人力、物力、财力的损耗，也容易引起组织内部员工和社会公众的反感，失去吸引力。节事活动宜少而精，从而保证其具有一定的吸引力。

其次，节事活动宜有特色，切忌随波逐流。节事活动是一种既古老又普遍的庆祝活动。如果只把它当作一个走过场的程序，那就失去了意义。当代的节事活动对于沟通信息、联络感情、营销促销、扩大影响等具有不可小视的作用，所以应该发挥节事活动的独特魅力。节事活动应该既热烈又独具特色。当代节事活动呼唤高雅情调和文化气氛，那种随波逐流、凑热闹的节事活动不宜提倡。节事活动组织者应该在社区公众都感觉到"孤单寂寞"的时候推出独具特色的节事活动。节事活动想要对外部的旅游者和赞助商等构成强大的吸引力，离不开社区公众的参与和支持。因而，成功的节事活动一定要吸引当地社区大众参与决策策划、组织和消费，满足当地人的基本利益。

最后，节事活动要在有意义的时间举办。不同类别的节事活动举办时机不一样，如在组织开业或创办之际，应举行开业典礼活动；在某工程奠基、落成之时，应举办项目奠基庆典；在周年纪念日时，应举办周年庆典；在新产品投产或新服务项目推出之际，应举办相应的文艺晚会等节事活动。

二、节事活动策划场地的选择技巧

节事活动策划场地的选择，与节事活动本身取得的成效息息相关，可以从产地的选择技巧和安排布置技巧两方面来阐述。

（一）场地的选择技巧

节事活动举办场地的选择，很容易被组织机构所忽视。一些组织者往往认为节事活动理所当然应该在"家门口"举行，事实并非如此。对于一些开业典礼、奠基仪式等，在"家门口"举行比较合适，但是对于像节日庆典、广场活动、街舞表演等活动，要对场地进行认真的选择。

选择场地时，最主要的依据应该是一场节事活动的具体活动内容。如结婚典礼，在确定了婚庆形式的内容后，就要对举办场地进行仔细的考量了，是选择在家中还是在酒店举办？场地选择的不同，取得的效果也大不一样。

节事活动场地的选择，还应注意到水源、电源、治安、交通及各项设施是否便利齐全，同时还应考虑是否有利于新闻媒体的报道。如果对这些因素的考虑不周全，也有可能会导致事倍功半。

 案例分析2

2023特步晋江马拉松赛鸣枪开跑

2023年12月3日，以"畅跑海丝路，晋马世遗情"为主题的2023特步晋江马拉松赛（简称"晋马"）在中国知名侨乡——福建晋江鸣枪开跑。此届晋马设全程马拉松（42.195公里）、半程马拉松（21.0975公里）与健康跑（8公里）三个项目，吸引了来自中国等15个国家1.5万名跑友前来参加，感受深厚的闽南历史文化底蕴。

2023特步晋江马拉松赛的举办地点是福建省晋江市。晋江市是福建省泉州市下辖的一个县级市，经济发达，拥有丰富的文化资源和旅游资源。近年来，晋江市积极推动全民健身和体育产业的发展，举办了多项马拉松赛事和体育活动，成为国内知名的马拉松赛事举办地之一。

此次特步晋江马拉松赛是在该市体育中心举办的，比赛线路经过多个风景名胜区，具体如下：草庵公园，位于晋江市罗山镇苏内社区，是一座始建于宋代的公园，以摩尼光佛而闻名。安平桥：是一座位于晋江市安海镇的古桥，连接着两岸，是著名的中国古代桥梁建筑之一。此外，比赛线路还途经了安海古镇。这些风景名胜区都代表了晋江市丰富的文化历史和独特的地理环境。

思考：

马拉松赛事为何要选在西海岸新区旅游度假核心区举行呢？如果是进行其他的体育赛事，对场地选址又有什么要求呢？

（二）场地的安排布置技巧

场地的安排，主要是指从功能上对场地进行分配；场地的布置，主要是指对场地进行节事气氛的营造。节事的场地布置可以运用以下几个技巧。

1.场地的布置应围绕主题进行

节事活动纷繁复杂，一场成功的节事活动，一定要具备鲜明的主题，场地的设计也一定要与相关主题相一致，没有主题的节事场地布置会造成人力、物力、财力的浪费。无论是开张庆典、周年志庆，还是节日庆典、婚庆寿宴，都不应只图一时热闹，而应选择一定的主题。围绕主题进行场地布置的方法之一，就是设立节事活动徽标、吉祥物、舞台、背景板等，并通过雕塑、旗帜及其他物品反映出来。场地布置过于凌乱会引起公众的厌倦及视觉疲劳，围绕一定的主题对节事活动场地进行"众星捧月"式布置，往往能收到良好效果。

2.场地的布置应具有自己的风格和氛围

一个组织需要有自己的风格和特色，同样，节事活动的场地布置也应有自己的风格。对于节事活动的风格，组织者应进行提前设计，或热情大方，或高贵典雅，或清新活泼，应根据活动主题及社会取向选定节事活动风格。

节事活动风格的设置，可以运用不同的色调进行相关主题的宣示，尤其是较有现代感的节事活动，更需要充分利用色彩的搭配来表现风格。中国的传统风俗中，黄色和红色代表了喜庆，粉色、紫色、橙色、蓝色等颜色可以制造出一种浪漫梦幻的气氛。

节事活动现场热烈而隆重的气氛的营造，具体步骤如下：首先，利用具有喜庆和热烈气氛的装饰物，如公司的开业庆典可以运用氢气球、彩带、灯笼、花篮、条幅等来营造节日喜庆的气氛；其次，可以播放具有喜庆气氛的音乐，有条件的还可以请歌唱演员来做特邀嘉宾；再次，参加节事活动的人员应穿戴干净整齐，服务人员及各专职人员应着富有喜庆气氛的服装；最后，可以邀请知名度较高的社会名流、演员、歌手来活跃气氛。此外，还可以树立节事活动的标志物，如发放小礼品、纪念品，举行增添喜庆气氛的热场活动等。

三、节事活动策划案的写作技巧

（一）节事策划案的写作结构

节事活动策划案没有固定的格式和写作模式，写作方法灵活、多样。现仅就其基本模式进行阐述，主要包括标题、文头和正文三部分。标题主要由3部分组成，即基本部分（策划书或方案）、限定部分和行业标识，如重庆市首届国际火锅文化节策划案。文头是指节事策划案下面的内容，主要包括策划案名称、策划者的姓名、策划案完成的日期、策划案的目标。策划案的名称与标题相同，对于策划者，除了姓名之外，其隶属的单位、职位均应写明。策划案的完成日期也包括修改的日期。策划案的目标写得越明确具体越好。

策划案正文由前言和策划案文本两部分组成。

（1）前言包括节事活动策划的缘由、策划的背景资料、问题、节事活动创意的关键点、序文、目录和宗旨等。其中，序文介绍节事策划案的概要，目录介绍策划案的全貌，宗旨就是对节事策划的可能性和必要性等进行全面而具体的解说。

（2）策划案文本包括以下内容：策划案基本事项、策划的整体设计、宣传与推广、节事活动的预算、节事活动策划进度表、有关人员任务分配、策划所需物品及场地、策划所需的相关资料、最后效果评估等。策划案文本的内容是节事方案最重要的部分，因策划的类型不同而有所变化，但内容应该具体，具有较强的操作性，避免过于空泛而不利于实施。具体如下。

（1）市场背景。分析市场背景是策划节事活动非常重要的任务，也是节事活动策划开展的第一步。只有通过周密的调研和分析，才能明确市场机会、市场需求、市场威胁及自身的优劣势，从而为节事活动定位提供决策依据。

（2）目标和指导思想。节事活动的目标是节事活动组织者的期望，也是节事活动相关利益者的共同期盼。节事活动的指导思想是节事活动的方针和原则的集中体现。这两项内容的表述要清晰、明确、概括。

（3）主题和形象。活动组织者要提出具有创意的节事活动主题和节事活动传播口号，并详细地阐释节事活动主题的内涵。

（4）实施计划。人员分工计划、招展计划、招商计划和宣传推广计划是展会的具体实施计划，这4个计划在具体实施时会互相影响。

（5）策划进度表。策划进度表是指把策划活动全部过程拟成时间表，标示清楚到什么阶段应该完成哪些工作，直到节事活动成功举办。节事活动进度计划安排得好，节事活动的各项工作就能有条不紊地进行。

（6）经费预算。对于节事活动的各项费用，在根据实际情况进行具体、周密的计算后，应该用清晰、明了的形式列出，明确筹集经费的渠道和方式。

（7）现场规划及执行流程。具体如下：现场勘探—拍照—画规划图—设计节事活动总规划图—现场布置—资源配置。

（8）总体协调事项。内外环境的变化，不可避免地会给方案的执行带来一些不确定性因素，因此当环境变化时是否有应变措施，损失的概率是多少，造成的损失多大，应急措施有哪些等，也应在策划案中加以说明。

（9）效果评估。效果评估即评价是否达到了节事活动目的，以及主题与产品和目标受众是否一致，对他们是否有足够的吸引力。

（二）坚持实事求是的原则

节事活动策划虽然是一项具有创新性的活动，但在写作时应该从实际出发，坚持实事求是的原则，保证其有较强的可操作性。

（三）合理、适当地利用理论依据和案例

撰写节事活动策划案，应该适当地引用一些理论作为依据来增强策划案的说服力，起到事半功倍的效果。与此同时，适当增加一些成功和失败的案例，尤其是成功的例子来印证自己的观点，效果会更好。

（四）运用图表，使内容视觉化

图表具有强烈的视觉效果，并且相对于纯文字而言，较美观，有助于读者理解节事活动策划的内容。使用图表来进行比较分析、概括归纳、辅助说明等，简洁有力。

（五）重点突出，不必面面俱到

在节事活动策划过程中，应该做到重点突出、主题鲜明，这样才能做到具有操作性。因此，优秀的策划人员一定不要贪心，要善于把思想浓缩，即使有好的方案，只要与主题没关系，就应该删除。

（六）准备若干备选方案

对于同一个活动项目，举办者应该准备两到三个策划方案，有时策划者会过于自信，认为自己做的策划是完美无缺的，但是即便如此，在审查时也会出现不同的意见。因此，事先准备若干替代方案是明智的。有经验的节事策划者在进行策划时，会预测到审查者提出的反对意见，因此，一般会准备第二或第三套方案。

（七）重视细节，不断完善策划案

细节决定成败，但细节往往会被人忽视。节事活动策划者进行节事活动策划时，应注意以下问题：第一，策划书不要出现错别字、漏字等问题，因为这会影响阅读者的印象。第二，纸张的质量、打印的质量等都会影响策划案本身的质量。第三，对于英文的表达方式，不能犯错误。如果出现以上类似问题，都会引起人们对策划者的知识水平的怀疑，会影响其信任度。

本章小结

本章系统介绍了节事活动策划的概念、特点、类别、理念、流程以及节事活动策划的主要内容、节事活动的营销策划与策划技巧等。

节事活动策划是节事活动的起点，也是节事活动中最关键的环节。从内容上来说，节事活动策划应对活动的时间、地点、规模、类型、主题、宗旨、目的、日程、主办单位、赞助单位、主体内容、配套活动、邀请单位、参加者、新闻发布会、海报、广告、吉祥物、开幕会、行动计划、现场布置、紧急事件处理、闭幕会以及效果评估等进行系统策划。其中，行动计划还包括宣传促销计划、财务计划、安全计划以及接待计划等。每一项策划的要素都是必不可少的。

学生完成本章学习后应进行实践训练和自我总结，由教师与学生共同完成评价。

思考题

1.简述节事活动的类别，节事活动策划有哪些特点？

2.简述节事活动策划的主要内容。

3.节事活动如何进行营销策划?

4.节事活动策划如何应对活动风险?

5.节事策划案文本的写作格式是怎么样的? 具体有哪些注意事项?

6.整理郑国古城国潮汉服文化节的活动流程与运营管理方案,思考为什么要举办国潮汉服文化节这样的大型活动?

7.通过网上查找资料,整理总结历年淘宝造物节的活动安排和特色项目的创新点。

📖 项目训练

假设你是某企业的策划人员,你所在的企业要在本地策划一个丰收节,请根据节事活动策划书的写作格式和规范,写一份节事活动策划书。

工作任务	学生 3—5 人一小组,每小组选取 1 人担任组长;任务研究:丰收节应是很喜庆的节日,适合所有年龄段的人参加,各小组可拓展思维进行创意策划	
	训练建议	
三维度	方法能力	创意策划能力、分析辨别能力
	专业能力	节事活动项目策划能力、策划书写作能力
	社会能力	团队创意策划能力、市场调查与工作计划制订能力
六要素	工作环境	实训室或多媒体教室
	工作对象	节事活动项目创意策划、节事活动策划书
	工作内容	制定节事活动策划方案
	工作手段	调研、创意策划、小组讨论、方案写作
	工作组织	节事活动项目策划工作小组
	工作结果	节事活动策划方案
六步骤	第一步:收集信息	丰收节市场信息、节事活动项目策划信息、举办地信息
	第二步:决策	以组长为团队核心,形成有效的团队工作计划步骤与决策方法
	第三步:计划	节事活动策划工作方案与步骤
	第四步:实施	团队策划、文案写作
	第五步:检查	在调查结束后,每个小组选派 1 名学生进行小组工作过程与创意策划介绍
	第六步:评估	教师根据创意策划的方法,组织全体学生对各组节事活动策划方案进行方案可行性评估与指导

第十一章
会展活动预算与评估

第一节　会展活动预算

一、会展活动预算概述

每一项会展活动都会涉及众多参与主体，以及制定方案、招标、实施执行、评估等众多环节，需要对每个环节、每个部分的花费进行严格的管理。在活动开展之前，根据会展活动的规模和性质，做好预算控制工作十分重要。这不仅有利于会展活动的主办方、承办方明确成本与收入，而且有利于他们控制好经费的使用方向与节奏。会展活动的预算控制，包括会展活动的收入预算和支出预算。一般而言，预算支出的估算相对容易一些，而预算收入需要等活动结束后，甚至结束一段时间之后才能清算，所以预算收入的难度较大。

所谓预算，是用数字编制的未来一个时期的计划，也就是用财务数字或非财务数字来呈现计划的结果。政府部门、企业等一般都会制定收支预算，对经费的来源、经费的使用进行合理的安排。企业的预算，往往是企业制定目标、规划资源、沟通协调、控制业务、激励考核员工的正式文件。

对于会展活动而言，预算则是会展相关主体根据会展活动的目标与实施方案，在会展活动项目实施期间，对经费收支进行科学合理的安排的过程。对会展活动进行预算管理，就是利用预算这一管理工具对整个会展活动的资源进行分配，对活动方案进行控制追踪，对会展活动结果进行评估，以便更有效地组织整个会展活动，达成活动目标的过程。具体而言，会展活动的预算管理就是活动主办方和承办方或其他主体以预算为管理工具而展开的一系列管理活动，包括预算编制、预算汇总平衡、预算质询与批准、预算分解与执行、预算分析与控制、预算考核与评价等一系列计划、沟通、协调和控制活动。

根据对预算概念的界定，可以总结出预算一般具有以下几个方面的特点。

一是计划性。一方面，预算是根据会展活动的计划，按照会展活动的进展来安排经费使用的，与会展活动的计划同步；另一方面，预算控制工作本身也有自己的计划与步骤，需要制定自身的工作推进方案。

二是时间性。会展活动的实施是一项有时间限制的工作，而且时间节点非常严格，在规定的时间必须推进相应的工作。因而，预算工作是对整个会展活动的整个项目周期的预算，具有非常强的时间性。同时，预算工作也要按照会展活动各项工作的进度，控制收入与支出，具有非常明显的节奏感。

三是预测性。预算都是在工作开展之前就已经制定好，与实施方案基本上同步。因而，对经费的收入与支出数量的控制，一般都是根据对工作的预测所做的安排。

四是目标性。会展活动的预算要紧紧围绕会展活动目标来制定。如果脱离了整体目标，那么经费的使用就有可能是无效的花费。经费使用的评估，当然也要将会展活动目标是否实现作为重要的评估标准。

五是严肃性。会展活动的预算一旦确定，就需要以正式的文件告知各个主要的实施部门，要求各部门严格执行。除非特殊情况，一般不能随意调整。

二、会展活动预算的作用

政府、企业等之所以开展预算工作，原因在于预算能帮助这些组织更好地推进计划、实施控制、配置资源、协调沟通、评估效果。开展会展活动预算工作，同样也有助于保障会展活动的顺利开展、资源的高效利用。

（一）围绕目标，推进计划

预算是围绕会展活动的目标，通过数字来表现未来准备做的各项工作，以及各项工作的先后顺序和重要程度。落实预算各项任务的过程，就是按照会展活动计划与方案，逐步完成会展活动任务的过程。因而，会展活动预算的首要作用就是围绕会展活动的目标，逐步推进预案与计划。

预算反映了会展活动的各项工作任务。在会展活动中，各项工作均需投入相应的资源，或者部分工作能够获得相应的收入。通过会展活动的预算，就能够非常全面地了解整个活动中所要做的各项工作。

预算能够反映出会展活动的进度，以及各项工作的先后顺序。预算具有时间性的特点，是按照各项工作任务推进的进度取得收入或支出经费的。因而，会展活动的预算可以较为清晰地反映出活动中各项工作的先后顺序和推进节奏。

预算能够反映出各项工作的重要程度。一般而言，较为重要的工作任务，要花费更多的时间与精力，投入更多的费用。所以，通过预算时间节奏与经费投入，可以判断出会展活动中哪些环节是较为重要的工作，哪些工作的重要程度次之。

（二）合理管理，实施控制

预算最后都要形成非常严肃的正式文件，在实施活动方案的过程中，可以根据预算的落实情况对会展活动的各项工作进行精准的控制与管理。

当预算的进度、节奏与计划有所出入时，活动组织者可根据预算调整会展活动的推进速度，调整各项工作的顺序。例如，会展活动的营销费用过多或过少时，意味着活动营销工作出现了偏差，需要根据原计划及时进行调整；当某项工作应该取得收入而收入不足或过多时，则需要关注是什么原因造成了这种情况。一般而言，预算的管理控制，主要是控制收入、成本、投资与风险等。

（三）配置资源，高效利用

预算是围绕会展活动目标，提前按照实施方案所做的收支计划，是对组织方资源利用的综合安排，能够更高效地配置资源。

一方面，预算本身就是在目标的指导下，按照实施方案，结合组织方所具有的资源进行的合理规划，是量力而行的计划，是对现有资源或未来资源最为科学合理的安排，保证在计划时就高效地配置现有资源；另一方面，在整个会展活动推进的过程中，通过预算控制着各项工作有序开展，能够保证资源的高效利用。

（四）目标一致，协调沟通

预算制定与实施的过程，也是分享信息和促进各部门交流与合作的过程。预算可以保证整个活动目标一致，协调更顺畅、沟通更及时。

预算制定需要了解各部门、各环节的工作内容与重点，需要了解部门需求，并向各部门反馈预算制定的结果。在此过程中，当不同部门争夺资源形成竞争时，就需要围绕活动目标进行统筹安排，此时必然能促进各部门的交流与沟通。在预算实施的过程中，更需要各部门充分交流、高效协调，从而保证各项工作的有序推进。

（五）结合任务，评估效果

预算规定了会展活动的各项任务进度及资源配置，根据预算的实施情况，以及会展活动的结果，能够反映出会展活动方案的合理性，尤其是所配置的资源是否符合各项工作的需求，通过收支进度判断各项工作的先后顺序是否符合实际需要。

三、会展活动预算的主要内容

（一）收入预算

收入预算主要是针对会展活动能获得的经费支持或经营收入统一编制。一般而言，会展活动的经费来源主要包括财政拨款、赞助和广告收入、注册费收入、门票收入，以及商业销售收入等。

（1）财政拨款。政府部门或其他相关部门给予的财政支持。

（2）赞助和广告收入。以会展活动的影响力为基础，用会展活动的某些权益向相关企业换取的收入。

（3）注册费收入。一般为参展商或会议参加者为参加会展活动所支付的报名费用。

（4）门票收入。针对某些特殊的展会向专业观众或普通观众收取的费用。

（5）商业销售收入。如某些活动的转播权等收入。

（二）支出预算

一般的预算支出是把能够获得的预算收入按照计划进行分配，并安排使用进度。对于会展活动而言，则需要根据会展活动的内容与阶段，安排经费的使用与支出。

会展活动一般包括创意阶段、设计与策划阶段、获得举办权阶段、实施阶段。每个阶段都是前后相承的，需要安排相应的资源完成每个阶段的任务。在创意阶段，主要安排市场调研、可行性研究的费用。活动实施阶段则是花费最为集中、费用最大的重要环节。会展活动的实施成本可以划分为场地租金、人工成本、设备租金、材料成本、管理费用、促销费用、财务费用、应急费用等类型。

因会展活动的性质不同，实施阶段的各类费用的比例与数量也会存在较大差异，也会因会展活动的知名度与影响力而产生差异，比如，一个刚开展的会展活动，其促销费用要占到很大比例；而对于一场文艺演出，人工成本，尤其是演员的劳务费用要占到很大的比例。对于规模大的会展活动，往往还要安排5%—10%的应急费用，预防一些可能出现的意外支出。会展活动的组织者主要的支出预算如表11-1所示。

表11-1　会展活动组织者主要支出预算内容一览表

类别	用途
设计施工费用 （也称作展台费用）	包括设计、施工、场地租用、展架租用或制作，以及搭建和拆除、展具制作和租用、电源连接及用电、电器设备租用及安装、展品布置、文图设计制作及安装等。这部分费用可能占总预算的35%—70%
展品运输费用	包括展品的制作或购买、包装、运输、装卸、仓储、保险等。这部分开支因距离远近、展品多少不同而不同，可能占总预算的10%—20%

续表

类别	用途
宣传公关费用	包括宣传、新闻、广告、公共关系、联络、编印资料、录像等。这部分开支可能占总预算的10%—30%，其收缩性较大。有些展出者在宣传、广告宣传、公关、编印资料等方面有专门的预算，展览宣传等工作是整体宣传工作的一部分，在这种情况下这类开支项目可以列为间接开支项目
行政后勤类费用（也称人员费用）	行政或人员开支是一个比较复杂的类别，展览间接开支大部分发生在此处。如正式筹备人员和展台人员的工资是展出者的经常性开支，行政后勤类费用虽然不从展览预算中开支，但是，从管理角度看，为了计算展览工作效率和效益，必须计算人员开支。行政后勤的直接开支费用主要包括人员的交通、膳食、住宿、长期职工的补贴、人员培训、人员制服、临时雇员的工资等方面。这部分费用可能占总预算的10%—20%

第二节　会展活动评估

一、会展活动评估概述

（一）概念与内涵

会展活动完成后，除了做好预算，还有必要对会展活动开展的整个过程进行评估，以掌握成本投入的使用效率和目标达成程度。这项工作是会展活动实施过程中的最后一个环节。

会展活动评估一般是指专门机构对会展活动的整个运营过程进行分析，以确定会展活动的运营效率、实际效果和各方反映，并给出改进建议的过程。专门机构可以是会展活动组织方内部的某个部门，或是聘请的外部专业评估机构。实际效果可以表现为具体的能够量化的各项指标，如接待人次、参展商数量、展览面积、成效金额等。各方反映则表现为各参与主体的主观认知与判断，一般通过问卷调查获得相关信息。会展活动评估是对整个运营过程的评估，包括活动开始前的预评估、活动实施中的过程评估以及结束的效果评估。

（二）会展活动评估的意义

对会展活动进行评估能够帮助组织方改进方案、考核过程、宣传推广、总结经验，具有非常重要的意义。

第一，对会展活动进行预评估，可以在活动开展前审查方案，检查各个环节是否协调，策划与设计是否符合要求，可以及时发现存在的问题，从而控制可能存在的失误。

第二，对会展活动的过程评估，能够非常详细、准确地把握活动开展的各个环节，对存在的问题、反映出来的缺陷及时记录，帮助组织方了解各个部门的任务完成情况，方便组织方更好地进行奖惩。

第三，对会展活动的效果进行评估，能够帮助活动的赞助方、捐款方、供应方、广告方了解其成本投入的效果。

第四，对整个会展活动的评估，可以帮助组织方进一步总结经验，所获得的教训以及应对方法与思路，可以对以后组织会展活动提供经验借鉴。

二、会展活动评估的内容

会展活动的评估内容包括很多方面，比如，对活动的过程进行评估，主要针对会展活动的策划方案、现场管理、活动结束后的效果等，或者对会展活动的经济效益、社会效益、环境效益等方面进行评估。从会展活动举办过程中顺利开展、高效推进、结果满意的原则考虑，需要把握好方案评估、现场管理评估、效果评估三个重点。

（一）方案评估

对会展活动方案的评估，主要是对整个会展活动的设计与策划，以及各个环节间的协调情况进行评估，重点对会展活动预算、实施方案、任务分配、客户关系管理、信息维护与收集、应急措施与预案等方面进行重点审查，并结合以前举办类似活动的评估方案，重点关注容易出现问题的环节，确保整个方案没有漏洞。

（二）现场管理评估

现场管理评估就是对会展活动实施过程中的现场以及宣传推广等同时推进的重点工作进行评估。现场主要关注场馆内的布置与搭建、现场服务与秩序维护、人员分工、安全维护、物资运输等方面；宣传与推广则主要关注客户信息收集与管理、宣传力度、进度安排、宣传媒介等方面。

（三）效果评估

效果评估主要是对会展活动结束后所产生的综合影响进行评估。一方面，是对会展活动所产生的外部影响进行评估，如所在区域的政治、经济、社会、环境、文化等方面所带来的综合效益；另一方面，是对整个会展活动内部所带来的经济收益、形象与品牌塑造、传播效果等方面进行评估。

1.定性分析

对外部宏观环境的影响进行效果评估时，多以定性的分析为主。如会展活动的政治影响，一般通过文字描述分析活动开展对于促进多方交流、提升区域影响力等各方面所起到的作用，以及活动开展对当地的社会思潮、生活方式、基础设施的改变等产生的影响。

2.定量分析

当对会展组织方内部进行评估时，一般以定量分析为主，以确保分析结果能更好地指导以后工作的开展。如对内部经济收益的评估，可以通过一系列经济指标进行评估；而对一些观众反映、消费者意见的评估，则可以通过编制调查问卷，对客户进行调查后，采用定量方法进行分析，如客户的满意度、忠诚度，以及客户对服务质量的感知等。

在评估经济收益时，使用较多的指标包括会展活动门票收入、会展活动参展商数量、会展活动接待人次等表示会展活动收入的指标；场地租赁费、基础设施建设投资、宣传费用、人工费、材料费、管理费用、水电费用等一系列表示成本和投入的指标。通过对比收入与成本支出，从而判断会展活动各个环节中不同部门的经济效益。

通过会展活动参与者的主观认知来评估会展活动效果时，则需要借助于服务质量、客户满意度、客户忠诚度等相关理论体系设计调查问卷，通过调查客户反映，从而判断其举办效果。当然，随着数据技术的发展，现在网络上观众的评价与推荐，以及网民对相关信息的关注，也可以作为基础数据来分析会展活动所取得的效果。

三、会展活动评估指标

（一）展览评估指标

1.展览的面积

该类指标包含室内面积、室外面积、净展览面积、毛展览面积、特别展览面积、租用展览面积、闲置展览面积等。

2.参展商

该类指标包括国内参展商、国外参展商、国内外参展商数之比、国外参展商占总参展商之比、展期各天参展商数、参展商来自国家总数、参展商来自国家构成、参展商满意度、参展企业交易额等。

3.观众

（1）观众质量指标：① 观众数量指标，包括总数量指标和分类指标。其中，分类指标包括性别、年龄、专业与非专业、国别等。基于分类及分类与总量指标之间的关系，还可以进一步产生观众结构性指标。② 净购买指标，即最终声称购买、确定购买或推荐购买展出产品的一种或多种的观众比例。③ 总的购买计划指标，即在参展接下来的12个月内计划购买一种或多种展出的产品的观众比例。④ 观众兴趣因素值，即在被选择的参展公司中，10个中至少有2个被参观的观众比例，也就是至少参观20%的感兴趣展位的观众在全部观众中所占的比例。⑤ 展期各天观众数，即展会期间每天的观众人次。⑥ 观众来源。⑦ 外国或境外观众比例。

（2）观众活动指标：① 在每个展位花费的平均时间。该指标表示为总的参观时间除以平均参观的展位数。② 交通密度。它被定义为每100m² 展览面积的平均观众人数。一般交通密度为3—5时，表明展览是成功的和活跃的。③ 参加展示与参加相关活动的时间。

（3）观众满意度：包括专业观众与普通观众满意度、下次参展意愿等。

4.展览有效性指标

（1）潜在顾客。该指标表示在参观中对公司产品很感兴趣的观众的比例。

（2）展览效率。该指标表示在公司的展览中，与公司一对一接触过的潜在顾客的比例。

（3）人员绩效。该指标用来描述在展位上工作的参展人员的质量和数量。

（4）产品的吸引程度。该指标表示对公司参展产品感兴趣的观众比例。

（5）记忆度。该指标是指观展人员参观过产品并在8—10周后仍记得产品者占参观人数的比例。

（6）每个参观者到达的费用。统计值表示为总的展览费用除以到达展位的参观者人数。

（7）表现优秀的参展公司数量。

（8）产生的潜在顾客数量。该指标是指在会展中产生的潜在顾客数量。

（9）潜在顾客产生的销售。这个指标可以直接确定（会展中实现的销售），或者通过展后几个月内的销售跟踪确定。

（10）每个潜在顾客产生的成本。

5.展览的连续性

展览的连续性具体体现为同一展览连续举办的次数。

6.相关活动

相关活动表现为相关活动数量、相关活动与主题联系程度、相关活动影响力、相关活动满意度等。

7.举办方

举办方体现为举办方的资质、声誉、资金实力、专业能力、经验、有无固定场馆、合作伙伴关系等。

（二）参展商参展效果评估指标

1.观众与促销效果

一般来说，参展商参展是为了识别潜在顾客，因此参展商需要了解与观众相关的情况，具体包括以下方面。

（1）观众质量指标。例如，净购买指标、总的购买计划和观众兴趣因素值。

（2）观众活动指标。例如，观众在每个展位花费的时间、交通密度。

（3）展览有效性指标。例如，每个潜在顾客产生的成本、记忆度和潜在顾客产生的销售。

2.相关活动效果衡量

参展商举办的许多相关活动的效果衡量主要包括以下几方面。

（1）活动参与情况。例如，登记的人数、证实的参与者。

（2）赞助商和合作商的数量及增长情况。

（3）产生的潜在客户及收入。

（4）参与者态度的改变。

（5）媒体曝光率。

（6）对主要演讲者的看法。

（7）参与者对活动的评价。

3.宣传公关效果衡量

宣传公关效果的衡量主要包括以下几方面。

（1）媒体见面会的次数。

（2）联络的媒体数量。

（3）产生的文章数量。

（4）文章中提到公司的次数。

（5）被提及的质量，即这些文章、报道提到的相关公司产品的质量、特点等。

（6）提及喜欢、不喜欢和中立的态度。

4.参展工作评估

参展工作评估主要包括以下几方面。

（1）有关参展目标的评估。根据参展企业的经营方针、战略、品牌策略等，结合参与效果评估参展目标的实现程度。

（2）参展工作人员态度、工作效果、团队精神等方面的评估。这种评估可为相关内部激励提供依据。

（3）参展效率的评估，主要测算展台接待效果、展台收益与成本。

（4）有关管理工作的评估。

（三）会议评估指标

会议评估指标的具体内容如表11-2所示。

表11-2　会议评估指标的具体内容

1. 会议接待工作如何？	11. 与会者之间是否有争论不休的现象？
2. 会议是否准时开始？	12. 与会者是否与会议主席有争论？情况如何？
3. 会议人员是否准时到会？	13. 视听设备是否正常（是否发生故障）？
4. 是否有会议秘书在做记录？	14. 与会者是否热心于会议？
5. 会场的自然环境如何？是否存在外界干扰？	15. 会场气氛是否热烈？
6. 会场的人文环境如何？与会者之间是否有交头接耳现象？	16. 会议决策是否正确（是否符合实际，是否有偏颇之处）？
7. 主持人是否紧扣议题（是否离题）？	17. 会议议程是否按预定时间完成（会议是否按预定时间结束）？
8. 会议是否由少数人垄断？	18. 参会人数、构成
9. 与会者发言及讨论是否紧扣议题（是否离题）？	19. 会议成本与收益指标
10. 与会者是否能表明真正的感受或意见？	20. 参会人员的满意度等

四、会展活动评估的流程

会展活动评估内容各有不同，但评估流程一般包括明确评估目的、成立评估小组、制订评估计划、收集信息、分析数据、撰写评估报告等几个主要部分。

（一）明确评估目的

为什么要进行会展活动评估，是实施该项工作首先要明确的内容。评估目的直接关系到评估内容、评估时间和评估范围等各项任务的确定。如为了保证活动万无一失，则可以安排在活动开展前针对会展活动的实施方案进行评估；为了总结经验，为后续举办类似会展活动提供经验，则需要在活动结束后对整个活动过程进行全方位的评估。

（二）成立评估小组

会展活动评估是一项十分复杂、专业的活动，因此，评估人员的构成应当是全面的，包括市场调研人员、销售人员、财务部负责人等。此外，最好聘请专业的第三方评估机构，保证评估者处于中立的位置，这样可以提高评估的可信度。

（三）制订评估计划

在明确了评估目的、成立评估小组后，就需要围绕评估目的制订详细的评估计划。一方面，明确评估工作的整个流程；另一方面，确定好关键环节，以及重点任务，从而做好人员分配。同时，还要根据评估计划开展工作、获取资料，如会展活动中的销售数据、问卷调查数据、财务分析报告等。最后，还可以根据评估计划来安排经费使用。

（四）收集信息

一方面，收集国家政策、法规，区域政策、文化等宏观材料；另一方面，获取市场调查数据，以及会展活动的相关财务数据等。此外，对会展活动的总结评估还要关注和收集活动参与者以及相关组织和机构对活动的看法，如活动赞助商、参展商、专业观众、普通观众、员工和志愿者、专家和部门领导等。在具体操作时，定量信息和定性信息要同时收集。定量信息包括观众人数、交易量；目标市场及观众的描述；财务报告和账单；收支平衡表；经济影响分析；常规的统计信息等。定性信息包括观众感受；回收的问卷和民意调查；访谈记录；员工和志愿者的反馈；管理记录和评论；社会反响等。

（五）分析数据

根据评估计划，在收集完数据后，则需要采取一系列的统计分析方法对数据进行分析，并在数据分析时得出相应的结论与判断。这一工作最好由经验丰富的评估人员来承担，以保证能对数据及其背后的原因有更准确和更深刻的认识。

（六）撰写评估报告

根据对相关数据的分析，以及结果的判定，按照相关的格式要求，撰写评估报告。撰写评估报告的时候，应该遵循客观、准确、可靠的原则。如果需要，则要组织一次专家研讨会或会展活动评估项目评审会，对会展活动的评估结果进行最后的评判。通过评审后，则需要把相关的资料及评估报告存档保存。

本章小结

本章主要讲述了会展活动预算、会展活动评估的相关概念、价值与意义、工作内容或流程。在学习中，要重点关注会展活动整个实施过程中预算工作的差异，以及评估的作用。同时，针对会展活动的评估工作，了解评估目的与评估内容的差异，以及应当采取的评估方法与思路。

完成本章学习后，应由学生自己进行自我总结，学生在教师的指导下完成评估。

思考题

1.简述展览评估指标。

2.简述参展商参展效果评估常见指标

3.会展评估对会展主办单位、行业管理机构、参展商、专业观众而言，分别有哪些作用？

4.请分析会展活动的不同阶段所做的评估工作，分别有何意义？

项目训练

1.请结合案例，并查阅相关资料分析会展活动组织方和参展商所做的支出预算工作有何差异？

2.通过网络查阅相关资料，比较分析国内外会展评估现状，为我国会展评估的发展提出建议，并在课堂上分享。

[1] 蔡弘. 会展业标准体系框架构建研究 [J]. 标准科学，2019（3）.

[2] 陈献勇，俞华. 会展主题策划探析 [J]. 沈阳师范大学学报（社会科学版），2006（3）.

[3] 杜换霞. 数字经济推动产业转型升级：机理、问题与对策 [J]. 商展经济，2023（16）.

[4] 杜鹰. 中国可持续发展20年回顾与展望 [J]. 中国科学院院刊，2012，27（3）.

[5] 谷树忠，胡咏君，周洪. 生态文明建设的科学内涵与基本路径 [J]. 资源科学，2013，35（1）.

[6] 韩逸，赵文武，郑博福. 推进生态文明建设，促进区域可持续发展——中国生态文明与可持续发展2020年学术论坛述评 [J]. 生态学报，2021（3）.

[7] 何卫东. 打造适应"低碳"需要的绿色会展 [J]. 社会观察，2009（11）.

[8] 黄彪. 从绿色展览发展历程溯源创新转型 [N]. 中国贸易报，2021-07-22

[9] 黄承梁. 中国共产党领导新中国70年生态文明建设历程 [J]. 党的文献，2019（5）.

[10] 蒋潇，王鹏远. 试论陈列展览的选题 [J]. 中国博物馆，2004（4）.

[11] 李平. 准确把握调查研究的原则方法 [J]. 新闻传播，2023（11）.

[12] 刘海莹. 我国会展业的前景及应对措施 [J]. 经济，2009（9）.

[13] 刘民坤. 论会展场馆的绿色管理——构建会展业的竞争优势 [J]. 特区经济，2009（4）.

[14] 刘荣春，赵维. 我国会展经济发展中的若干问题思考 [J]. 经济问题，2005（7）.

[15] 宋腾. 国内会展行业协会发展现状研究——以广州、深圳、东莞会展行业协会为例 [J]. 未来与发展，2018.

[16] 孙明贵，张宏远. 绿色会展的体系构建及其开发探讨 [J]. 未来与发展，2006（12）.

[17] 孙树林，王传超，代雪晶等. 博物馆展览主题、展品、陈列设计的关系探究——以滕州岗上遗址考古展为例 [J]. 文化创新比较研究，2023（17）.

[18] 杨正. 数字会展是什么？ [J]. 中国会展，2023（15）.

[19] 张悦. 呼唤绿色会展 [J]. 西部大开发，2009（4）.

[20] 赵爱玲. 低碳经济概念对会展的影响系列报道之七 国内绿色会展产业亟待构建 [J]. 中国对外贸易，2010（8）.

[21] 赵爱玲. 低碳经济概念对会展业的影响系列报道之五 国际会议中心总经理刘海莹：
　　　 "绿色展览"须有"绿色运营"做支撑[J]. 中国对外贸易，2010（6）.

[22] 周宏春，史作廷，江晓军. 中国可持续发展30年：回顾、阶段热点及其展望[J]. 中
　　　 国人口·资源与环境，2021（9）.

[23] 诸大建. 绿色经济新理念及中国开展绿色经济研究的思考[J]. 中国人口·资源与环
　　　 境，2012（5）.

[24] 邹博清. 绿色发展、生态经济、低碳经济、循环经济关系探究[J]. 当代经济，2018
　　　 （23）.

[25] Sarstedt M，Mooi E. Introduction to Market Research. In：A Concise Guide to Market
　　　 Research[M]. Springer，Berlin，Heidelberg，2014.

[26] 高峻，张健康. 会展概论[M]. 重庆：重庆大学出版社，2019.

[27] 何勋. 会展策划[M]. 郑州：郑州大学出版社，2018.

[28] 江金波. 会展项目管理：理论、方法与实践[M]. 2版. 北京：清华大学出版社，2020.

[29] 柯惠新，丁立宏. 市场调查[M]. 2版. 北京：高等教育出版社，2019

[30] 李红. 会展策划实务[M]. 北京：中国人民大学出版社，2019.

[31] 练红宇，王雪婷. 会展策划[M]. 成都：电子科技大学出版社，2019.

[32] 刘松萍，李佳莎. 会展营销[M]. 成都：电子科技大学出版社，2003.

[33] 刘大可，王起静. 会展活动概论.[M]. 北京：清华大学出版社，2004.

[34] 吕长江. 预算实务[M]. 上海：上海财经大学出版社，2017.

[35] 马骋. 会展策划与管理[M]. 2版. 北京：北京交通大学出版社，清华大学出版社，
　　　 2023.

[36] 马勇. 会展管理概论[M]. 武汉：华中科技大学出版社，2019.

[37] 卡尔·迈克丹尼尔，罗杰·盖兹. 市场调研精要（第八版）[M]. 范秀成，杜建刚，
　　　 译. 北京：电子工业出版社，2015.

[38] 孟克难. 广告策划与创意[M]. 2版. 北京：清华大学出版社，2021.

[39] 王令芬，张初. 营销策划实训教程[M]. 2版. 北京：清华大学出版社，2022.

[40] 向洪在. 会展资本[M]. 北京：中国水利水电出版社，2003.

[41] 许传宏. 会展策划[M]. 3版. 上海：复旦大学出版社，2014.

[42] 许传宏. 会展策划与管理[M]. 武汉：华中科技大学出版社，2019.

[43] 杨瑞. 节事活动管理实务[M]. 北京：机械工业出版社，2013.

[44] 张翠娟，尹丽琴. 会展策划实务[M]. 北京：清华大学出版社，2021.

[45] 张骁鸣，郑丹妮，林嘉怡. 节事活动策划与管理[M]. 广州：中山大学出版社，2014.

[46] 赵伯艳. 大型活动策划与管理[M]. 重庆：重庆大学出版社，2016.

[47] 赵伯艳. 大型活动策划与管理[M]. 2版. 重庆：重庆大学出版社，2022.

[48] 郑建瑜. 大型演艺活动策划与管理[M]. 2版. 重庆：重庆大学出版社，2017.

[49] 郑向敏. 会展安全与危机管理[M]. 重庆：重庆大学出版社，2014.

[50] 周健华. 会议策划与组织[M]. 北京：北京师范大学出版社，2018.